Arthur Schopenhauer
Metaphysik der Sitten

Serie Piper
Band 463

Zu diesem Buch

Schopenhauers große Vorlesung von 1820 ist ein herausragendes Glanzstück seines handschriftlichen Nachlasses. Sie stellt die didaktische Fassung seines Hauptwerks »Die Welt als Wille und Vorstellung« (1819) dar und kann als Königsweg in das Zentrum seiner Philosophie gelten. Mit der »Metaphysik der Sitten«, dem vierten Teil der Vorlesung, setzt der Piper Verlag seine vierbändige Neuedition des seit Jahrzehnten vergriffenen Werks fort, die von dem Tübinger Philosophen Volker Spierling herausgegeben und eingeleitet wird.

»Alle bisherigen Philosophen«, so Schopenhauer, »haben oberste und allgemeine *Moralprincipien* aufgestellt, d. h. eine allgemeine Regel für das Verhalten. Ich hingegen behandle die Moral-Philosophie ganz theoretisch, gebe die Theorie der Gerechtigkeit, der Tugend, des Lasters, d. h. zeige was jedes ist in seinem innern Wesen: aber weder von *Geboten*, noch von *Pflichten* ist bei mir die Rede; ich habe dem ewig freien Willen kein Soll noch Gesetz vorzuhalten, stelle deshalb auch kein oberstes und allgemeines Moralprincip auf, gleichsam ein Universal-Recept zur Hervorbringung aller Tugenden. Ich gebe statt dessen die bloß theoretische Lehre: Lerne einsehn daß dieser Dein Nächster unmittelbar Du selbst bist.«

Arthur Schopenhauer, geboren 1788 in Danzig, unternahm als Jugendlicher ausgedehnte Reisen durch Europa, studierte u. a. bei J. G. Fichte, wurde von Goethe in die Probleme der Farbentheorie eingeführt, habilitierte sich 1820 unter Mitwirkung Hegels in Berlin, lebte von 1833 bis zu seinem Tod 1860 meist als unbeachteter Privatgelehrter in Frankfurt am Main. Schopenhauer, der »Kaspar Hauser der Philosophieprofessoren« (F. A. Dorguth), begründete in seinem Hauptwerk »Die Welt als Wille und Vorstellung« (Bd. 1: 1819, Bd. 2: 1844) eine »Metaphysik aus empirischen Erkenntnisquellen«. Seine wichtigsten Werke dienen nur noch der Ergänzung und Fundierung: »Über die vierfache Wurzel des Satzes vom zureichenden Grund« (1813/1847), »Über den Willen in der Natur« (1836), »Die beiden Grundprobleme der Ethik« (1841) und »Parerga und Paralipomena« (1851).

Arthur Schopenhauer

Metaphysik der Sitten

Philosophische Vorlesungen
Teil IV

Aus dem handschriftlichen Nachlaß

Herausgegeben und eingeleitet
von Volker Spierling

Piper
München Zürich

Textgrundlage: Arthur Schopenhauers handschriftlicher Nachlaß: Philosophische Vorlesungen, hrsg. von Franz Mockrauer. In: Arthur Schopenhauers sämtliche Werke, hrsg. von Dr. Paul Deussen, Bd. X, München: R. Piper & Co. 1913, S. 365–584

ISBN 3-492-00763-5
Dezember 1985

Umschlag: Federico Luci, unter Verwendung
des Gemäldes »Das Eismeer (Die gescheiterte Hoffnung)«
von Caspar David Friedrich (Hamburger Kunsthalle)
Gesamtherstellung: Clausen & Bosse, Leck
Printed in Germany

Vorlesung

über

Die gesammte Philosophie

d. i.

Die Lehre vom Wesen der Welt und
von dem menschlichen Geiste.

In vier Theilen.

Vierter Theil. Metaphysik der Sitten

1820

Inhalt

Zur Neuausgabe

Die Vorlesungen Schopenhauers aus dem Jahre 1820 stellen eine didaktische Fassung des ersten Bandes seines Hauptwerks dar, der »Welt als Wille und Vorstellung« (1819). Unsere sukzessiv erscheinende vierbändige Neuausgabe, die der im Piper Verlag 1913 zum ersten und zum letzten Mal erschienenen Ausgabe folgt, möchte die seit Jahrzehnten vergriffenen Vorlesungen dem interessierten Leser wieder leicht zugänglich machen. Dieses bedeutende Werk soll nicht länger unbekannt und auch in Fachdiskussionen nicht länger unberücksichtigt bleiben. Die Vorlesungen schließen die letzte Lücke der erhaltenen philosophischen Texte und Aufzeichnungen von Schopenhauers handschriftlichem Nachlaß, die von Arthur Hübscher nur unvollständig herausgegeben wurden.

Die Editionsprinzipien sind in dem bereits erschienenen zweiten Teil der Vorlesungen, der »Metaphysik der Natur«, erläutert und begründet worden (dort S. 11 ff.). Insgesamt gilt: Der Grundtext ist ungekürzt und mit der Ausgabe von 1913 identisch. Der vereinfachte Anmerkungsapparat ist in eckige Klammern in den Vorlesungstext eingearbeitet worden, um mühsames Blättern und störende Unterbrechungen des Gedankengangs zu vermeiden. Die originale Orthographie und Interpunktion Schopenhauers wurden beibehalten.

Der vorliegenden »Metaphysik der Sitten« (vierter Teil der Vorlesungen) folgt noch der Band »Theorie des gesammten Vorstellens, Denkens und Erkennens« (erster Teil).

Tübingen, im Herbst 1985 Volker Spierling

Volker Spierling

Erkenntnis und Ethik

> Ein umgekehrter Standpunkt, wenn er für uns möglich wäre, würde die Zeichen vertauschen lassen, würde das für uns *Seiende* als das *Nichts* zeigen und jenes *Nichts* als das *Seiende*.
>
> Schopenhauer

1. Vom Jammer des Lebens ergriffen

Bestürzt und betroffen schreibt der sechzehnjährige Arthur Schopenhauer am 8. April beim Besuch des Kerkers in Toulon in sein Reisetagebuch:

Alle schweren Arbeiten im Arsenal werden durch die Galeeren-Sklaven verrichtet, deren Anblick für Fremde sehr auffallend ist [...] Das Loos dieser Unglücklichen halte ich für bey weiten schrecklicher, wie Todes-Strafen. Die Galeeren, die ich von außen gesehn habe, scheinen der schmutzigste ekelhafteste Aufenthalt der sich dencken läßt. Die Galeeren gehn nicht mehr zur See: es sind alte kondemnirte [seeuntüchtige] Schiffe. Das Lager der *Forçats* [Gefangenen] ist die Bank an die sie gekettet sind. Ihre Nahrung bloß Wasser u. Brod: u. ich begreife nicht wie sie, ohne eine kräftigere Nahrung u. von Kummer verzehrt, bey der starcken Arbeit, nicht eher unterliegen; denn während ihrer Sklaverey werden sie ganz wie Lastthiere behandelt: es ist schrecklich wenn man es bedenckt, daß das Leben dieser elenden Galeeren-Sklaven, was viel sagen will, ganz freudenlos ist: u. bey denen, deren Leiden auch nach fünf u. zwanzig Jahren kein Ziel gesetzt ist, auch ganz hoffnungslos: läßt sich eine schrecklichere Empfindung dencken, wie die eines solchen Unglücklichen, während er an die Bank in der finstern Galeere geschmiedet wird, von der ihn nichts wie der Tod mehr trennen kann! Manchem wird sein Leiden wohl noch durch die unzertrennliche Gesellschaft dessen erschwert, der mit ihm an Eine Kette geschmiedet ist. [...] Ich erschrak als ich hörte, daß hier sechstausend Galeeren-Sklaven sind.[1]

Kann ein gräßlicherer Gedanke von unserem Bewußtsein Besitz ergreifen als der, quälendes Leid höre *niemals* auf? Wird nicht sodann das ganze Leben anklagend in Frage gestellt? Warum gibt es überhaupt Leid? Oder ist es nicht doch möglich, Leid zu lindern, zu überwinden? – Es sind *die* Fragen, die Schopenhauers Vorlesung »Metaphysik der Sitten« zugrunde liegen.

Als Schopenhauer das Schicksal der 6000 Sklaven leibhaft vor Augen hat, befindet er sich mit seinen Eltern auf einer fast zweijährigen Vergnügungsreise. Doch das tägliche Spiel der heiteren kurzweiligen Unterhaltungen in den interessantesten Städten Europas, ermöglicht durch den bürgerlichen Wohlstand der Familie, wird immer wieder durchkreuzt von dem Ernst einer ganz anderen Realität, über die Schopenhauer sich nachhaltig verwundert. Am 8. Juni 1803 beispielsweise bezeugt er den empörenden Anblick einer Hinrichtung, einer »englischen Hängeszene«:

Ich schauderte da man ihnen den Strick umband, dies war der gräßliche Augenblick: ihre Seele schien schon in der andern Welt zu seyn, es war als ob sie das alles nicht bemerckten. Ein Geistlicher war mit ihnen auf dem Gerüst; er sprach besonders mit einem von ihnen anhaltend: es war ein jämmerlicher Anblick, zu sehn mit welcher Angst diese Menschen selbst den letzten Augenblick noch zum beten benutzen wollten: Einer von ihnen der dabei immer die gefalteten Hände auf und nieder bewegte, machte nachdem er schon gefallen war, noch ein Paar Mal dieselbe Bewegung. – – – –[2]

In erschütternden Erlebnissen dieser Art, die erst einmal unter die Haut gehen, sieht Schopenhauer im zweiten Band seines Hauptwerks »Die Welt als Wille und Vorstellung« (1844) den eigentlichen Anstoß zum Philosophieren, die eigentliche Herausforderung an unser Denken. Der wahren Philosophie geht ein betroffen machender »Anblick *des Übels und des Bösen* in der Welt«[3] voraus, dem sich der Erfahrende in seinen Reflexionen nicht entziehen kann. Für Schopenhauer ist daher nur der ein echter Philosoph, dem »aus dem Anblick der Welt selbst« und nicht »nur aus einem Buche, einem vorliegenden Systeme«[4] jenes fragende Bedürfnis erwächst, das uneigennützig zu befriedigen Aufgabe der Philosophie ist. Denn die Fähigkeit, sich zu verwundern, charakterisiert den Menschen im Unterschied zum Tier als ein metaphysisches Lebewesen (»animal metaphysicum«[5]) – das heißt als Lebewesen mit Hunger auf Erkenntnis der letzten Gründe seines schmerzhaften Daseins in der Welt.

Die Philosophie hebt also, wie die Ouvertüre zu Mozarts »Don Giovanni«, mit einem Mollakkord an:

[...] ohne Zweifel ist es das Wissen um den Tod, und neben diesem die Betrachtung des Leidens und der Noth des Lebens, was den stärksten Anstoß zum philosophischen Besinnen und zu metaphysischen Auslegungen der Welt giebt. Wenn unser Leben endlos und schmerzlos wäre, würde es vielleicht doch Keinem einfallen zu fragen, warum die Welt dasei und gerade diese Beschaffenheit habe; sondern eben auch sich Alles von selbst verstehn.[6]

Schopenhauers Verwunderungen über das leidvolle Leben durchzittern wie eine anhaltende Vibration seine frühen Welterfahrungen und seine spätere Philosophie. Überaus sensibel ist auch die Betroffenheit des jugendlichen Schopenhauer darüber, wie Menschen sich von dem erschütternden Anblick der Welt ab- und oberflächlichen Ablenkungen zuwenden. Wieder verwundert er sich, doch diese Verwunderung ist von anderer Art als die über die Sklaven in Toulon: Er verwundert sich über die Verwunderungslosigkeit gleichgültiger Menschen. Wo sie anfängt, hören für Schopenhauer redliche Philosophie und lebendige Moral auf. Das »animal metaphysicum« kann sein Bedürfnis nach Metaphysik verschütten, sein Wesen verfehlen. Am 2. Mai 1804 trägt der sechzehnjährige Schopenhauer fassungslos folgende Worte in sein Reisetagebuch ein:

Es ist ja anerkannt daß kein Ort in der Revolution so viel gelitten hat, wie, in jeder Hinsicht, *Lion:* u. diese große prächtige Stadt ist jetzt leider als der Schauplatz unerhörter Gräuel merckwürdig. Es giebt beynahe keine Familie von welcher nicht mehrere Mitglieder, u. gewöhnlich die Familien-Väter auf dem Schafott starben. Und die unglücklichen Einwohner von Lion gehn jetzt auf demselben Platz spazieren auf dem ihre Freunde u. nahen Verwandten, vor zehn Jahren, in Haufen gestellt, u. mit Kanonen *à Mitraille* erschossen wurden. Stellt sich ihnen nicht das blutige Bild ihrer Väter entgegen, die in Martern den Geist aufgaben? Sollte man es glauben daß sie an dem Platz vorbeyfahren, u. kaltblütig die Hinrichtung ihrer Freunde erzählen können? Es ist unbegreiflich wie die Macht der Zeit die lebhaftesten u. schrecklichsten Eindrücke verwischt [...] Obgleich *Lion* so entsetzlich gelitten hat, lebt man hier doch gesellschaftlicher wie in *Marseille*, u. hat, wie in Deutschland, Abendgesellschaften.[7]

Schopenhauer hat sich in späteren Jahren über seine große Reise sehr positiv geäußert, weil sie ihn lehrte, die Erkenntnis, die aus dem anschauenden konkreten Erleben erwächst, dem lebensabgewandten Rechnen mit frei phantasierten abstrakten Begriffen – wie zum Beispiel Absolutum, absolute Substanz, Gott,

Unendliches, Sein, das Gute – vorzuziehen. Nietzsche nannte solche Begriffe »Begräbnisstätte der Anschauungen«.[8] Solide Begriffe dagegen verdanken sich direkt oder indirekt der durch die Sinnesorgane vermittelten lebendigen Anschauung, wobei Anschauung hier zweierlei meint: äußere Anschauung der Welt und die innere Beobachtung des eigenen Selbst. Die Philosophie muß an die Empirie gebunden bleiben. Sie kann ihre Resultate in Abstraktionen niederlegen, aber nicht dogmatisch von ihnen als dem ursprünglich Gegebenen ausgehen. Die menschliche Vernunft, so lautet Schopenhauers übereinstimmende Nähe zu den erkenntniskritischen Resultaten von Kants »Kritik der reinen Vernunft«, kann eben gerade nicht a priori aus sich heraus mit Hilfe allgemeiner Begriffe und logischer Regeln die von Leibempfindungen abhängigen Anschauungen transzendieren, um das Absolute des Dings an sich zu erkennen.[9]

Der Vorrang der Anschauung gegenüber dem Begriff ist ein Grundzug von Schopenhauers Philosophie, dem in seiner Ethik – auch in der Vorlesung »Metaphysik der Sitten« – eine neue, vielleicht die entscheidendste Bedeutung zukommt: Das begriffliche Denken ist der angeschauten Welt des Alltags verpflichtet – und damit dem Leid in dieser Welt. Anders gesagt: Ist es schon erkenntnistheoretisch problematisch, die konkreten Anschauungen begrifflich spekulativ überspringen zu wollen, so ist es moralisch gesehen um so bedenklicher und folgenreicher, in philosophische Abstraktionen abzuschweifen. Die existentiellen Leiderfahrungen in den primären Anschauungen lassen sich mit sekundären Begriffen *nur bei geschlossenen Augen* wegphilosophieren. Schopenhauer versucht, philosophischen Rechtfertigungen des Leids einen Riegel vorzuschieben. Er stellt der Philosophie den Schmerz des Leibes in den Weg.

Empörend findet Schopenhauer die vielen traditionellen Spielarten des philosophischen oder religiösen Optimismus. Damit das Lebendige sich in seiner unbeschönigten Wirklichkeit artikulieren kann – und sei es auch anfangs nur in der Unbeholfenheit des herzzerreißenden Schreis –, auch dafür steht die Aufwertung der Anschauung, die methodische Rücksichtnahme auf die sinnlich wahrnehmbare Welt:

In der That wenn Einer dem Optimismus zugethan ist, und nicht sowohl für das Begreifen und Denken als für das Sehn empfänglich ist; so braucht man nur ihm die entsetzlichen Schmerzen und Quaalen vor die Augen zu bringen, denen doch auch sein Leben beständig offen steht; so muß ihn Grausen ergreifen: dann führe man ihn noch durch die Krankenhospitäler, Lazarethe und chirurgische Marterkammern, dann durch die Gefängnisse, durch die Bleidachkammern in Venedig, die Sklavenställe in Algier, die Folterkammern der Inquisition, über die Schlachtfelder und Gerichtsstätten, man schließe ihm alle die finstern Behausungen des Elends auf, wo es sich vor den Blicken der kalten Neugier verkriecht; und lese ihm endlich aus dem Dante den Tod des Ugolino und seiner Kinder im Hungerthurm vor, mit dem Bedeuten daß dies mehr als einmal wirklich war, – dann würde auch wohl zuletzt der verstockteste Optimist einsehn, welcher Art dieser *meilleur des mondes possibles* ist.[10]

Das Aposteriori des Leids widersetzt sich dem Apriori optimistischer Weltkonstruktionen. Schopenhauer bindet seine »Metaphysik der Sitten« an empirische Daten – wie seine »Metaphysik aus empirischen Erkenntnißquellen«[11] insgesamt – und unterstreicht damit die Autorität der Erfahrungsinhalte, die er zu entziffern und zu deuten sucht. Im Gegensatz zu Leibniz' rationalistischen Beweisen, daß unsere Welt die beste unter den möglichen sei, soll bei Schopenhauer der Erfahrung, die augenscheinlich dagegen spricht, nicht majestätisch bedeutet werden können, »sie verstehe nichts davon und solle das Maul halten, wenn Philosophie *a priori* geredet hat«.[12] Nein: Die Erfahrungen des Leids sind mündig geworden und fragen nach ihrer Legitimität.

Wenn Leibniz in seiner kleinen Schrift »Über den ersten Ursprung der Dinge« (1697) sagt, »daß die Schicksalsschläge für den Augenblick Übel, in ihrer Auswirkung aber Güter sind, weil abgekürzte Wege zur größeren Vollkommenheit«[13] –, dann erwidert Schopenhauer, daß diese erlittenen Übel von keinem, aber auch von gar keinem angeblich höheren Zweck geheiligt werden. Das Leid alles Lebendigen ist an sich selbst sinnlos. Nur diese herausgestellte *Sinnlosigkeit* des Leids läßt das Leid auch in der philosophischen Reflexion im beängstigenden Zentrum der Unerträglichkeit stehen. Alles andere schlägt um in beschwichtigende Rechtfertigungsdichtung, wie die »Metaphysico-theologo-cosmologo-nigologie«, die sich Pangloß, der beste aller möglichen Philosophen in Voltaires' »Candide« ausdenkt: So wie die Nasen zum Brillentragen da sind und die Beine dazu geschaffen wurden, daß man Strümpfe, Schuhe sowie Hosen daran trägt, und die Steine gewachsen sind, damit man sie behauen und Schlösser daraus bauen kann, so hat auch das Leiden seinen allerbesten Sinn, weil es dazu da ist, damit der Mensch in Zukunft tugendhafter und glücklicher wird.[14] – Allem läßt sich eine beliebige Finalität andichten, dem Schicksal des Einzelnen oder gar dem der ganzen Menschheit, und als natürliche oder gesellschaftliche Bestimmung des Menschen proklamieren. Dem politischen oder religiösen Mißbrauch waren und sind mit diesem ideologischen Kunstgriff Tür und Tor geöffnet.

Keine Dichtung dagegen sind die Erfahrungen, die Candide auf seiner Lebensreise macht, zum Beispiel im Krieg:

> Da lagen greise Männer, über und über mit blutenden Wunden bedeckt, und starrten auf ihre sterbenden Weiber, die mit durchschnittener Kehle noch ihre Kindlein an die blutüberströmten Brüste drückten. Dort verröchelten mit aufgeschlitzten Bäuchen Mädchen und junge Frauen, an denen zuvor ein paar Helden ihre geile Brunst gestillt hatten. Andere, halb verbrannt, schrien und jammerten herzzerreißend, man möge ihnen vollends den Garaus machen. Allenthalben lagen abgehauene Arme und Beine herum. Blut und Hirn waren verspritzt, wohin man schaute. [...] Wenn das die beste aller möglichen Welten ist, wie sehen dann wohl die andern aus?[15]

Der Optimismus ist eine ruchlose Denkungsart, ein bitterer Hohn über die namenlosen Leiden der Menschen. Das Tal der Tränen wird vollends zur Wüste, wenn die Sonne des Optimismus erbarmungslos scheint.

Rückblickend auf seine große Reise 1803/1804 schreibt Schopenhauer fast 30 Jahre später:

> In meinem 17ten Jahre, ohne alle gelehrte Schulbildung, wurde ich vom *Jammer des Lebens* so ergriffen, wie Buddha in seiner Jugend, als er Krankheit, Alter, Schmerz und Tod erblickte. Die Wahrheit, welche laut und deutlich aus der Welt sprach, überwandt bald die auch mir eingeprägten Jüdischen Dogmen, und mein Resultat war, daß diese Welt kein Werk eines allgütigen Wesens seyn könnte, wohl aber das eines Teufels, der Geschöpfe ins Daseyn gerufen, um am Anblick ihrer Quaal sich zu weiden: darauf deuteten die Data, und der Glaube, daß es so sei, gewann die Oberhand.[16]

2. Die Wirkung einer Klistierspritze bei einer Feuersbrunst

Leiberfahrung durch Leibwahrnehmung öffnet dem »animal metaphysicum« in der Verwunderung die Augen: Der Mensch, gequält von tausend unstillbaren Bedürfnissen seines eigenen Wesens – seines »Willens zum Leben« –, findet sich in die Unendlichkeit des Alls hineingeworfen, wo er sich – sich selbst überlassen – um die mühsame Erhaltung seines äußerst zerbrechlichen Daseins sorgen muß:

Im unendlichen Raum und unendlicher Zeit findet das menschliche Individuum sich als endliche, folglich als eine gegen Jene verschwindende Größe, in sie hineingeworfen und hat, wegen ihrer Unbegränztheit, immer nur ein relatives, nie ein absolutes *Wann* und *Wo* seines Daseyns: denn sein Ort und seine Dauer sind endliche Theile eines Unendlichen und Gränzenlosen [...] Jeder Athemzug wehrt den beständig eindringenden Tod ab [...] Wir setzen indessen unser Leben mit großem Antheil und vieler Sorgfalt fort, so lange als möglich, wie man eine Seifenblase so lange und so groß als möglich aufbläst, wiewohl mit der festen Gewißheit, daß sie platzen wird.

Sahen wir schon in der erkenntnißlosen Natur das innere Wesen derselben als ein beständiges Streben, ohne Ziel und ohne Rast; so tritt uns bei der Betrachtung des Thieres und des Menschen dieses noch viel deutlicher entgegen. Wollen und Streben ist sein ganzes Wesen, einem unlöschbaren Durst gänzlich zu vergleichen. Die Basis alles Wollens aber ist Bedürftigkeit, Mangel, also Schmerz, dem er folglich schon ursprünglich und durch sein Wesen anheimfällt. Fehlt es ihm hingegen an Objekten des Wollens, indem die zu leichte Befriedigung sie ihm sogleich wieder wegnimmt; so befällt ihn furchtbare Leere und Langeweile: d. h. sein Wesen und sein Daseyn selbst wird ihm zur unerträglichen Last. Sein Leben schwingt also, gleich einem Pendel, hin und her, zwischen dem Schmerz und der Langeweile, welche Beide in der That dessen letzte Bestandtheile sind. Dieses hat sich sehr seltsam auch dadurch aussprechen müssen, daß, nachdem der Mensch alle Leiden und Quaalen in die Hölle versetzt hatte, für den Himmel nun nichts übrig blieb, als eben Langeweile [...][17]

Die Lebensnot ist die Qual der Armen, die Langeweile die der Reichen. Für beide ist Glück unerreichbar, weil das Leid zu dem unveränderlichen Wesen des Menschen, zu seinem unersättlichen Willen, gehört.

Der Mensch, als die vollkommenste Objektivation [Vergegenständlichung] jenes Willens, ist demgemäß auch das bedürftigste unter allen Wesen: er ist konkretes Wollen und Bedürfen durch und durch, ist ein Konkrement [Zusammenhäufung] von tausend Bedürfnissen. Mit diesen steht er auf der Erde, sich selber überlassen, über Alles in Ungewißheit, nur nicht über seine Bedürftigkeit und seine Noth: demgemäß füllt die Sorge für die Erhaltung jenes Daseyns, unter so schweren, sich jeden Tag von Neuem meldenden Forderungen, in der Regel, das ganze Menschenleben aus. An sie knüpft sich sodann unmittelbar die zweite Anforderung, die der Fortpflanzung des Geschlechts. Zugleich bedrohen ihn von allen Seiten die verschiedenartigsten Gefahren, denen zu entgehn es beständiger Wachsamkeit bedarf. Mit behutsamem Schritt und ängstlichem Umherspähen verfolgt er seinen Weg: denn tausend Zufälle und tausend Feinde lauern ihm auf. So gieng er in der Wildniß, und so geht er im civilisirten Leben: es giebt für ihn keine Sicherheit.[18]

Leben ist Leid, Streben ist Sterben; nirgendwo ist Geborgenheit.

Zwar wurde schon im christlichen Mittelalter die Erde als Jammertal erfahren (zum Beispiel Thomas von Kempen: »Über die Nachfolge Christi«, erschienen 1470), doch das göttliche Ziel gab allen Leiden einen überirdischen Sinn. Der Glaube an eine mögliche Vereinigung der unsterblichen Seele mit ihrem allmächtigen Schöpfer versprach tröstend Geborgenheit. Gott und von ihrer Anlage her auch die Seele galten als vernünftig und personhaft, als gut.

Schopenhauer bricht mit diesem geistigen Gottes- und Menschenbild christlicher Metaphysik. Während beispielsweise noch bis zum 18. Jahrhundert Welt und Mensch als Geschöpfe eines unermeßlich vernünftigen und guten Gottes aufgefaßt wurden, verkörpern sie bei Schopenhauer etwas ursprünglich *Nicht-Vernünftiges* und *Nicht-Personhaftes:* Der mit dem Wesen des Menschen identische Weltgrund ist letztlich – soweit dies erkennbar ist – der in allen Gegenständen der Welt sich objektivierende *irrationale, unbewußte Wille.*

Auch wenn Schopenhauer Gott als Weltgrund ablehnt, so verwirft er doch keineswegs die Ethik des frühen Christentums, in der er eine Bestätigung für seine eigene Kritik an optimistischen Weltdeutungen sieht: »Bei keiner Sache hat man so sehr Kern und Schaale zu unterscheiden, wie beim *Christenthum.* Eben weil ich den Kern liebe, zerbreche ich bisweilen die Schaale.«[19] Gelegentlich nennt er seine Lehre sogar die »eigentliche Christliche Philosophie«.[20]

Erst dieses, *allen Traditionen entgegengesetzte,* neue Menschenbild kann den Zugang zu Schopenhauers Ethik eröffnen:

Innerhalb der eigenen Individualität ist der Wille der Herr, der Intellekt der Knecht. Das Vernünftige im Menschen steht unter der Herrschaft des Nicht-Vernünftigen. Wille und Intellekt verhalten sich zueinander wie der starke Blinde, der den sehenden Gelähmten auf den Schultern trägt.[21] Jede Ethik, die dieses im Menschen schicksalhaft waltende Herrschaftsverhältnis nicht wahrhaben will, es verdrängt, beurteilt Schopenhauer als eine vom Willen beim Intellekt bestellte Illusion.

Im Menschen – so stellt es sich unserer Vorstellung dar – nimmt der »Wille als Weltschaffendes« die Gestalt eines lebendigen Leibes an und tritt als »Wille zum Leben« in Erscheinung. Hierbei bringt er, wie »Fühlhörner nach außen«, ein Gehirn hervor, das Bewußtsein ermöglicht. Mit ihm als Werkzeug – ein Werkzeug wie Klauen und Zähne – wird das Individuum in seinem »Streben nach Dasein« ausgerüstet.[22]

Das vorstellende Bewußtsein, auch wenn es sich als notwendige Bedingung aller unserer Vorstellungen nicht wegdenken läßt, macht also nicht das innere und unzerstörbare Wesen des Menschen aus, sondern der Wille. Schopenhauer veranschaulicht dies an einem empirischen Beispiel:

Wenn man einer braunen schaallosen *Waldschnecke* den Kopf abschneidet, bleibt sie am Leben und nach einigen Wochen ist ein neuer Kopf wieder gewachsen, und mit ihm Bewußtseyn und Vorstellung. Bis dahin zeigt sich im Thier bloßer blinder Wille durch Bewegung und durch Aeußerung des Schmerzes, dieses eigentlichen Elements des Willens. Hier werden wir also ganz empirisch überzeugt, daß der Wille die Substanz, welche beharrt, ist, die Vorstellung, bedingt durch ihr Organ, das bloße Accidenz.[23]

Unter der Herrschaft des Willens über den Intellekt können unanschauliche Begriffskombinationen des Knechts den Herren zu keiner uneigennützigen Handlung bewegen. Bloßes Moralisieren führt weder zur Gerechtigkeit noch zur Menschenliebe: Tugend ist *nicht* lehrbar:

Künstliche Begriffs-Kombinationen [...] können also, wenn wir die Sache ernstlich nehmen, nimmermehr den wahren Antrieb zur Gerechtigkeit und Menschenliebe enthalten. Dieser muß vielmehr etwas seyn, das wenig Nachdenken, noch weniger Abstraktion und Kombination erfordert, das, von der Verstandesbildung unabhängig, Jeden, auch den rohesten Menschen, anspreche, bloß auf *anschaulicher Auffassung* [Hervorh. v. Verf.] beruhe und unmittelbar aus der Realität der Dinge sich aufdringe. Solange die Ethik nicht ein Fundament dieser Art aufzuweisen hat, mag sie in den Hörsälen disputiren und paradiren: das wirkliche Leben wird ihr Hohn sprechen. Ich muß daher den Ethikern den paradoxen Rath ertheilen, sich erst ein wenig im Menschenleben umzusehn.[24]

Schopenhauer kritisiert die akademische Ethik der Philosophieprofessoren, die sich vom wirklichen, betroffen machenden Leben, wie es in der alltäglichen Anschauung erfahrbar ist, abwendet. Eine solche Ethik kann das metaphysische Bedürfnis des Menschen nicht befriedigen – trotz ihres »eselöhrigen Jetztzeit-Jargons«.[25]

Es ist Schopenhauer unbegreiflich, daß zum Beispiel Kant, den er als Philosophen ernst nimmt, jede empirische Grundlage der Moral verwirft. Die Ethik soll nach Kant eine Wissenschaft *a priori* sein, das heißt, ihre Prinzipien dürfen weder in der Natur des Menschen noch in den Umständen der Welt gesucht werden. Wie aber, so fragt Schopenhauer, können reine Begriffe *a priori*, also Begriffe, die noch gar keinen Inhalt aus der Erfahrung haben, also »pure Schaale ohne Kern« sind, eine wirksame Moral für leidenschaftlich um ihr Dasein kämpfende Menschen begründen?

Denn die Moral hat es mit dem *wirklichen* Handeln des Menschen und nicht mit apriorischem Kartenhäuserbau zu thun, an dessen Ergebnisse sich im Ernste und Drange des Lebens kein Mensch kehren würde, deren Wirkung daher, dem Sturm der Leidenschaften gegenüber, so viel seyn würde, wie die einer Klystierspritze bei einer Feuersbrunst. Ich habe schon oben erwähnt, daß *Kant* es als ein großes Verdienst seines Moralgesetzes betrachtet, daß es bloß auf abstrakte, reine Begriffe *a priori*, folglich auf *reine Vernunft* gegründet ist, als wodurch es nicht bloß für Menschen, sondern für alle vernünftige Wesen als solche gültig sei. Wir müssen um so mehr bedauern, daß reine, abstrakte Begriffe *a priori*, ohne realen Gehalt und ohne alle irgendwie empirische Grundlage, wenigstens *Menschen* nie in Bewegung setzen können [...][26]

Kants Ethik schwebt für Schopenhauer in der Luft. Sie entbehrt jedes sicheren Fundaments und ist zudem gekennzeichnet durch einen »gänzlichen Mangel an Realität«.[27] Schopenhauer sieht Kants ersten falschen Schritt darin, daß dieser behauptet: »In einer praktischen Philosophie [ist] es uns nicht darum zu thun [...] Gründe anzunehmen von dem, was *geschieht*, sondern Gesetze von dem, was *geschehen soll*, ob es gleich niemals geschieht [...]«[28] Dies ist für Schopenhauer eine Erschleichung des Beweisgrundes: »Wer sagt euch, daß es Gesetze giebt, denen unser Handeln sich unterwerfen *soll?* Wer sagt euch, *daß geschehn soll, was nie geschieht?* – Was berechtigt euch, dies vorweg anzunehmen und demnächst eine Ethik in legislatorisch-imperativer [gesetzgeberisch-befehlender] Form, als die allein mögliche, uns sofort aufzudringen?«[29]

Im Gegensatz zu jeder imperativ formulierten Ethik, in der Schopenhauer die theologische Moral vermutet – schon der sprachliche Ausdruck »du sollst« erinnert ihn an die Formulierung der Zehn Gebote –, betritt er mit seiner eigenen Ethik einen neuen Weg: »Ich sage, im Gegensatz zu Kant, daß der Ethiker, wie der Philosoph überhaupt, sich begnügen muß mit der Erklärung und Deutung des Gegebenen, also des wirklich Seienden oder Geschehenden, um zu einem *Verständniß* desselben zu gelangen, und daß er hieran vollauf zu thun hat, viel mehr, als bis heute, nach abgelaufenen Jahrtausenden, gethan ist.«[30]

Die über ihre Unmöglichkeiten aufgeklärte Ethik begnügt sich mit der Analyse der in moralischer Hinsicht höchst verschiedenen Handlungsweisen der Menschen. Sie beschränkt sich darauf zu erklären, was *ist*, und verzichtet darauf, vergeblich und anmaßend zu fordern, was sein *soll:*

Hingegen praktisch zu werden, das Handeln zu leiten, den Charakter umzuschaffen, sind alte Ansprüche, die sie, bei gereifter Einsicht, endlich aufgeben sollte [...] Die Tugend wird nicht gelehrt, so wenig wie der Genius: ja, für sie ist der Begriff so unfruchtbar und nur als Werkzeug zu gebrauchen, wie er es für die Kunst ist. Wir würden daher eben so thöricht seyn, zu erwarten, daß unsere Moralsysteme und Ethiken Tugendhafte, Edle und Heilige, als daß unsere Aesthetiken Dichter, Bildner und Musiker erweckten.

Der gegebene Gesichtspunkt und die angekündigte Behandlungsweise geben es schon an die Hand, daß man in diesem ethischen Buche [W I, § 53–71] keine Vorschriften, keine Pflichtenlehre zu erwarten hat; noch weniger soll ein allgemeines Moral-Princip, gleichsam ein Universal-Recept zur Hervorbringung aller Tugenden angegeben werden [...] Wir werden überhaupt ganz und gar nicht von Sollen reden: denn so redet man zu Kindern und zu Völkern in ihrer Kindheit, nicht aber zu Denen, welche die ganze Bildung einer mündig gewordenen Zeit sich angeeignet haben.[31]

Schopenhauer beabsichtigt, eine beschreibende (deskriptive), nicht eine vorschreibende (präskriptive) Ethik aufzustellen: Seinsethik statt Sollensethik. Um das Fundament dieser Ethik des wirklich Seienden zu ermitteln, bleibt nur der empirische Weg offen, die Untersuchung, ob es im Alltag überhaupt Handlungen von echtem moralischen Wert – Handlungen freiwilliger Gerechtigkeit und reiner Menschenliebe – gibt. Die Einsicht in die eigentliche Triebfeder solcher Handlungen wird das Fundament der Ethik offenlegen:

Dies ist der bescheidene Weg, auf welchen ich die Ethik hinweise. Wem er, als keine Konstruktion a priori, keine absolute Gesetzgebung für alle vernünftige Wesen in abstracto enthaltend, nicht vornehm, kathedralisch und akademisch genug dünkt, der mag zurückkehren zu den kategorischen Imperativen, zum Schiboleth [Losungswort] der ›Würde des Menschen‹; zu den hohlen Redensarten, den Hirngespinsten und Seifenblasen der Schulen, zu Principien, denen die Erfahrung bei jedem Schritte Hohn spricht und von welchen außerhalb der Hörsäle kein Mensch etwas weiß, noch jemals empfunden hat. Dem auf meinem Wege sich ergebenden Fundament der Moral hingegen steht die Erfahrung zur Seite und legt täglich und stündlich ihr stilles Zeugniß für dasselbe ab.[32]

3. Das große Mysterium

> Geliebt wirst du einzig, wo du schwach dich zeigen darfst, ohne Stärke zu provozieren.
>
> Theodor W. Adorno, Minima Moralia

Das Kriterium einer Handlung von moralischem Wert ist die Abwesenheit aller egoistischen Beweggründe. Der Egoismus, das heißt der »Drang zum Daseyn und Wohlseyn«[33], macht die »Haupt- und Grundtriebfeder« im Menschen aus. Er vermehrt das Leid unabsehbar:

Der *Egoismus* ist, seiner Natur nach, gränzenlos: der Mensch will unbedingt sein Daseyn erhalten, will es von Schmerzen, zu denen auch aller Mangel und Entbehrung gehört, unbedingt frei, will die größtmögliche Summe von Wohlseyn, und will jeden Genuß, zu dem er fähig ist, ja, sucht wo möglich noch neue

Fähigkeiten zum Genusse in sich zu entwickeln. Alles, was sich dem Streben seines Egoismus entgegenstellt, erregt seinen Unwillen, Zorn, Haß: er wird es als seinen Feind zu vernichten suchen. Er will wo möglich Alles genießen, Alles haben; da aber dies unmöglich ist, wenigstens Alles beherrschen: ›Alles für mich, und nichts für die Andern‹, ist sein Wahlspruch. Der Egoismus ist kolossal: er überragt die Welt. Denn, wenn jedem Einzelnen die Wahl gegeben würde zwischen seiner eigenen und der übrigen Welt Vernichtung; so brauche ich nicht zu sagen, wohin sie, bei den Allermeisten, ausschlagen würde. Demgemäß macht Jeder sich zum Mittelpunkte der Welt, bezieht Alles auf sich und wird was nur vorgeht, z. B. die größten Veränderungen im Schicksale der Völker, zunächst auf *sein* Interesse dabei beziehn und, sei dieses auch noch so klein und mittelbar, vor Allem daran denken.[34]

Das Problem der Ethik liegt für Schopenhauer *nicht* darin, einen ethischen Grundsatz zu formulieren und zu begründen. Dieser liegt, meint Schopenhauer, letztlich in allen Moralsystemen – verschieden – formuliert vor: »Verletze niemanden; vielmehr hilf allen, soweit du kannst.«[35] Das Problem der Ethik liegt vielmehr darin, tatsächliche moralische Triebfedern zu ermitteln, die stärker sind als die »antimoralische Potenz« des Egoismus.

Wie aber kann bei einer Handlung, die um eines anderen willen geschieht, das fremde Wohl und Wehe unmittelbar zu meinem Beweggrund werden?

Offenbar nur dadurch, daß jener Andere *der letzte Zweck* meines Willens wird, ganz so wie sonst ich selbst es bin: also dadurch, daß ich ganz unmittelbar *sein* Wohl will und *sein* Wehe nicht will, so unmittelbar, wie sonst nur *das meinige*. Dies aber setzt nothwendig voraus, daß ich bei *seinem* Wehe als solchem geradezu mit leide, *sein* Wehe fühle, wie sonst nur meines, und deshalb sein Wohl unmittelbar will, wie sonst nur meines. Dies erfordert aber, daß ich auf irgend eine Weise *mit ihm identificirt* sei, d. h.: daß jener gänzliche *Unterschied* zwischen mir und jedem Andern, auf welchem gerade mein Egoismus beruht, wenigstens in einem gewissen Grade aufgehoben sei [...] Der hier analysirte Vorgang aber ist kein erträumter, oder aus der Luft gegriffener, sondern ein ganz wirklicher, ja, keineswegs seltener: es ist das alltägliche Phänomen des *Mitleids*, d. h. der ganz unmittelbaren, von allen anderweitigen Rücksichten unabhängigen *Theilnahme* zunächst am *Leiden* eines Andern und dadurch an der Verhinderung oder Aufhebung dieses Leidens, als worin zuletzt alle Befriedigung und alles Wohlseyn und Glück besteht. Dieses Mitleid ganz allein ist die wirkliche Basis aller *freien* Gerechtigkeit und aller *ächten* Menschenliebe. Nur sofern eine Handlung aus ihm entsprungen ist, hat sie moralischen Werth: und jede aus irgend welchen andern Motiven hervorgehende hat keinen. Sobald dieses Mitleid rege wird, liegt mir das Wohl und Wehe des Andern unmittelbar am Herzen [...][36]

Das Wohl und Wehe eines anderen wird zu meinem Beweggrund, wenn ich mich mit seinem Leid identifiziere. In meiner Betroffenheit erkenne ich intuitiv, daß der andere und ich *dasselbe* sind. Die Grenze zwischen Nicht-Ich und Ich erweist sich als nicht absolut. Dieser Vorgang ist das »große Mysterium der Ethik«, ihr »Urphänomen«[37]; er leitet über in die Metaphysik Schopenhauers. Keineswegs also hat Mitleid bei ihm die Bedeutung von oberflächlichem, herablassendem Bemitleiden.

Kein kategorischer Imperativ kann jetzt und hier Mitleid erwecken. Dies vermag nur der betroffen machende Anblick von Leid. Schopenhauer verdeutlicht diese Tatsache, indem er dem Leser Beispiele von Grausamkeit vor Augen führt:

Nichts empört so im tiefsten Grunde unser moralisches Gefühl, wie Grausamkeit. Jedes andere Verbrechen können wir verzeihen, nur Grausamkeit nicht. Der Grund hiervon ist, daß Grausamkeit das gerade Gegentheil des Mitleids ist. Wenn wir von einer sehr grausamen That Kunde erhalten, wie z. B. die ist, welche eben jetzt die Zeitungen berichten, von einer Mutter, die ihren fünfjährigen Knaben dadurch gemordet hat, daß sie ihm siedendes Öl in den Schlund goß, und ihr jüngeres Kind dadurch, daß sie es lebendig begrub; – oder die, welche eben aus Algier gemeldet wird, daß nach einem zufälligen Streit und Kampf zwischen einem Spanier und einem Algierer, dieser, als der stärkere, jenem die ganze untere Kinnlade rein ausriß und als Trophäe davon trug, jenen lebend zurücklassend; – dann werden wir von Entsetzen ergriffen und rufen aus: ›Wie ist es möglich, so etwas zu thun?‹ – Was ist der Sinn dieser Frage? Ist er vielleicht: wie ist es möglich, die Strafen des künftigen Lebens so wenig zu fürchten? – Schwerlich. – Oder: Wie ist es möglich, nach einer Maxime zu handeln, die so gar nicht geeignet ist, ein allgemeines Gesetz für alle vernünftigen Wesen zu werden? – Gewiß nicht. – Oder: Wie ist es möglich, seine eigene und die fremde Vollkommenheit so sehr zu vernachlässigen? – Eben so wenig. – Der Sinn jener Frage ist ganz gewiß bloß dieser: Wie ist es möglich, so ganz ohne Mitleid zu seyn? – Also ist es der größte Mangel an Mitleid, der einer That den Stämpel der tiefsten moralischen Verworfenheit und Abscheulichkeit aufdrückt. Folglich ist Mitleid die eigentliche moralische Triebfeder.[38]

Mitleid ist das Fundament der Ethik. Wer von ihm erfüllt ist, wird – dem Ausmaß seiner Betroffenheit entsprechend – niemandem mehr weh tun, nachsichtig sein, verzeihen und helfen, soviel er vermag. Der mitleidende Mensch nimmt fremdes Leid als *eigenes* auf sich. Er sieht nicht mehr nur das Individuelle, sondern auch das allen Menschen Gemeinsame – wie zum Beispiel den Tod. Sein Verhältnis zum Leben beginnt sich zu verwandeln.

Schopenhauers Ethik des sich Eins-Wissens mit *allen* lebenden Wesen – die über alles Unglück strahlende »mysteriöse« Lichtquelle seiner hermeneutischen Metaphysik – läßt in Umrissen auch eine neuartige, zartvernünftige Methode des Du-Verstehens erkennen: eine *Logik der Zärtlichkeit*. Der Blick schaut auf den anderen nicht mehr interessengeleitet und unverständig von außen, sondern einfühlend von innen. Das Du – im weiteren, wohlverstandenen Sinne auch das der Pflanzen und Tiere – darf ähnlich wie das ästhetische »Objekt« als es selbst schutzlos in Erscheinung treten, ohne sogleich bedroht und verdinglicht zu werden. Seine Anliegen, Bedürfnisse und Nöte werden unmittelbar als meine eigenen empfunden, »trotz dem, daß seine Haut meine Nerven nicht einschließt«[39]:

Daher möchte ich, im Gegensatz zu besagter Form des Kantischen Moralprincips, folgende Regel aufstellen: bei jedem Menschen, mit dem man in Berührung kommt, unternehme man nicht eine objektive Abschätzung desselben nach Werth und Würde, ziehe also nicht die Schlechtigkeit seines Willens, noch die Beschränktheit seines Verstandes und die Verkehrtheit seiner Begriffe in Betrachtung; da Ersteres leicht Haß, Letzteres Verachtung gegen ihn erwecken könnte: sondern man fasse allein seine Leiden, seine Noth, seine Angst, seine Schmerzen ins Auge: – da wird man sich stets mit ihm verwandt fühlen, mit ihm sympathisiren und, statt Haß oder Verachtung, jenes Mitleid mit ihm empfinden, welches allein die αγαπη [Liebe] ist, zu der das Evangelium aufruft. Um keinen Haß, keine Verachtung gegen ihn aufkommen zu lassen, ist wahrlich nicht die Aufsuchung seiner angeblichen ›Würde‹, sondern, umgekehrt, der Standpunkt des Mitleids der allein geeignete.[40]

Das Mitleid, das die ganze Welt umfassen kann, verneint den egoistischen Willen, der das Leiden schafft. Dann weicht die Sorge um das eigene Dasein der Sorge um alles Lebendige: »[...] ich weiß mir kein schöneres Gebet, als Das, womit die Alt-Indischen Schauspiele [...] schließen. Es lautet: ›Mögen alle lebende Wesen von Schmerzen frei bleiben.‹«[41]

4. Im Innern des unsichtbaren Unendlichfüßlers

Schopenhauer begnügt sich nicht mit der *Tatsache* des Mitleids als moralischer Triebfeder, wenn er auch den empirischen Nachweis dieses Sachverhalts in seiner Preisschrift »Über das Fundament der Moral« als bereits hinreichende Begründung der Ethik herausstellt.[42] Er versucht darüber hinaus, die Psychologie des Mit-Leidens *metaphysisch* zu ergründen. Dabei geht er von Anfang an von der grundlegenden Fragestellung aus, ob nicht das, was die Welt im Innersten zusammenhält, etwas ursprünglich Moralisches sei:

> Die Kraft, welche das Phänomen der Welt hervorbringt, mithin die Beschaffenheit derselben bestimmt, in Verbindung zu setzen mit der Moralität der Gesinnung, und dadurch eine *moralische* Weltordnung als Grundlage der *physischen* nachzuweisen, – dies ist seit *Sokrates* das Problem der Philosophie gewesen.[43]

Schopenhauer sieht die Lösung des Problems, die Antwort auf den gesuchten Einheitspunkt von Metaphysik und Ethik, darin, den Menschen entgegen der Tradition des Abendlandes nicht mehr einseitig als Mikrokosmos zu begreifen, sondern umgekehrt die Welt auch als »Makranthropos«.[44] Die Welt als Wille und Vorstellung ist demnach pointiert gesagt ein metaphysischer »Gesamtmensch«.[45] Das Wesen des Menschen wie das der Welt erschöpft sich – im Rahmen unserer Erkenntnis – in Wille und Vorstellung. Unser aller Wille – der Wille in der Natur – ist es, der die Welt hervorbringt, und unsere Intellekte sind es, die die Welt für uns in Vorstellungen vergegenständlicht zur Erscheinung bringen: »der Willensakt, aus welchem die Welt entspringt, ist unser eigener«.[46] Mein eigener Wille und der Wille in der Natur sind metaphysisch gesehen *dasselbe Selbst*. Die Frage, wer unsere Welt in ihrer gesamten Existenz mit ihrer Not und ihrem Leid moralisch zu verantworten hat und uns von ihr erlösen könnte, weist wie das dem Ödipus von der Sphinx gestellte Rätsel[47] in geheimnisvoller Weise auf den Menschen zurück.

Mit folgendem *Bild* möchte ich versuchen, Schopenhauers Metaphysik anschaulicher zu machen. Der Wille zum Leben läßt sich vergleichen mit dem »Körper« eines »Gesamtlebewesens«, sagen wir mit einem »Unendlichfüßler«.[48] Jeder einzelne »Fuß«

stellt ein ganzes Lebewesen dar, wie wir es aus unserer Vorstellungswelt kennen: eine Maus, einen Fisch, eine Spinne. Die einzelnen Füße des Unendlichfüßlers sterben nach einiger Zeit ab und wachsen ähnlich wieder nach. Dies geschieht aufgrund bestimmter invarianter Archetypen, die Schopenhauer Platonische Ideen nennt. Neben diesen Füßen, die Tiere darstellen, gibt es noch solche, die als Pflanzen und als unorganische Körper in Erscheinung treten.

Einige Füße unserer seltsamen Metapher vom Unendlichfüßler sind besonders merkwürdig ausgestattet. Sie verfügen über ein äußerst komplexes Gehirn, das nicht nur für die unmittelbare Lebensbewältigung geeignet ist, sondern sich darüber hinaus über alles mögliche verwundern und Überlegungen über die eigene Herkunft anstellen kann. Jedem einzelnen Gehirn aber sind aufgrund vorgegebener Funktionsweisen enge unüberschreitbare Erkenntnisgrenzen gezogen. Es kann nicht anders, es muß unwillkürlich alle ihm zufließenden Daten in etwas verwandeln, was sie ursprünglich selbst gar nicht sind, nämlich in *Vorstellungen*, die zeitlich, räumlich und kausal strukturiert sind. Diese Tätigkeit des Erkennens umschließt wie ein Kerker jeden einzelnen dieser menschlichen Füße mit einer vordergründigen *Welt als Vorstellung*. Der Wille zum Leben, in unserem Bild der Unendlichfüßler, der selbst nicht im wörtlichen Sinne gegenständlich körperhaft zu verstehen ist, *erscheint* nun *von der Perspektive* einer seiner intelligenten Füße aus gesehen entstellt als materielle Dingwelt. Diese Verwandlung legt über alles den Schleier der Täuschung, und in seinen Maschen verirren sich das Wesen der Welt wie seine Erscheinungen gleichermaßen.

Die einzelnen Menschenfüße wissen nichts mehr von der Stelle, an der sie mit dem Unendlichfüßler – metaphysisch verstanden – »festgewachsen« sind, ja, dadurch der Unendlichfüßler selbst *sind*. Das Gesamtlebewesen – in seiner Vorlesung »Metaphysik der Sitten« verwendet Schopenhauer wie im ersten Band der »Welt als Wille und Vorstellung« den Terminus »unendlicher Naturgeist«[49] – kommt nicht mehr in ihr Blickfeld, es bleibt verborgen. Zudem erliegt jeder einzelne Menschen-Fuß dem empirischen Schein, er sei ein autonomes freies Wesen für sich selbst, von jedem anderen Fuß absolut geschieden und womöglich ausgezeichnet mit einer unsterblichen Seele von absoluter geistiger Individualität. Eine mögliche Indienstnahme von einem übergeordneten Zusammenhang kommt dieser individuierten Erkenntnisweise – Schopenhauer nennt sie das *principium individuationis* – gar nicht erst in den Sinn. Unsere individuelle Erkenntnisausstattung ist gleichsam die Tarnkappe des Unendlichfüßlers.

Der einzelne Menschen-Fuß in unserem Bild maßt sich eine unbedingte Individualität an, die ihm nicht zukommt. Und der Unendlichfüßler hat sich selbst in den Täuschungen seiner individuellen Erscheinungen so hoffnungslos verlaufen, daß er sein eigenes Selbst nicht erkennt. Der unendliche Naturgeist, versehen mit Allmacht, aber ohne Bewußtsein seiner selbst, weiß nichts von seiner Einheit und wendet seine blinde Heftigkeit gegen sich selbst, schlägt wie ein Rasender seine Zähne in sein eigenes Fleisch, indem seine Erscheinungen sich gegenseitig Leid zufügen, sich gegenseitig auffressen, sich gegenseitig bekriegen. Der Unendlichfüßler ist mit sich selbst uneins: Jeder Fuß geht rücksichtslos seinen eigenen Weg.

Schopenhauer versucht, dieser paradoxen Konstellation, die man den pessimistischen Weltknoten nennen könnte, in ihren schleifenartigen Windungen nachzugehen. Wenn seiner Philosophie im Laufe ihrer Rezeptionsgeschichte immer wieder vorgeworfen wurde, sie sei widersinnig und widersprüchlich, so stellt sich aufgrund unserer Darstellung die Frage, ob diese sogenannten Widersprüche Fehler und Schwächen seines eigenen Denkens zum Ausdruck bringen oder aber die Vertracktheit der Sache selbst, so wie sie sich ihm darstellte und wie er sie mitzuteilen suchte.

Das *eine* Wesen, das in allen Individuen erscheint, erkennt sich im fremden Individuum nicht wieder, ja, nicht einmal im eigenen und ist »eingeständlich sich selber fremd«.[50] Erst wer das *principium individuationis* durchschaut, wer in Zeit und Raum das vordergründige individuierende Prinzip erkennt, wer den »Schleier der Maja«, wie die Hindu sagen, aufhebt, der sieht, daß er selbst es ist – »sein wahres Ich«[51] –, das in allem lebt, was auf der weiten Welt Qual erleidet. Schopenhauer verwendet in dem sehr wichtigen 7. Kapitel der Vorlesung »Metaphysik der Sitten« den Terminus »wahres Ich«, um mit dem Willen als Ding an sich die metaphysisch-moralische Unwahrheit der egoistischen Einzel-Iche herauszustellen. Außerdem setzt der Terminus »wahres Ich« das Wesen der Welt weder zeitlich, räumlich noch kausal außerhalb von mir, außerhalb meiner eigenen Verantwortlichkeit – was die zugegebenermaßen unzulängliche Metapher vom Unendlichfüßler noch suggeriert –, sondern in die Mitte meines eigenen moralischen Wollens: Der Unendlichfüßler, das Gesamtlebewesen ist mein wahres Ich – nicht mein eigener Fuß *allein*. Anders gesagt: *Jeder* Fuß ist mein wahres Ich. Das Gewahrwerden meines wahren Ichs ist die unmittelbare und intuitive – nicht begrifflich abstrakte – Erkenntnis der metaphysischen Identität aller Lebewesen. Gegenüber der geistig beschränkten und engherzigen Erkenntnisweise des *principium individuationis*, des unwahren egoistischen Ich, ist sie die ganz andere, den Bann der Täuschung lösende Erkenntnisweise des Mit-Leidens, des *tat twam asi: Das* (nämlich alles andere) *bist du.*[52] In der Kaivalya-Upanischad, die den Zustand des Samuyâsin schildert, des Weltflüchtigen, der der Welt gänzlich entsagt hat und sich nur noch als eins mit dem Ursprung aller Wesen fühlt, heißt es: »Das höchste Brahman, die Seele von allem, die große Stütze der Welt, feiner als das Feine, das immer Seiende, das bist du, das bist du.«[53]

Das Mitleid untersucht Schopenhauer von zwei Perspektiven aus: Einmal von der empirisch-psychologischen, dann ist es der von jedem einzelnen nachvollziehbare *Drang*, dem bedrängten Nächsten beistehen zu wollen, gut zu ihm zu sein; zum andern von der spekulativ-metaphysischen, dann ist es die mutmaßliche *Tendenz* zur moralischen Selbsterkenntnis des Willens als Ding an sich. Grundsätzlich gesagt: Mitleid – ein Tropfen im Meer des Egoismus – ist Nächstenliebe zwischen einzelnen Menschen beziehungsweise Versöhnungsliebe des metaphysischen Gesamtmenschen.

Die vom Ding an sich bereits getroffene ursprüngliche Willensentscheidung *ohne* Selbsterkenntnis, nämlich Wille zum Leben sein zu *wollen*, ist die alles Leid nach sich ziehende metaphysisch-moralische Weltordnung als Grundlage der physischen Weltordnung. Der Wille als Ding an sich könnte nur aufgrund seiner Selbsterkenntnis anders entscheiden. Schopenhauers Metaphysik des wahren überindividuellen Ich und der damit verbundene Determinismus der erscheinenden individuellen Iche lassen nun auch von der metaphysischen Perspektive her erkennen, daß er seine Ethik nicht in legislatorisch-imperativer Form konzipiert. – Unerörtert bleibt hier Schopenhauers Auffassung vom intelligiblen Charakter, von der Prädisposition der »Güte des Herzens« – ein pessimistisches und problematisches Kapitel für sich.[54]

Am Ende von Schopenhauers Philosophie wird die Architektur seines Systems überschaubarer. An meiner Metapher vom Unendlichfüßler läßt sich ihre methodische Perspektivenpluralität im Überblick darstellen und zusammenfassen. Ich knüpfe im folgenden auch an meine Einleitungen zum zweiten und dritten Teil der Vorlesungen an (»Erkenntnis und Natur« sowie »Erkenntnis und Kunst«).

Der *einzelne*, einen individuellen Menschen darstellende Fuß des Unendlichfüßlers kann sich von zwei möglichen, sich wechselseitig relativierenden und berichtigenden Betrachtungsweisen aus selbst untersuchen: von einer gleichsam inneren, der transzendentalidealistischen, und von einer gleichsam äußeren, der physiologisch-materialistischen. Einmal betrachtet sich der Fuß als etwas Nicht-Körperliches, als erkennendes Subjekt (»Ich denke«), das erkenntnistheoretisch gesehen alle seine Vorstellungen – die Welt als Vorstellung – bedingt; zum anderen als etwas Körperliches, als erkanntes Objekt, das ontologisch gesehen selbst von der Welt als Vorstellung, namentlich von einem Gehirn bedingt ist. Diesen Sachverhalt – die Welt ist im Kopf, und der Kopf ist in der Welt – kennzeichnet Schopenhauer als »*Antinomie* in unserm Erkenntnißvermögen«.[55]

Der transzendentalphilosophische Ansatz ermittelt im Anschluß an Kants »Kritik der reinen Vernunft« apriorische Formen des Erkennens und damit an die empirische Realität gebundene *bewußtseinsimmanente* Erkenntnisgrenzen. Der physiologisch-materialistische Ansatz, wie er beispielsweise von Cabanis vertreten wurde, interpretiert die Kritik der reinen Vernunft um in eine »Kritik der Gehirnfunktionen« und untersucht – bewußtseinstranszendent gewendet – die materiellen Bedingungen des Erkennens.[56] Beide Ansätze sind Schopenhauer zufolge »höchst einseitige Auffassungen und daher, trotz ihrer Gegensätze, *zugleich* wahr, nämlich jede von einem bestimmten Standpunkt aus: sobald man aber sich über diesen erhebt, erscheinen sie nur noch als relativ und bedingt wahr«.[57] Daher: »Es ist eben so wahr, daß das Erkennende ein Produkt der Materie sei, als daß die Materie eine bloße Vorstellung des Erkennenden sei: aber es ist auch ebenso einseitig.«[58]

Diesen methodischen Standortwechsel in Schopenhauers gesamtem Werk, das Drehen und Wenden von einer einseitigen Betrachtungsweise des Intellekts zur andern, habe ich »Kopernikanische Drehwende« genannt, um auf seine Bedeutsamkeit auch Kant gegenüber aufmerksam zu machen.[59] Sie ist der systematische Dreh- und Angelpunkt, das Scharniergelenk seiner Philosophie oder, anders gesagt, das Methodenmodell seines philosophischen Denkens, seiner Erkenntnistheorie, aber auch – wenngleich weniger offensichtlich – seiner Naturphilosophie, Ästhetik und Ethik.

Mit diesem gezielten Perspektivenwechsel, der jedes angeblich voraussetzungslose Verfahren in der Philosophie als Einseitigkeit, als »Windbeutelei« kritisiert,[60] versucht Schopenhauer, der vorschnellen Unterstellung eines absolut Ersten, sei es ein Geistiges, sei es etwas Materielles, in seinem eigenen Denken Einhalt zu gebieten und sich über den einfältigen Standpunkt-Dogmatismus zu erheben:

[...] immer muß man irgend etwas als gegeben ansehn, um davon auszugehn. Dies nämlich besagt das δος μοι πον στω [Gib mir einen Standort! (und ich bewege die Erde, Ausspruch des Archimedes)], welches die unumgängliche Bedingung jedes menschlichen Thuns, selbst des Philosophirens, ist; weil wir geistig so wenig, wie körperlich, im freien Äther schweben können. Ein solcher Ausgangspunkt des Philosophirens, ein solches einstweilen als gegeben Genommenes, muß aber nachmals wieder kompensirt und gerechtfertigt werden. [...] Um nun also die hierin begangene Willkürlichkeit wieder auszugleichen und die Voraussetzung zu rektificiren, muß man nachher den *Standpunkt* wechseln, und auf den entgegengesetzten treten, von welchem aus man nun das Anfangs als gegeben Genommene, in einem ergänzenden Philosophem, wieder ableitet: *sic res accendunt lumina rebus* [So bringt eine Sache Licht in die andere, Lucretius].[61]

Die Frage, ob Schopenhauer nun doch eher der Transzendentalphilosophie als einem reflektierten Materialismus zugeneigt war, ist gegenüber seiner eigenwilligen dynamischen *Methode der Kompensierung* von zweitrangiger Bedeutung, ja, zerreißt seine antidogmatische Intention, die vom gesamten Werk her gesehen vielleicht sogar mehr der pyrrhonischen Skepsis verdankt, dem gleichwertigen Widerstreit der Sätze (Isosthenie), der schließlichen Urteilszurückhaltung (Epoché) und der sich daraufhin einstellenden Meeresstille des Gemüts (Ataraxie), als dem Fanatismus zwanghafter Letztbegründungen.[62] Schopenhauer lädt sich mit seinem Ziel, die Positionen ausgleichen zu wollen, die Last der Tradition auf, die Last des Dogmatismus, Skeptizismus und Kritizismus.

Kommen wir auf den Menschen-Fuß unseres Unendlichfüßlers zurück, der sich in seiner inneren, nicht-körperlichen Betrachtungsweise, seiner Introspektion, nicht nur als *erkennendes*, sondern stärker noch als *wollendes* Subjekt erfährt. Von dieser empirisch-psychologischen Erfahrung des Willens geht Schopenhauer beim Entwurf seiner Metaphysik aus und unterlegt diese innere Willenserfahrung mit erheblichen Einschränkungen (»*denominatio a potiori*«[63]) der äußeren Natur – der Welt als Vorstellung – als ihre eigene *überindividuelle* Innenseite. Sie ist der unmittelbaren introspektiven Erfahrung des Einzelfüßlers nicht mehr zugänglich und kann nur noch in Analogie zu seinem Leib annähernd erschlossen werden. Die Betrachtungsweise des eigenen empirischen Willens wird also ergänzt durch die Betrachtungsweise des metaphysischen, alles durchdringenden Willens als Ding an sich. Das wollende Subjekt schafft sich wie zuvor schon das erkennende Subjekt einen Gegenpol seiner Selbstbetrachtung. Schopenhauer überträgt damit die methodische Drehwende seiner Erkenntnistheorie konstitutiv auf seine Metaphysik. Der einzelne Fuß, der sich von der Notwendigkeit überzeugt hat, sich aus der Doppelperspektive des Intellekts zu erforschen, kompensiert jetzt die Einseitigkeit des bloß subjektiven Willens durch den objektiven Willen (»objektiv« *nicht* im Sinne von gegenständlich, sondern von überindividuell), durch die metaphysische Spekulation eines Dings an sich – des Unendlichfüßlers.

Die doppelte Betrachtungsweise des Intellekts auf der Ebene der Metaphysik *dreht* sich um die Betrachtung des Unendlichfüßlers, vom Einzelfüßler aus gesehen, und *wendet* sich umgekehrt zur spekulativen Betrachtung des Einzelfüßlers, vom Unendlichfüßler aus gesehen. Dies ist der Grund dafür, daß Schopenhauer den Willen als Ding an sich (Unendlichfüßler) auf zwei verschiedene Weisen untersucht: Einmal mit kritischen, phänomenalistischen Einschränkungen, dann ist er bedingt von unserer Vorstellung im Rahmen ihrer Erkenntnisgrenzen; zum anderen als metaphysisches Urprinzip, dann bedingt er selbst unsere Vorstellung, unsere gesamte Erkenntnisausstattung. Dies ist auch der Grund dafür, daß der kritische Leser bisweilen nicht recht weiß, wann Schopenhauer als Psychologe und wann als Metaphysiker spricht, etwa bei der wichtigen Bestimmung des Verhältnisses von Wille und Intellekt im 19. Kapitel des zweiten Bandes seines Hauptwerks: »Vom Primat des Willens im Selbstbewußtseyn«.

Eine zentrale Problemstelle in der Philosophie ist sein Sprung vom psychologischen Willen zum Ding an sich, vom empirischen Standpunkt zum metaphysischen Standpunkt »durch Hülfe der Spekulation«[64]: die Entzifferung der großen Hieroglyphe der Natur. In seiner Vorlesung »Metaphysik der Sitten« stellt Schopenhauer die Erfahrungstranszendenz dieses Sprungs deutlich heraus – im Gegensatz zur Betonung der Erfahrungsimmanenz des 17. Kapitels der »Welt als Wille und Vorstellung«, Band 2. Besonders das 7. Kapitel der Ethik-Vorlesung dürfte in dieser Hinsicht für die Schopenhauer-Interpretation wichtig sein. Gleichwohl gilt auch hier, daß Schopenhauer letztlich beide Perspektiven des Willens in ihrer wechselseitigen Zusammengehörigkeit untersucht, weshalb der Wille als Ding an sich aufgrund der Berücksichtigung seiner methodischen Ermittlung wieder relativiert wird. In seiner Vorlesung »Metaphysik der Natur« sagt Schopenhauer deutlich: »Der Wille, so wie wir ihn in uns finden und wahrnehmen, ist nicht eigentlich das *Ding an sich*.«[65]

Die Kopernikanische Drehwende holt Schopenhauers Metaphysik immer wieder auf den Boden der Empirie – der Anschauung – zurück, von dem sie stets erneut wieder ausgeht. Die Erfahrungstranszendenz des Willens muß erfahrungsimmanent rückversichert werden. Auch der Wille ist *nicht* das absolut Ursprüngliche, Ewige und Unzerstörbare, von dem her die Welt sich mit Notwendigkeit und Allgemeingültigkeit deduzieren ließe. Schopenhauer verwahrt sich gegen diese dürftige Art der Interpretation in einem heftigen Brief vom 21.8.1852 an Julius Frauenstädt:

Meine Philosophie redet nie von Wolkenkukuksheim, sondern von *dieser Welt*, d. h. sie ist *immanent*, nicht transscendent. Sie liest die vorliegende Welt ab, wie eine Hieroglyphentafel (deren Schlüssel ich gefunden habe, im Willen) und zeigt ihren Zusammenhang durchweg. Sie lehrt, was die Erscheinung sei, und was das Ding an sich. Dieses aber ist Ding an sich blos *relativ*, d. h. in seinem Verhältniß zur Erscheinung: – und diese ist Erscheinung bloß in ihrer Relation zum Ding an sich. Außerdem ist sie ein Gehirnphänomen. Was aber das Ding an sich *außerhalb* jener Relation sei, habe ich nie gesagt, weil ich's nicht weiß: *in* derselben aber ist's Wille zum Leben.[66]

Schopenhauers Philosophie und ihr Scharniergelenk, die Kopernikanische Drehwende, sind voneinander nicht zu trennen. Er hat sich nicht zuerst diese Methode zurechtgelegt, um dann mit ihr eine rationalistische Begriffsarchitektur zu modeln. Seine Methode entwickelt sich vielmehr an den Problemen der jeweils behandelten Sachverhalte. Im nachhinein, von uns aus gesehen, ist es leichter, über die methodischen Zusammenhänge seines Denkens metatheoretische Überlegungen anzustellen, als es vielleicht für Schopenhauer abschließend selbst gewesen wäre.

Meines Erachtens lassen sich idealtypisch drei Rezeptionsmodelle unterscheiden, die der systematischen Komplexität von Schopenhauers philosophischem Werk nicht gerecht werden und die die Diskussion um seine Bedeutung eher einengen als fördern. Die folgende Einteilung begnügt sich mit Beispielen jeweils extremer Vertreter:

– Widerlegung und Denunziation der Philosophie Schopenhauers durch Nachweis von Widersprüchen (von Rudolf Seydel bis Otto Jenson);[67]
– Herausbrechen und Verabsolutieren eines partiellen Aspektes, das Belassen eines Standpunktes in seiner Einseitigkeit (z. B. Schopenhauer als absoluter Idealist: Robert W. Th. Lamers – als Materialist: Helmut R. A. Primer – als reaktionärer Irrationalist: Georg Lukács etc.);[68]

– Apologie und gläubiges Nacherzählen der Philosophie Schopenhauers durch Leugnung und Herunterspielen der Widersprüche (vom frühen Julius Frauenstädt bis Arthur Hübscher).[69]

Die »Rezeptionsweise« des Ignorierens soll hier außer acht bleiben.

Demgegenüber möchte ich mit meiner eigenen Schopenhauer-Interpretation versuchen, gerade die strukturelle Pluralität von Schopenhauers geistigem Ringen ernst zu nehmen. Ich bin der Auffassung, daß bei Beachtung der Kopernikanischen Drehwende *die Dynamik der – begründeten – »Widersprüchlichkeit« Schopenhauers*, die Stärke und Eigentümlichkeit seines Denkens, in ihrem systematischen Zusammenhang überhaupt erst gewürdigt werden kann. Grundsätzlich gesagt: Die Selbstberichtigungsmethode der standortwechselnden Kopernikanischen Drehwende konstituiert formal gesehen auf eine konsequente, wenngleich problematische Weise Schopenhauers philosophisches Werk, seinen »einzigen Gedanken«[70], daß die Welt Wille und Vorstellung sei – oder »Nichts«. *Innerhalb* dieser Konstituierung aber gibt es sehr wohl Inkonsequenzen – Widersprüchliches, Schwankungen, Verselbständigungen, Abweichungen, Schwerpunktverschiebungen, Reaktionäres –, deren wirklichen Stellenwert ein adäquates aufgeschlossenes Werkverständnis erst noch zu ermitteln hat.

5. Vor dem Nichts

DER UNIVERSITÄTSKANZLER. Was ist hinter der Tür verborgen?

DER GLASERMEISTER. Ich kann nichts sehen.

DER UNIVERSITÄTSKANZLER. *Er* kann nichts sehen, nun, das glaube ich! ... Dekane! Was ist hinter der Tür verborgen?

DER DEKAN DER THEOLOGISCHEN FAKULTÄT. Nichts! Das ist die Lösung des Welträtsels ... Aus Nichts schuf Gott zu Anfang Himmel und Erde.

Der Dekan der philosophischen Fakultät. Aus nichts wird Nichts!

Der Dekan der medizinischen Fakultät. Unsinn! Das ist nichts!

Der Dekan der juristischen Fakultät. Ich bezweifle es! – Und hier liegt ein Betrug vor! Ich appelliere an alle Rechtdenkenden!

[...]

Alle Rechtdenkenden. Man hat uns betrogen!

Der Universitätskanzler. Wer hat euch betrogen?

Alle Rechtdenkenden. Die Tochter!

Der Universitätskanzler. Will die Tochter so freundlich sein, uns zu sagen, was sie mit dem Öffnen dieser Tür bezweckte?

Die Tochter. Nein, gute Freunde! Denn wenn ich's sagte, würdet ihr's nicht glauben.

Der Dekan der medizinischen Fakultät. Es ist ja nichts da!

Die Tochter. Du sagtest es. – Aber verstehst du das Nichts?

August Strindberg, Ein Traumspiel

Die Kopernikanische Drehwende ist die Methode, mit der Schopenhauer die *Bejahung des Willens zum Leben* in die problematisierende Reflexion bringt: die vertrackten Verdrehungen der von uns allen, von unseren egoistischen Ausrichtungen beständig aufrechterhaltenen »unwahren« Vorherrschaft der alltäglichen Erkenntnisweise des *principium individuationis* gegenüber der des *tat twam asi*, die Täuschung der Vorrangigkeit der physischen Weltordnung gegenüber der moralisch-metaphysischen. Vom Standpunkt des metaphysischen Willens aus gesehen stellt sich diese Vorherrschaft dar als blinde Selbstentzweiung des Willens, vom Standpunkt des empirisch-psychologischen Willens als maßlose und ziellose Leiderfahrung, vom Standpunkt der physiologisch-materialistischen Betrachtungsweise des Intellekts als körperliche Verlorenheit in einem unendlichen Kosmos vereinzelter Dinge, vom Standpunkt der transzendentalidealistischen Betrachtungsweise des Intellekts als Antinomie des gesamten Erkenntnisvermögens. Schopenhauers Philosophie des Hin- und Herwendens der Standpunkte, das das vorzeitige Einrasten einer positivistisch herausgebrochenen Betrachtungsweise zu verhindern sucht, will den Blick den irreführenden Verdrehungen der Welt als Wille und Vorstellung, dem teuflischen *principium individuationis, entwinden*, um ihn für eine ganz andere Sicht der Dinge zu schärfen: für die Sicht des Mitleids, für das große Mysterium der Ethik.

Der blinde Unendlichfüßler sowie zugleich jeder einzelne seiner egoistischen, von Autonomie und Würde geblendeten Füße trägt alles Leid zu allen Zeiten in jedem Augenblick. – Schopenhauer zufolge kann sich der Wille zum Leben aufgrund der Erkenntnis des Mitleids vom Leben selbst abwenden. Allein das Mitleid entkommt dem *principium individuationis*, dem selbstsüchtigen Erkenntnisbetrug, jeder Mensch, jedes Lebewesen sei in Raum und Zeit ein absolut eigenes Wesen für sich. Das Mitleid, das den Menschen vom Kopf auf das Herz stellt, überwindet das Wunschdenken, es gäbe so etwas wie eine autonome Persönlichkeit, durchschaut das *abendländische Märchen* von einem, der auszog, sein Selbst zu suchen, um es im Jenseits oder Diesseits zu verwirklichen als – Illusion.

»Der Mensch fühlt daß sein Wille das eigentliche Wesen der Welt ist und daß eben die steten Willensakten, die Bejahung des Lebens es ist, die ihn mit dieser Welt verknüpft.«[71] Er selbst – sein »wahres Ich« – ist sein Nächster, ist das Leid aller Menschen, das er in dieser Selbsterkenntnis nicht länger wollen kann:

> Vergleichen wir das Leben mit einer Kreisbahn aus glühenden Kohlen, mit einigen kühlen Stellen, hin und wieder: diese Bahn hätten wir unablässig zu durchlaufen: wer nun noch befangen ist im principio individuationis, den tröstet die kühle Stelle, auf der er eben jetzt steht, oder die er nahe vor sich sieht und er fährt fort die Bahn zu durchlaufen. Jener aber, der das principium individuationis durchschaut, deshalb das Wesen an sich der Dinge und das Ganze erkennt, ist solchen Trostes nicht mehr fähig: er erblickt sich an allen Stellen des Kreises zugleich, und tritt heraus.[72]

Die *Verneinung des Willens zum Lebens* – die Willenslosigkeit als das »absolute Gut, das *summum bonum*«[73] – gehört zu den fragwürdigsten Seiten von Schopenhauers Denken. Julius Frauenstädt nennt sie die »*Achillesverse* der Schopenhauerschen Philosophie«.[74] Zu dieser Verneinung gehört auch die Verneinung der Sexualität, denn »die Genitalien sind der eigentliche *Brennpunkt des Willens*«.[75] Viele Fragen bleiben offen, Fragen, die Schopenhauer eingestandenermaßen selbst nicht beantworten kann.[76] Die Verneinung des Willens zum Leben, die nicht mit dem Selbstmord zu verwechseln ist und eher wenigen »Heiligen« vorbehalten bleibt, ist eine Verneinung seiner Zerrissenheit, die negative Utopie der *metaphysischen* Versöhnung und Erlösung von Leid. Sie ist die methodisch abgerungene Ahnung von etwas *ganz* Anderem, in dem die *Idee* des alten Menschen in ihrer alle Individuen umfassenden Einheit (Adam als individuierendes Prinzip Egoismus) stirbt und die neue Mensch-Idee als neuer Makranthropos (Jesus als Prinzip Mitleid) »Wirklichkeit« werden könnte. Die Verneinung, die gänzliche Aufhebung des Willens, ist nicht gleichbedeutend mit seiner absoluten Vernichtung, sondern meint eine befreiende Verwandlung in ein »X«, das Schopenhauer »relatives Nichts«[77] nennt und von dem er nichts Positives mehr aussagen kann.

Noch einmal, ganz am Ende seiner Philosophie, wendet Schopenhauer wechselseitig den Standpunkt, doch dieser Wechsel läßt sich nicht mehr inhaltlich durchführen, sondern nur noch in methodischer Analogie zu dem mit Hilfe der Kopernikanischen Drehwende bereits Erreichten andeuten als neuer, aber unzugänglicher Anfang gleichsam des richtigen »Lebens«, der eigentlichen »Philosophie«.[78] Schopenhauer betrachtet das »relative Nichts« vom Standpunkt seines Systems der »Welt als Wille und Vorstellung« und die »Welt als Wille und Vorstellung« vom Standpunkt des »relativen Nichts« aus. Noch einmal wird der erreichte Standpunkt, jetzt der der höchsten Systemebene, der alle bisherigen Standpunkte in ihrer Gesamtheit integrativ zusammenschließt, als ein nicht endgültiger, ja, wieder als *einseitiger* verstanden, und um einen postulierten – imaginären – Standpunkt gedrehwendet: »Ein umgekehrter Standpunkt, wenn er für uns möglich wäre, würde die Zeichen vertauschen lassen, würde das für uns *Seiende* als das *Nichts* zeigen und jenes *Nichts* als das *Seiende*.«[79]

Aber dieser umgekehrte Standpunkt ist kein Problem der Theorie allein, sondern in erster Linie Perspektive einer *moralischen Praxis*. Erst die tatsächliche Revolutionierung des Willens zum Leben, die Umwälzung des Egoismus, brächte die Umwertung: »Weil wir also auf einem einseitigen Standpunkt stehn, ist uns die Bejahung des Willens und der Erscheinung das Seiende; die Verneinung des Willens das Nichts.« [80]

Immerhin gelingt es Schopenhauer, durch die nochmalige Anwendung der Kopernikanischen Drehwende andeutungsweise die Utopie einer nicht-egoistischen Leidlosigkeit – ein von allen Rechtfertigungen des Leids absehender »Optimismus« [81] – wenigstens negativ beziehungsweise metaphorisch zur Sprache zu bringen:

> Wenden wir aber den Blick von unserer eigenen Dürftigkeit und Befangenheit auf Diejenigen, welche die Welt überwanden, in denen der Wille, zur vollen Selbsterkenntniß gelangt, sich in Allem wiederfand und dann sich selbst frei verneinte, und welche dann nur noch seine letzte Spur, mit dem Leibe, den sie belebt, verschwinden zu sehn abwarten; so zeigt sich uns, statt des rastlosen Dranges und Treibens, statt des steten Überganges von Wunsch zu Furcht und von Freude zu Leid, statt der nie befriedigten und nie ersterbenden Hoffnung, daraus der Lebenstraum des wollenden Menschen besteht, *jener Friede, der höher ist als alle Vernunft, jene gänzliche Meeresstille des Gemüths, jene tiefe Ruhe, unerschütterliche Zuversicht und Heiterkeit, deren bloßer Abglanz im Antlitz, wie ihn Raphael und Correggio dargestellt haben, ein ganzes und sicheres Evangelium* ist: nur die Erkenntniß ist geblieben, der Wille ist verschwunden. [82]

Vom Nichts aus gesehen wäre schließlich ein dogmatischer absoluter Pessimismus der totalen Ausweglosigkeit, der Schopenhauer nicht unterstellt werden kann, eine ruchlose Denkungsart, ein bitterer Hohn über die namenlosen Leiden der Menschen angesichts des zuletzt doch noch Gewahrwerdens eines zarten unvorstellbaren Leuchtens. – Gleichwohl drängt sich hier die Problematik auf, ob nicht Schopenhauers Philosophie auch geeignet sein kann, einer Art zynischen »Diabolodizee«, einer – unbeabsichtigt mitleidlosen – Rechtfertigung des Bösen hinsichtlich der empirisch vorfindbaren Freude in der Welt, Vorschub zu leisten.

Schopenhauers negativ formulierte Utopie des unaussprechlich Positiven war schon vorbereitendes Thema seiner Kunstphilosophie. Die Erkenntnis der Ideen (sozusagen die zeitlosen Verkörperungsmuster des Unendlichfüßlers), die ästhetische Überwindung des *principium individuationis* im Blick auf das schöne Allgemeine, verwandelt das erkennende Subjekt und emanzipiert es zeitweilig von der Knechtschaft des Willens. Noch weit über diese temporäre »Ruhe des Herzens« hinaus, eine Grenzerfahrung, die ich den »Platonischen Ruhepunkt« genannt habe, um seine kontrapunktische Stellung zur Kopernikanischen Drehwende zu betonen,[83] soll die endgültige erlösende Emanzipation gehen: das Nirwana. Dieses Land hinter der Grenze jedoch bleibt ein weißer Fleck auf der Weltkarte philosophischen Denkens: »Kein Wille; keine Vorstellung: keine Welt«[84] – eben auch keine Unterscheidung mehr von Subjekt und Objekt, keine Gültigkeit mehr des Satzes vom zureichenden Grund.

Halten wir fest: Die Kopernikanische Drehwende bietet sich Schopenhauer als übergreifende Methode für die Untersuchung des *erkennenden* Intellekts an, da dieser sich faktisch von zwei möglichen Betrachtungsweisen darbietet (Transzendentalphilosophie und Materialismus: die Welt als Vorstellung). Dieser doppelte Betrachtungswechsel wird in Analogie bei der Untersuchung des *wollenden* Intellekts angewandt, indem zu dem faktisch gegebenen empirisch-psychologischen Standpunkt der Standpunkt der Metaphysik als Dreh- und Wendepunkt spekulativ ergänzt wird (Psychologie und Metaphysik: die Welt als Wille). Die Drehwende ist die paradoxe Struktur der Welt als Vorstellung, und die Welt als Wille ist – *für unsere Vorstellung* – ihre Innenseite. Dabei bindet das methodische Scharniergelenk des Systems die Metaphysik immer wieder zurück an die Empirie, das heißt an die Bewußtseinsimmanenz des »Ich denke«, das für die logische Vorstellungsbedingtheit aller metaphysisch-ontologischen, bewußtseinstranszendenten Vorstellungsbedingungen steht. Der Wille verkörpert sich auch als materielles Gehirn, das den Intellekt mit seinen Vorstellungen (»Ich denke«) bedingt – aber diese metaphysisch-materialistische Ableitung des Intellekts aus dem Willen ist ihrerseits eine Vorstellung und als solche durch die transzendentalidealistische Tatsache bedingt, daß sie logisch das voraussetzen muß, was sie abzuleiten beabsichtigt: das »Ich denke«.

Die Welt als Wille setzt die Welt als Vorstellung voraus und umgekehrt. Keine Wendung und keine Drehung kann eine einseitige, dogmatisch letzte Standpunktentscheidung, einen theoretischen Stillstand, herbeiführen. In diesem Rahmen der theoretischen Philosophie wird die Welt als Wille und Vorstellung insgesamt und in vielen Einzelaspekten methodisch um sich selbst gedrehwendet, weshalb Schopenhauer immer wieder auf Früheres oder Späteres, auf Voraussetzungen wie Resultate verweist. – Insofern die Genitalien der eigentliche Brennpunkt der Welt als Wille sind und das Gehirn der Repräsentant der Welt als Vorstellung ist, läßt sich im wohlverstandenen Sinne *pointiert* sagen: Die Sexualität dreht sich um die Intellektualität und die Intellektualität um die Sexualität. Die Bedeutung der Begriffe »Sexualität« und »Intellektualität« ist hierbei sehr erweitert und verschieden, je nachdem, ob die metaphysische oder die psychologische, die transzendentallogische oder die physiologische Ebene gemeint ist.

Die praktische Philosophie, die Ethik – sie gehört Schopenhauers Selbstverständnis zufolge noch zur theoretischen Philosophie – endet mit dem Versuch einer erneuten Drehwende, die sich aber von den früheren Drehwenden schon dadurch unterscheidet, daß sie keine mehr der Reflexion allein, sondern wesentlich eine des praktischen Handelns wäre. Theoretisch gesehen wird dabei das in sich selbst methodisch drehende und wendende System der »Welt als Wille und Vorstellung« in seiner Gesamtheit um einen konstruierten imaginären Punkt – das relative Nichts als der eigentliche Platonische Ruhepunkt – gedreht und gewendet. Jetzt allerdings in der utopischen Hoffnung, daß dieser Kontrapunkt, der in der Kunstphilosophie bereits in Erscheinung tritt, ein Endpunkt, eine stille Mitte sei, die durch kein weiteres Begehren erneut erschüttert würde.

Mit dieser letzten Drehwende aber stellt Schopenhauer sich gegen Schopenhauer. Mit ihr argumentiert er, eher implizit als explizit, gegen seine eigene Philosophie in ihrer Gesamtheit, aber er tut dies noch in voller Konsequenz innerhalb ihres vorgezeichneten Rahmens. Ja, er kann dies aufgrund des methodischen Prinzips ihrer eigenen Selbstberichtigung, das die radikalste Selbstkritik als innerstes und eigenstes Konstituens miteinschließt. Denn der postulierte, inhaltlich nicht mehr einnehmbare Gegenstandpunkt erweist den höchstmöglichen Systemstandpunkt der »Welt als Wille und Vorstellung« als *einseitig*, als *relativ* hinsichtlich etwas uns ganz Unbekanntem: Prinzipiell *alle* erreichten *Resultate* der »Welt als Wille und Vorstellung« werden dadurch wieder angezweifelt, werden erneut zu schwankenden *Voraussetzungen*. Das System der »Welt als Wille und Vorstellung« überschlägt sich.

Indem Schopenhauer letztlich die *Einseitigkeit* seines Systems eingesteht, gelingt es ihm strenggenommen nicht einmal mehr, eine ausgewogene *skeptische* Balance zweier gleichbegründbarer gegensätzlicher Standpunkte aufrechtzuerhalten, geschweige denn einen *dogmatischen* Standpunkt einzunehmen, der mit einem ursprungsphilosophisch absolut Ersten steht und fällt. Auch der Rückzug auf einen *kritischen* Standpunkt, auf eine unumkehrbar transzendentalidealistische Position im Anschluß an Kant bleibt ihm wegen der Radikalität seiner methodischen Drehwende verwehrt. Andererseits zerfällt Schopenhauers Philosophie keineswegs, treibt nicht auseinander in vereinzelte zusammenhanglose *Aphorismen*. Schon gar nicht begnügt er sich *positivistisch* mit vordergründigen Gegebenheiten.

Noch einmal wird in aller Deutlichkeit erkennbar, daß Schopenhauers philosophisches Werk sich auf kein unhintergehbar absolut Erstes gründet, sei es ein Geistiges, ein Materielles, ein Wille als Ding »an sich« oder gar die methodische Figur der Drehwende. Die Stärke der Philosophie Schopenhauers und auch ihre Aktualität liegen gerade nicht in einem beliebig und leicht einzunehmenden und dann auf Teufel komm raus zu verteidigenden Überzeugungsstandpunkt, sondern in der lebendigen Dramatik ihrer begründeten, sich selbst tendenziell berichtigenden »Widersprüchlichkeit«, im Ernst ihrer Selbstproblematisierung, auch wenn diese durch Schopenhauers Selbstgefälligkeit oft überdeckt wird. – Es ist schwer, Schopenhauers eigenwillige Originalität treffend zu kennzeichnen.

Die schließlich scheiternde Drehwende ist Schopenhauers letzter Versuch, sich mit Hilfe der Drehwende der Drehwende selbst zu entwinden. Die Methode wird gleichsam auf einer höheren Ebene als Metamethode noch einmal problematisierend um sich selbst gedreht, da sie die Drehwende innerhalb der »Welt als Wille und Vorstellung«, innerhalb der Bejahung des Willens zum Leben, zuletzt unter sich befaßt. So ermöglicht die

Kopernikanische Drehwende allererst den Versuch des Überstiegs zum Nichts und fällt doch gerade dadurch noch rückwirkend in ihre eigene Bodenlosigkeit zusammen. Die Drehwende führt über die Drehwende nicht hinaus. Der hohe Flug der Gedanken zum Denkenden und Wollenden selbst – hinaus aus dem Kerker der Welt als Vorstellung, hin zum Kerkermeister der Welt als Wille – verunglückt, »weil eben die Erkenntniß überhaupt nur in der Welt ist, wie die Welt nur in der Erkenntniß ist«.[85] Dennoch, im Scheitern, noch im Abstürzen zeigt sich das Glücken von Grenzerfahrungen des eigenen Ich, der Aufstieg zum Trotzdem des Willens zum Überwillen: das Alles oder Nichts:

Wir wollen vielmehr es frei bekennen, daß, was nach gänzlicher Aufhebung des Willens übrig bleibt, für alle die welche eben nichts andres sind als dieser Wille selbst, – allerdings *Nichts* ist. – Aber wenn der Standpunkt umgekehrt wird, da kehren sich auch die Zeichen des Positiven und Negativen um. Nämlich für die, in welchen der Wille sich gewendet und verneint hat, ist diese unsre ganze, so sehr reale Welt, mit allen ihren Sonnen und Milchstraßen – eigentlich Nichts, und das spricht auch ihr Handeln aus. Das für sie Positive hingegen ist für unser Erkenntnißvermögen nicht da.[86]

Der Tod überholt das Bewußtsein, ohne seinen »Standpunkt« preiszugeben. Der Tagebuch-Reisende von einst wird gleichsam in einem Salto mortale von dem schwindelerregenden Sog des »Maelström« gepackt, des Strudels ursprünglicher erkenntnisloser Finsternis, den Edgar Allan Poe in seiner listigen Phantasie heraufbeschwört:

Es mag seltsam klingen – nun, da wir uns in den Fängen des Strudels befanden, war ich gefaßter als kurz zuvor, als wir an ihn herangetrieben wurden. Mit dem Entschluß, jede Hoffnung fahren zu lassen, schwand ein großer Teil des Entsetzens, das mich bisher gelähmt hatte. Vielleicht war es auch nur die Verzweiflung, die meinen Nerven neue Kraft verlieh.

Vielleicht hört es sich wie Prahlerei an, aber es ist die reine Wahrheit – ich begann darüber nachzudenken, wie großartig es ist, auf eine solche Art zu sterben, und wie töricht ich war, an etwas derartig Belangloses wie mein Leben zu denken, während Gottes Macht sich so wunderbar offenbarte. Es mag sein, daß ich vor Scham errötete, als dieser Gedanke mir durch den Kopf schoß. Bald darauf ergriff mich eine brennende Begierde, die Geheimnisse des Strudels selbst kennenzulernen. Ja, es war mein Wunsch, seine Tiefen zu erforschen – sei es auch um das Opfer, das ich bringen mußte; nur eines schmerzte mich – ich würde den alten Gefährten an Land nie von dem Anblick erzählen können, der mir bevorstand. Für einen Mann in solcher Lage waren das zweifelsohne seltsame Gedanken – ich habe mich seither oft gefragt, ob mir nicht das stete Kreisen des Bootes um den Strudel herum ein wenig den Kopf verwirrt hat.[87]

88

Anmerkungen

Folgende Siglen werden verwendet:
Arthur Schopenhauer: Sämtliche Werke. Hrsg. von Arthur Hübscher, 7 Bände. Wiesbaden [3]1972 (= Werke);
Arthur Schopenhauer: Sämtliche Werke. Hrsg. von Wolfgang Frhr. von Löhneysen, 5 Bände. Stuttgart/Frankfurt am Main 1960 [= Werke]

G	= Ueber die vierfache Wurzel des Satzes vom zureichenden Grunde (Werke Bd. I) [Werke Bd. III]
WI	= Die Welt als Wille und Vorstellung Bd. I (Werke Bd. II) [Werke Bd. I]
WII	= Die Welt als Wille und Vorstellung Bd. II (Werke Bd. III) [Werke Bd. II]
N	= Ueber den Willen in der Natur (Werke Bd. IV) [Werke Bd. III]
E	= Die beiden Grundprobleme der Ethik (Werke Bd. IV) [Werke Bd. III]
PI	= Parerga und Paralipomena Bd. I (Werke Bd. V) [Werke Bd. IV]
PII	= Parerga und Paralipomena Bd. II (Werke Bd. VI) [Werke Bd. V]

Arthur Schopenhauer: Philosophische Vorlesungen. Aus dem handschriftlichen Nachlaß. Hrsg. und eingel. von Volker Spierling, 4 Bände. München 1984 ff.

VNII	= Metaphysik der Natur. Vorlesung über die gesammte Philosophie, 2. Theil (Bd. II)
VNIII	= Metaphysik des Schönen. Vorlesung über die gesammte Philosophie, 3. Theil (Bd. III)

Arthur Schopenhauer: Der Handschriftliche Nachlaß. Hrsg. von Arthur Hübscher, 5 Bände in 6 Teilbänden. Frankfurt am Main 1966–1975

HNI	= Die frühen Manuskripte 1804–1818 (Bd. I)
HNIII	= Berliner Manuskripte 1818–1830 (Bd. III)
HNIV(1)	= Die Manuskripte der Jahre 1830–1852 (Bd. IV, 1)
HNIV(2)	= Letzte Manuskripte/Gracians Handorakel (Bd. IV, 2)

R	= Arthur Schopenhauer: Reisetagebücher aus den Jahren 1803–1804. Hrsg. von Charlotte von Gwinner. Leipzig 1923

Mat = Volker Spierling (Hrsg.): Materialien zu Schopenhauers »Die Welt als Wille und Vorstellung«. Frankfurt am Main 1984

Die Zitate aus Schopenhauers sämtlichen Werken sind doppelt belegt. Sie folgen der historisch kritischen Ausgabe von Arthur Hübscher und in eckigen Klammern der von Wolfgang Frhr. von Löhneysen.

1 R, S. 154–156.
2 R, S. 43f.
3 WII, Kap. 17, S. 190 [222].
4 WI, § 7, S. 38 [68].
5 WII, Kap. 17, S. 176 [207].
6 WII, Kap. 17, S. 176f. [207f.]. – Vgl. WII, Kap. 41, S. 528f. [590f.].
7 R, S. 164ff.
8 F. Nietzsche: Über Wahrheit und Lüge im außermoralischen Sinn. Werke in drei Bänden, Bd. III. Hrsg. von K. Schlechta. München 1966, S. 319.
9 Vgl. V. Spierling: Erkenntnis und Natur. In: VNII, S. 19–31.
10 S. u., S. 132.
11 WII, Kap. 17, S. 201 [235].
12 WI, Anhang, S. 498 [569].
13 G. W. Leibniz: Über den ersten Ursprung der Dinge. In: ders., Fünf Schriften zur Logik und Metaphysik. Übers. und hrsg. von H. Herring. Stuttgart 1966, S. 49 (bei C. J. Gerhardt Bd. VII, S. 302ff.). – Weiter heißt es bei Leibniz: »Die Welt ist daher nicht nur die bewunderungswürdigste Maschine, sondern auch – soweit sie aus Geistern besteht – der vortrefflichste Staat, durch welchen den Geistern die meiste Glückseligkeit oder Freude widerfährt – worin eben ihre physische Vollkommenheit besteht.

Allein man wird entgegnen, daß wir Gegenteiliges in der Welt erfahren, denn den Besten ergehe es sehr oft am schlechtesten, so daß nicht bloß die unschuldigen Tiere, sondern auch unschuldige Menschen heimgesucht, ja selbst unter Martern umgebracht werden; und endlich, daß die Welt, besonders wenn man die Regierung des Menschengeschlechtes betrachte, mehr eine Art verworrenen Chaos scheine als eine von der höchsten Weisheit ausgehende Sache. *Ich gebe zu, daß dies auf den ersten Blick so scheint, aber bei gründlicherer Untersuchung muß man das Gegenteil feststellen, was a priori aus alledem schon erhellt, was erwähnt worden ist: daß nämlich aller Dinge und folglich auch der Geister höchstmögliche Vollkommenheit erreicht wird.*« (S. 46)

14 Vgl. Voltaire: Candide oder Der Glaube an die beste der Welten. In: ders., Romane und Erzählungen. Übers. von W. Widmer. München 1971, S. 177.
15 Voltaire, a. a. O., S. 182f. und S. 193.
16 HNIV (1), Cholerabuch, Nr. 36, S. 96.
17 WI, § 57, S. 366–368 [426–428]. – S. u., S. 112–114.
18 WI, § 57, S. 368 [428]. – S. u., S. 114f.
19 HNIV (1), Spicilegia, Nr. 99, S. 281.
20 PII, § 163, S. 334 [371]. – P. Deussen, der Gründer der Schopenhauer-Ge-

sellschaft, nennt Schopenhauer gar den »philosophus christianissimus«, den christlichsten aller Philosophen (Vorrede zu seiner Herausgabe von Schopenhauers »Die Welt als Wille und Vorstellung«, Bd. I. München 1911, S. XII). Dieser emotional verwendete Superlativ verengt den Blick wie Deussens emphatische Übertreibung, Schopenhauers Philosophie sei die »Vollendung der Kantischen« (a. a. O., S. V), auch wenn sich in Schopenhauers Selbstverständnis Äußerungen dieser Art finden lassen. Schopenhauer überwindet bei allen tiefergehenden Übereinstimmungen in entscheidenden Punkten sowohl Grundlagen des Christentums wie auch der Philosophie Kants.

21 Vgl. V. Spierling: Erkenntnis und Kunst. In: VN III, S. 11–19.

22 W I, Anhang, S. 597 [675]; W II, Kap. 28, S. 398 ff. [451 ff.]; E, S. 100 [625]; W I, § 57, S. 369 [429].

23 HN IV (1), Pandectae, Nr. 87, S. 182.

24 E, § 12, S. 186 [716].

25 HN IV (2), Über die, seit einigen Jahren, methodisch betriebene Verhunzung der deutschen Sprache, Nr. 17, S. 87.

26 E, § 6, S. 143 [670].

27 E, § 6, S. 143 [670].

28 I. Kant: Grundlegung zur Metaphysik der Sitten. Akademie-Textausgabe, Bd. IV. Berlin 1968, S. 427.

29 E, § 4, S. 120 [646].

30 E, § 4, S. 120 [646].

31 W I, § 53, S. 319 f. [375–377].

32 E, § 13, S. 195 [726].

33 E, § 14, S. 196 [727].

34 E, § 14, S. 196 f. [727 f.].

35 »*Neminem laede, imo omnes, quantum potes, iuva.*« – E, § 6, S. 137 [663].

36 E, § 16, S. 208 f. [740].

37 E, § 16, S. 209 [741].

38 E, § 19, S. 232 f. [766 f.].

39 E, § 18, S. 229 [763].

40 P II, § 109, S. 215 f. [240].

41 E, § 19, S. 236 [770].

42 Vgl. E, § 21, S. 260 [797 f.].

43 W II, Kap. 47, S. 677 [755].

44 W II, Kap. 50, S. 739 [824].

45 Eigene Anführungszeichen.

46 W II, Kap. 50, S. 743 [829].

47 »Nach der bekannteren Erzählung versammelten sich die Thebaner täglich, um über das Rätsel nachzusinnen, das die Sphinx ihnen aufgab. Und wenn sie es nicht lösen konnten, entraffte sie immer einen der ihrigen. [...]

Sie sang wie ein Orakel das Rätsel: ›Ein Zweifüßiges gibt es auf Erden und ein Vierfüßiges mit dem gleichen Wort gerufen, und auch dreifüßig. Die Gestalt ändert es allein von allen Lebewesen, die sich auf Erden, in der Luft und im Meere bewegen. Schreitet es, sich auf die meisten Füße stützend, so ist die Schnelle seiner Glieder am geringsten.‹

Stolz mag die Sphinx auf das Rätsel gewesen sein, und es verwirrte auch die Menschen. Denn sie verstehen auch jenes Rätsel nicht, das als Mahnung mit den Worten eines Weisen in die Vorhalle des Apollontempels von Delphi eingemeißelt stand: ›Erkenne dich!‹ – und dessen Lösung ist: ›Daß du ein Mensch bist!‹ Wir sehen Oidipus vor der Sphinx sitzen (mehr als einmal haben die Vasenmaler ihn so dargestellt) und sinnen. Was mag das sein: ›... und auch dreifüßig‹? ›Den Menschen hast du gemeint!‹ – so rief er aus – ›der, da er noch auf der Erde herumkriecht, kaum geboren, zuerst vierfüßig ist, wenn er aber alt wird und mit gekrümmtem Nacken unter der Last des Greisentums zum dritten Fuß den Stock gebraucht, auch dreifüßig!‹ Als die Sphinx dies hörte, tat sie wie die Sirenen, wenn jemand ihrem Gesang nicht erlag: sie stürzten sich, obwohl sie geflügelte Wesen waren, ins Meer und begingen Selbstmord. Das tat also auch die geflügelte Löwenjungfrau und stürzte sich von ihrem Felsen oder von der Säule und der Akropolis von Theben.« (K. Kerényi: Die Mythologie der Griechen. Bd. II: Die Heroen-Geschichten. München [6]1983, S. 83 f.)

48 Eigene Anführungszeichen. – Schopenhauer verwendet zur Veranschaulichung das Bild vom Baum und seinen Blättern: »Wenn wir nun, nach diesen Betrachtungen, zu uns selbst und unserm Geschlechte zurückkehren und dann den Blick vorwärts, weit hinaus in die Zukunft werfen, die künftigen Generationen, mit den Millionen ihrer Individuen, in der fremden Gestalt ihrer Sitten und Trachten uns zu vergegenwärtigen suchen, dann aber mit der Frage dazwischenfahren: Woher werden diese Alle kommen? Wo sind sie jetzt? – Wo ist der reiche Schooß des weltenschwangeren Nichts, der sie noch birgt, die kommenden Geschlechter? – Wäre darauf nicht die lächelnde und wahre Antwort: Wo anders sollen sie seyn, als dort, wo allein das Reale stets war und seyn wird, in der Gegenwart und ihrem Inhalt, also bei Dir, dem bethörten Frager, der, in diesem Verkennen seines eigenen Wesens, dem Blatte am Baume gleicht, welches im Herbste welkend und im Begriff abzufallen, jammert über seinen Untergang und sich nicht trösten lassen will durch den Hinblick auf das frische Grün, welches im Frühling den Baum bekleiden wird, sondern klagend spricht: ›Das bin ja Ich nicht! Das sind ganz andere Blätter!‹ – O thörichtes Blatt! Wohin willst du? Und woher sollen andere kommen? Wo ist das Nichts, dessen Schlund du fürchtest? – Erkenne doch dein eigenes Wesen, gerade Das, was vom Durst nach Daseyn so erfüllt ist, erkenne es wieder in der inneren, geheimen, treibenden Kraft des Baumes, welche, stets *eine* und die selbe in allen Generationen von Blättern, unberührt bleibt vom Entstehn und Vergehn.« (W II, Kap. 41, S. 546 [609 f.]) Schopenhauer beruft sich in diesem Zusammenhang auf Homer: »Gleichwie Blätter am Baum, so sind die Geschlechter der Menschen.« (Ilias 6, 146)

49 S. u., S. 126.

50 S. u., S. 188.

51 S. u., S. 185.

52 Schopenhauer stellt die beiden Erkenntnisweisen – *principium individuationis* und *tat twam asi* – in E einander prägnant gegenüber:

»›Die Individuation ist real, das *principium individuationis* und die auf demselben beruhende Verschiedenheit der Individuen ist die Ordnung der Dinge an sich. Jedes Individuum ist ein von allen andern von Grund aus verschiedenes Wesen. Im eigenen Selbst allein habe ich mein wahres Seyn, alles Andere hingegen ist Nicht-Ich und mir fremd.‹ – Dies ist die Erkenntnis, für deren Wahrheit Fleisch und Bein Zeugnis ablegen, die allem Egoismus zum Grunde liegt, und deren realer Ausdruck jede lieblose, ungerechte, oder boshafte Handlung ist. –

›Die Individuation ist bloße Erscheinung, entstehend mittelst Raum und Zeit, welche nichts weiter als die durch mein cerebrales Erkenntnißvermögen bedingten Formen aller seiner Objekte sind; daher auch die Vielheit und Verschiedenheit der Individuen bloße Erscheinung, d. h. nur in meiner *Vorstellung* vorhanden ist. Mein wahres, inneres Wesen existirt in jedem Lebenden so unmittelbar, wie es in meinem Selbstbewußtseyn sich nur mir selber kund giebt.‹ – Diese Erkenntniß, für welche im Sanskrit die Formel *tat-twam asi*, d. h. ›dies bist Du‹, der stehende Ausdruck ist, ist es, die als *Mitleid* hervorbricht, auf welcher daher alle ächte, d. h. uneigennützige Tugend beruht und deren realer Ausdruck jede gute That ist. Diese Erkenntnis ist es im letzten Grunde, an welche jede Appellation an Milde, an Menschenliebe, an Gnade für Recht sich richtet: denn eine solche ist eine Erinnerung an die Rücksicht, in welcher wir alle Eins und das selbe Wesen sind. [...]

Denn so gut wie im Traum in allen uns erscheinenden Personen wir selbst stecken, so gut ist es im Wachen der Fall, – wenn auch nicht so leicht einzusehn. Aber *tat-twam asi.*« (E, § 22, S. 270–272 [808 f.])

53 Upanishaden. Übers. von A. Hillebrandt. Düsseldorf / Köln 1958, S. 214.

54 S. u., Cap. 3 und vgl. VN II, S. 83–88. – Folgendes Zitat kann in die Problematik einführen:

»Die Behauptung einer empirischen Freiheit des Willens, eines *liberi arbitrii indifferentiae*, hängt auf das Genaueste damit zusammen, daß man das Wesen des Menschen in eine *Seele* setzte, die ursprünglich ein *erkennendes*, ja eigentlich ein abstrakt *denkendes* Wesen wäre und erst in Folge hievon auch ein *wollendes*, daß man also den Willen sekundärer Natur machte, statt daß, in Wahrheit, die Erkenntniß dies ist.

Der Wille wurde sogar als ein Denkakt betrachtet und mit dem Urtheil identificirt, namentlich bei Cartesius und Spinoza. Danach nun wäre jeder Mensch Das, was er ist, erst in Folge seiner *Erkenntniß* geworden: er käme als moralische Null auf die Welt, erkennte die Dinge in dieser, und beschlösse darauf, Der oder Der zu seyn, so oder so zu handeln, könnte auch, in Folge neuer Erkenntniß, eine neue Handlungsweise ergreifen, also wieder ein Anderer werden. Ferner würde er danach zuvörderst ein Ding für *gut* erkennen und in Folge hievon es wollen; statt daß er zuvörderst es *will* und in Folge hievon es *gut* nennt. Meiner ganzen Grundansicht zufolge nämlich ist jenes Alles eine Umkehrung des wahren Verhältnisses. Der Wille ist das Erste und Ursprüngliche, die Erkenntniß bloß hinzugekommen, zur Erscheinung des Willens, als ein Werkzeug derselben, gehörig. Jeder Mensch ist demnach Das, was er ist, durch seinen Willen, und sein Charakter ist ursprünglich; da

Wollen die Basis seines Wesens ist. Durch die hinzugekommene Erkenntniß erfährt er, im Laufe der Erfahrung, *was* er ist, d. h. er lernt seinen Charakter kennen. Er *erkennt* sich also in Folge und Gemäßheit der Beschaffenheit seines Willens; statt daß er, nach der alten Ansicht, *will* in Folge und Gemäßheit seines Erkennens. Nach dieser dürfte er nur überlegen, *wie* er am liebsten seyn möchte, und er wäre es: daß ist ihre Willensfreiheit. Sie besteht also eigentlich darin, *daß der Mensch sein eigenes Werk ist, am Lichte der Erkenntniß. Ich hingegen sage: er ist sein eigenes Werk vor aller Erkenntniß, und diese kommt bloß hinzu, es zu beleuchten.* Darum kann er nicht beschließen, ein Solcher oder Solcher zu seyn, noch auch kann er ein Anderer werden; sondern er *ist*, ein für alle Mal, und erkennt successive *was* er ist. Bei Jenen *will* er was er erkennt; bei mir *erkennt* er was er will.« (W I, § 55, S. 345 f. [402 f.])

55 W I, § 7, S. 36 [66].

56 Folgende wichtige Textstelle präzisiert Schopenhauers grundlegendes Anliegen:

»*Es giebt zwei von Grund aus verschiedene Betrachtungsweisen des Intellekts, welche auf der Verschiedenheit des Standpunkts beruhen* und, so sehr sie auch, in Folge dieser, einander entgegengesetzt sind, dennoch in Übereinstimmung gebracht werden müssen. – *Die eine ist die subjektive*, welche, von *innen* ausgehend und das *Bewußtseyn* als das Gegebene nehmend, uns darlegt, durch welchen Mechanismus in demselben die Welt sich darstellt, und wie aus den Materialien, welche Sinne und Verstand liefern, sie sich darin aufbaut. Als den Urheber dieser Betrachtungsweise haben wir *Locke* anzusehn: *Kant* brachte sie zu ungleich höherer Vollendung, und ebenfalls ist unser erstes Buch, nebst den Ergänzungen dazu, ihr gewidmet.

Die dieser entgegengesetzte Betrachtungsweise des Intellekts *ist die objektive*, welche von *außen* anhebt, nicht das eigene Bewußtseyn, sondern die in der äußern Erfahrung gegebenen, sich ihrer selbst und der Welt bewußten Wesen zu ihrem Gegenstande nimmt, und nun untersucht, welches Verhältniß der Intellekt derselben zu ihren übrigen Eigenschaften hat, wodurch er möglich, wodurch er nothwendig geworden, und was er ihnen leistet. Der Standpunkt dieser Betrachtungsweise ist der empirische: sie nimmt die Welt und die darin vorhandenen thierischen Wesen als schlechthin gegeben, indem sie von ihnen ausgeht. Sie ist demnach zunächst zoologisch, anatomisch, physiologisch, und wird erst durch die Verbindung mit jener erstern und von dem dadurch gewonnenen höhern Standpunkt aus philosophisch. Die bis jetzt allein gegebene Grundlage zu ihr verdanken wir den Zootomen und Physiologen, zumeist den Französischen. Besonders ist hier *Cabanis* zu nennen, dessen vortreffliches Werk, *Des rapports du physique au moral*, auf dem physiologischen Wege, für diese Betrachtungsweise bahnbrechend gewesen ist. Gleichzeitig wirkte der berühmte *Bichat*, dessen Thema jedoch ein viel umfassenderes war. Selbst *Gall* ist hier zu nennen; wenn gleich sein Hauptzweck verfehlt wurde. Unwissenheit und Vorurtheil haben gegen diese Betrachtungsweise die Anklage des Materialismus erhoben; weil dieselbe, sich rein an die Erfahrung haltend, die immaterielle Substanz, Seele, nicht kennt.

Die neuesten Fortschritte in der Physiologie des Nervensystems, durch *Charles Bell*, *Magendie*, *Marshall Hall u. a.*, haben den Stoff dieser Betrachtungsweise ebenfalls bereichert und berichtigt. Eine Philosophie, welche, wie die Kantische, diesen Gesichtspunkt für den Intellekt gänzlich ignorirt, ist einseitig und eben dadurch unzureichend. Sie läßt zwischen unserm philosophischen und unserm physiologischen Wissen eine unübersehbare Kluft, bei der wir nimmermehr Befriedigung finden können.« (W II, Kap. 22, S. 307f. [352f.])

57 W II, Kap. 41, S. 540 [603].

58 W II, Kap. 1, S. 15 [23].

59 V. Spierling: Die Drehwende der Moderne. Schopenhauer zwischen Skeptizismus und Dogmatismus. In: ders., Mat, S. 53. – Vgl. V. Spierling: Erkenntnis und Natur. In: VN II, S. 32–38 und ders.: Erkenntnis und Kunst. In: VN III, S. 12–16.

60 P II, § 27, S. 35 [43].

61 P II, § 27, S. 35 [43].

62 Schopenhauers Modell der Kopernikanischen Drehwende kann auch einen Beitrag zu der nach wie vor ungelösten Begründungsproblematik pädagogischer Zielvorstellungen leisten. Vgl. V. Spierling: Skeptische Pädagogik. In: Zeit der Ernte. Studien zum Stand der Schopenhauer-Forschung. Hrsg. von W. Schirmacher, Stuttgart–Bad Cannstatt 1982, S. 374–389.

63 Vgl. VN II, Cap. 7, S. 99–103.

64 S. u., S. 186. – Vgl. u., S. 179f. und 183.

65 VN II, S. 101.

66 A. Schopenhauer: Gesammelte Briefe. Hrsg. von A. Hübscher. Bonn 1978, Nr. 280, S. 291.

67 R. Seydel: Schopenhauers philosophisches System dargestellt und beurtheilt. Gekrönte Preisschrift. Leipzig 1857 (Textauszug in: Mat, S. 131–138); O. Jenson: Die Ursache der Widersprüche im Schopenhauerschen System. Diss. Rostock 1906.

68 R. W. Th. Lamers: Berkeley und Schopenhauer, 62. Schopenhauer-Jahrbuch 1981, S. 120–143; H. R. A. Primer: Das Problem des Materialismus in der Philosophie Arthur Schopenhauers. Frankfurt am Main/Bern/New York/Nancy 1984; G. Lukács: Die Zerstörung der Vernunft, Bd. I. Darmstadt/Neuwied 1973, S. 172–219.

69 J. Frauenstädt: Briefe über die Schopenhauersche Philosophie. Leipzig 1854 (Textauszug in: Mat, S. 235–252); A. Hübscher: (z. B.) Denker gegen den Strom. Schopenhauer gestern – heute – morgen. Bonn [2]1982.

70 W I, S. VII [7].

71 S. u., S. 229f.

72 S. u., S. 231.

73 W I, § 65, S. 428 [494].

74 J. Frauenstädt, der gegen Ende seines Lebens mehr und mehr seine nachbetende Haltung Schopenhauer gegenüber selbstdenkend überwindet, schreibt 1863: »Aber folgt denn daraus, was Schopenhauer daraus folgert: daß wir, um das Ewige zu erreichen, das Zeitliche ganz verlassen müssen, daß es keine

Brücke zwischen beiden giebt, sondern wir nur die Wahl haben, entweder hüben oder drüben zu stehen? In dieser Folgerung finde ich die *Achillesverse* der Schopenhauerschen Philosophie. Statt sich damit zu begnügen, zu sagen, das *ausschließliche* Streben nach dem Endlichen, Empirischen, Vergänglichen führe im Theoretischen von der *Wahrheit*, im Praktischen von der *Tugend* ab, hat Schopenhauer gesagt: Das Endliche, Empirische, Zeitliche ist *überhaupt* aufzugeben, es ist demselben *gänzlich* zu entsagen, und ohne diese Entsagung ist durchaus an kein Heil zu denken. Und dies hat er nicht bloß in der *ersten* Auflage der ›Welt als Wille und Vorstellung‹ gefolgert, sondern in *allen*. Noch in der dritten, 1859 erschienenen Auflage heißt es: *›Bejahung des Willens zum Leben, Erscheinungswelt, Diversität aller Wesen, Individualität, Egoismus, Haß, Bosheit entspringen aus einer Wurzel; und eben so andererseits Welt des Dinges an sich, Identität aller Wesen, Gerechtigkeit, Menschenliebe, Verneinung des Willens zum Leben.‹ (Bd. II, S. 698.)*

Diesem *Dualismus*, dieser Zerreißung des Bandes zwischen dem Ding an sich und der Erscheinungswelt, diesem Abbrechen der Brücke zwischen dem Ewigen und Zeitlichen, diesem *Entweder Oder* kann ich mich nicht anschließen [...]« (E. O. Lindner und J. Frauenstädt: Arthur Schopenhauer. Von ihm. Über ihn. Berlin 1863, S. 316f.) – Vgl. Mat, S. 346.

75 S. u., S. 141.

76 S. u., S. 187.

77 S. u., S. 267.

78 Eigene Anführungsstriche. Die Termini »Leben« und »Philosophie« verwende ich hier als Hilfsbegriffe.

79 S. u., S. 268.

80 S. u., S. 268.

81 Eigene Anführungsstriche.

82 W I, § 71, S. 486 [557f.].

83 Vgl. V. Spierling: Erkenntnis und Kunst. In: VN III, S. 23.

84 S. u., S. 269.

85 S. u., S. 272.

86 S. u., S. 270f. – Vgl. die Schlußsätze von W I.

87 E. A. Poe: Der Maelström (A Descent into the Maelström). In: ders., Meistererzählungen. Übers. von H. und C. Wiemken. Berlin/Darmstadt/Wien 1962, S. 375f. – Vgl. ders., Eine Flaschenpost, a. a. O., S. 63 und F. Nietzsche: Die Geburt der Tragödie aus dem Geiste der Musik. Werke in drei Bänden, Bd. I, a. a. O., S. 23f.

88 Nicht der verklärte, zur Ruhe gekommene Buddha, sondern der sich rastlos und sich letztlich vergeblich quälende Tantalus, der von den Göttern wegen seiner Auflehnung verbannt wird und in die Unterwelt stürzt, kann sinnbildlich für Schopenhauers Philosophie stehen.

Der Kupferstich »Tantalus« stammt von Hendrik Goltzius aus dem Jahr 1588. In: H. Goltzius, Eros und Gewalt. Bearbeitet von E. Magnaguagno-Korazija. Dortmund 1983, S. 65.

Arthur Schopenhauer

METAPHYSIK DER SITTEN

CAP. 1.

Ueber praktische Philosophie überhaupt.

[Die Überschrift des ganzen vierten Teils, »Metaphysik der Sitten«, ist Korrektur für: Ethik]

Der ernsteste Theil. [Vgl. W I, § 53, S. 319 [375]]
Praktische Philosophie,
intelligibler Karakter. [Vgl. W I, § 53, S. 319 f. [375 f.]]
Die Tugend wird nicht gelehrt.

Die Philosophie kann nirgends mehr thun, als das Vorhandne deuten und erklären, das Wesen der Welt, welches *in concreto* d. h. als Gefühl Jedem verständlich sich ausspricht, zur deutlichen abstrakten Erkenntniß der Vernunft bringen, und dieses in jeder Beziehung, von jedem Gesichtspunkt aus. Auf diese Weise wird jetzt das Handeln des Menschen der Gegenstand unsrer Betrachtung: und wir werden finden daß es wohl nicht nur nach subjektivem, sondern auch nach objektivem Urtheil der wichtigste von allen ist. Ich werde dabei auf das bisher Vorgetragne mich als Voraussetzung stützen; ja eigentlich nur die eine Erkenntniß, welche das Ganze der Philosophie ist, jetzt an diesem Gegenstand entfalten, wie bisher an andern.

Thatsache des moralischen Bewußtseyns; als Problem.

Die ethische Bedeutsamkeit des Handelns ist unleugbare Thatsache. *(Illustr.)* Wir haben ein moralisches Bewußtseyn, ein Gewissen. Aber keineswegs hat dieses moralische Bewußtseyn die Form eines Imperativs, eines Gebots »dies *sollst* du thun und dies *sollst* du lassen«: dies hat Kant behauptet, ohne es nachzuweisen, und seit Kant haben *Alle* es ihm nachgesagt, weil es sehr bequem ist, Jeder drückt es ein wenig anders aus. (Sittengesetz.) Aber dergleichen Gebot, Befehl, Soll ist in unserm Bewußtsein durchaus nicht anzutreffen. Alles was sich vom moralischen Bewußtsein als Thatsache behaupten läßt ist dieses: Obwohl wir von Natur, und dem Licht der Natur, d. h. der bloßen Vernunft zu Folge, *egoistisch* sind, d. h. nur *unsern* eignen Genuß und Vortheil suchen; so ist es eine unleugbare und auffallende Thatsache, daß, wenn wir unsern Genuß oder Vortheil *auf Kosten Andrer* erlangt haben, der Freude darüber sich ein sehr deutlicher und sehr bittrer Schmerz beimischt, von dem wir unmittelbar keine Rechenschaft geben können; welcher Schmerz bleibt, selbst nachdem der Genuß oder Vortheil verbraucht sind; – und daß gegentheils, wenn wir auf Kosten unsers Genusses oder Vortheils, den eines oder mehrerer Andern freiwillig bewirkt haben, dem Schmerz über unsern Verlust, sich eine sehr deutliche, und starke innre Zufriedenheit und Freude beimischt, von der wir unmittelbar keine Rechenschaft geben können, welche aber *bleibt*, selbst nachdem unser Verlust oder Leiden durch die That, verschmerzt ist. Sodann, daß wenn wir einen Menschen den Genuß und Vortheil Andrer eben so sehr befördern und eben so heilig halten als seinen eignen sehn; wir gegen ihn, das Gefühl der Hochachtung empfinden, ganz unwillkürlich; und umgekehrt, sehn wir ihn ganz unbedingt nur seinen Genuß und Vortheil, ohne alle Rücksicht auf das Daseyn und die Rechte Andrer verfolgen; so fühlen wir gegen ihn Verachtung, so sehr auch unser Interesse uns ihm unterwerfen mag. – Dies ist die ganze Thatsache der ethischen Bedeutsamkeit des Handelns oder des moralischen Bewußtseins; aber kein Soll, Gebot, kategorischer Imperativ, Sittengesetz. –

Absicht meiner Ethik.

Diese Thatsache zu erklären; das dabei bloß Gefühlte zur deutlichen Erkenntniß zu erheben ist mein Thema.

Keine Pflichtenlehre;

kein allgemeines Moralprincip;

kein unbedingtes *Sollen*. [Vgl. W I, § 53, S. 320 f. [376 f.]]

In Folge unsrer ganzen Ansicht ist der Wille nicht nur frei; sondern sogar allmächtig: aus ihm ist nicht nur sein Handeln, sondern auch seine Welt; und wie er ist, so erscheint sein Handeln, so erscheint seine Welt: seine Selbsterkenntniß sind beide, sonst nichts: er bestimmt sich und eben damit beide. Denn außer ihm ist nichts und sie sind er selbst: nur so ist er wahrhaft autonomisch: nach jeder andern Ansicht aber heteronomisch. Unser Bestreben kann bloß dahin gehn, das Handeln des Menschen, die so verschiedenen, ja entgegengesetzten Maximen, deren lebendiger Ausdruck es ist, zu deuten und zu erklären, ihrem innersten Wesen und Gehalt nach, im Zusammenhang mit unsrer bisherigen Betrachtung und grade so wie wir die übrigen Erscheinungen der Welt zu deuten, ihr innerstes Wesen zur deutlichen abstrakten Erkenntniß zu bringen gesucht haben. Unsre Philosophie, wird dabei dieselbe *Immanenz* behaupten, wie in der ganzen bisherigen Betrachtung.

Wir werden nicht die Formen der Erscheinung gebrauchen (den Satz vom Grund) um damit die Erscheinung (welche ihnen allein Bedeutung giebt) zu überfliegen und im Gebiet leerer Fiktionen zu landen. Sondern diese wirkliche Welt der Erkennbarkeit, in der wir und die in uns, bleibt der Stoff und auch die Grenze unsrer Betrachtung: sie ist so gehaltreich, daß auch die tiefste Forschung, deren der menschliche Geist fähig wäre, sie nicht erschöpfen kann. Weil nun also die wirkliche erkennbare Welt es auch unsern ethischen Betrachtungen, so wenig als den frühern, an Stoff und Realität fehlen lassen wird; so werden wir nicht ... [Vgl. W I, § 53, S. 321 f. [377 f.]]

Historische Philosophie und ächte Philosophie. [Vgl. W I, § 53, S. 322 f. [378 f.]]

CAP. 2.
Ueber unser Verhältniß zum Tode.

Dem Willen das Leben gewiß.

Aus allem bisherigen werden Sie erkannt haben, daß in der Welt als Vorstellung dem Willen sein Spiegel aufgegangen ist, in welchem er sich selbst erkennt, mit zunehmenden Graden der Deutlichkeit und Vollständigkeit, deren höchster der Mensch ist. Das Wesen des Menschen aber erhält seinen vollständigen Ausdruck erst durch die zusammenhängende Reihe seiner Handlungen, welchen vollständigen Zusammenhang die Vernunft möglich macht, die ihn stets das Ganze *in abstracto* überblicken läßt.

Der Wille, rein an sich betrachtet, ist erkenntnißlos und nur ein blinder, unaufhaltsamer Drang: so erscheint er noch in der unorganischen und bloß vegetabilischen Natur und ihren Gesetzen, ja im vegetativen Theil unseres eigenen Lebens. Erst wenn die zu seinem Dienst entwickelte Welt der Vorstellung hinzutritt, erhält er selbst die Erkenntniß von seinem Wollen und von dem was es sei, das er will: daß es eben nichts andres sei als diese Welt, das Leben, grade so, wie es dasteht. Deshalb sagen wir: die erscheinende Welt ist sein Spiegel, seine Objektivität: da nun das, was der Wille will, immer das Leben ist, eben weil dasselbe nichts weiter als die Darstellung jenes Wollens für die Vorstellung ist; so ist es einerlei und nur ein Pleonasmus, wenn wir, statt schlechthin zu sagen der Wille, sagen der Wille zum Leben. Da nun der Wille das Ding an sich ist, der innre Gehalt, das Wesentliche der Welt; das Leben, die sichtbare Welt, die Erscheinung, aber nur der Spiegel des Willens ist; so wird diese den Willen so unzertrennlich begleiten, wie den Körper sein Schatten: und wenn Wille da ist, wird auch Leben, Welt daseyn. Dem Willen zum Leben ist also das Leben gewiß.

Daher so lange wir von Lebens-Willen erfüllt sind, dürfen wir für unser Daseyn nicht besorgt seyn, auch nicht beim Anblick des Todes. Zwar sehn wir das Individuum entstehn und vergehn: aber das Individuum ist nur Erscheinung, ist nur da für die im Satz vom Grund, im *principio individuationis* [in Zeit und Raum] befangne Erkenntniß. Für diese freilich empfängt es sein Leben wie ein Geschenk, geht aus dem Nichts hervor, leidet dann durch den Tod den Verlust jenes Geschenks und geht ins Nichts zurück. Wenn wir aber das Leben philosophisch, d. h. nach seinen Ideen betrachten, so werden wir finden, daß weder der Wille, das Ding an sich in allen Erscheinungen, noch das Subjekt des Erkennens, der Zuschauer aller Erscheinungen, von Geburt und Tod irgend berührt werden. Geburt und Tod gehören eben zur Erscheinung des Willens, also zum Leben. Dem Willen ist es wesentlich sich darzustellen in Individuen, die entstehn und vergehn, als flüchtige Erscheinungen in der Form der Zeit desjenigen, was an sich keine Zeit kennt, aber grade auf die besagte Weise sich darstellen muß, um sein eigentliches Wesen zu objektiviren. Geburt und Tod gehören auf gleiche Weise zum Leben und halten sich das Gleichgewicht als wechselseitige Bedingungen von einander. (Pole der Lebenserscheinung.)

Schiwa, Lingam.

Sarkophage der Alten. [Vgl. W I, § 54, S. 324 f. [380 f.]]

Der Zweck war offenbar vom Tode des betrauerten Individuums mit dem größten Nachdruck hinzuweisen auf das unsterbliche Leben der Natur, und, wenn gleich ohne abstraktes Wissen, anzudeuten, daß die ganze Natur die Erscheinung und auch die Erfüllung des Willens zum Leben ist. Die Form dieser Erscheinung ist Zeit, Raum und Kausalität, mittelst dieser aber die Individuation, die es mit sich bringt, daß das Individuum entstehn und vergehn muß, was aber den Willen zum Leben so wenig anficht als das Ganze der Natur gekränkt wird durch den Tod eines Individuums. Denn das Individuum ist gleichsam nur ein einzelnes Exempel oder Specimen der Erscheinung des Willens zum Leben: Darum ist der Natur nicht am Individuum gelegen, sondern allein an der Gattung: auf dieser ihre Erhaltung dringt sie mit allem Ernst und sorgt dafür durch die ungeheure Ueberzahl der Keime *(illustr.)* und die große Macht des Befruchtungstriebes. Hingegen hat das Individuum für die Natur keinen Werth und kann ihn nicht haben, da das Reich der Natur unendliche Zeit und Raum und in diesen unendliche Zahl möglicher Individuen ist. Daher ist die Natur stets bereit das Individuum fallen zu lassen: demnach ist das Individuum nicht nur auf tausendfache Weise, durch die unbedeutendsten Zufälle, dem Untergange ausgesetzt, sondern ihm schon ursprünglich bestimmt; es wird ihm von der Natur selbst entgegengeführt von dem Augenblick an, da es der Erhaltung der Gattung gedient hat. Ganz naiv spricht hiedurch die Natur selbst die große Wahrheit aus, daß nur die Ideen Realität haben, d. h. vollkommne Objektität des Willens sind, nicht die Individuen. Nun ist der Mensch die Natur selbst, und zwar im höchsten Grad ihres Selbstbewußtseins: die Natur aber ist nur der objektivirte Wille zum Leben: daher mag der Mensch, wenn er diesen Gesichtspunkt gefaßt hat und dabei stehn bleibt, allerdings und mit allem Recht sich trösten über seinen Tod und den seiner Freunde, indem er zurücksieht auf das unsterbliche Leben der Natur. So folglich ist Schiwa mit dem Lingam, so jene antiken Sarkophage zu verstehn, welche mit ihren Bildern des glühendsten Lebens dem trauernden Betrachter zurufen: *Natura non contristatur* [Die Natur wird nicht traurig gestimmt.].

Wir haben also Zeugung und Tod zu betrachten als etwas zum Leben gehöriges und dieser Erscheinung des Willens wesentliches: dies geht auch daraus hervor daß beide sich darstellen als die nur höher potenzirte Erscheinung dessen, woraus auch das ganze übrige Leben besteht. Dieses nämlich ist durch und durch nichts andres als ein steter Wechsel der Materie unter dem festen Beharren der Form: und eben das ist die Vergänglichkeit der Individuen bei der Unvergänglichkeit der Gattung. Die beständige Ernährung und Reproduktion ist nur dem Grade nach von der Zeugung verschieden: und die beständige Exkretion nur dem Grade nach vom Tode.

Erstres zeigt sich am einfachsten und deutlichsten bei der Pflanze. Diese ist durch und durch nur die stete Wiederholung desselben Triebes, ihrer einfachsten Faser, die sich zu Blatt und Zweig gruppirt; sie ist ein systematisches Aggregat gleichartiger einander tragender Pflanzen, deren beständige Wiedererzeugung ihr einziger Trieb ist: so lange ein Baum noch keine Blume trägt sind Zeugung und Reproduktion noch ganz dasselbe: jeder Zweig der statt eines abgeschnittenen hervorsproßt ist eine neue kleine Pflanze die auf der großen wächst, kann daher auch von dieser abgesondert und in die Erde gesteckt werden, wo er dann völlig als neue Pflanze dasteht. Zur vollständigeren, schnelleren und vielfacheren Befriedigung dieses Reproduktions-Triebes steigert nun aber die Pflanze sich, mittelst der Stufenleiter der Metamorphose, endlich bis zur Blüte und Frucht, diesem Compendium ihres Daseyns und Strebens, in welchem sie nun auf kürzerm Wege das erlangt, was ihr einziges Ziel ist, und nunmehr mit einem einzigen Schlage tausendfach vollbringt, was sie bis dahin im Einzelnen wirkte, Wiederholung ihrer selbst. Ihr Treiben bis zur Frucht verhält sich zu dieser wie die Schrift zur Buchdruckerei.

Offenbar ists beim Thier ganz dasselbe. Der Ernährungsproceß ist ein stetes, langsames Zeugen: der Zeugungsproceß ist ein höher potencirtes Ernähren; ist die Reproduktion mit Absonderung des Produkts, das nun als neues Individuum dasteht und dadurch daß es sich vom alten losgerissen hat, nicht betheiligt ist an der Abgenutztheit des zeugenden Individuums, sondern ein frisches Leben beginnt. Die Behaglichkeit des Lebensgefühls bei voller Gesundheit geht hervor aus der steten Vegetation und Reproduktion, dem steten Zuwachs neuer Theile durch Assimilation. Weil nun die Zeugung die höhere Potenz der Reproduktion ist; so ist die sie begleitende Wollust eben auch die höhere Potenz der Behaglichkeit jenes Lebensgefühls. Andrerseits, die *Exkretion*, das stete Abwerfen von Materie ist dasselbe was in erhöhter Potenz der *Tod*, der Gegensaz der Zeugung ist. Wie wir nun hiebei allezeit zufrieden sind, die Form zu erhalten, ohne die abgeworfne Materie zu betrauern; so haben wir uns auch auf gleiche Weise zu verhalten, wenn im Tode dasselbe in erhöhter Potenz und im Ganzen geschieht, was täglich und stündlich im Einzelnen bei der Exkretion vor sich geht: wie wir beim ersteren gleichgültig sind, sollten wir beim andern nicht zurückbeben. Von diesem Gesichtspunkt aus erscheint es eben so verkehrt, die Fortdauer seiner Individualität zu verlangen, welche durch andre Individuen ersetzt wird, als den Bestand der Materie seines Leibes, die beständig durch andre ersetzt wird. Eben im steten Abwerfen des Stoffs und Assimilirung neuen Stoffs besteht das Leben, daher es widersprechend ist Leben zu wollen bei steter Beibehaltung des selben Stoffs. Derselbe Widerspruch auf einer höheren Potenz ist es, wenn man verlangt daß das eigne Individuum immerfort bestehn soll, da es durch die Zeugung für den Bestand der Form gesorgt hat. Es erscheint eben so thöricht Leichen einzubalsamiren, als es wäre seine Auswürfe sorgfältig zu bewahren. Die Leiche ist ein bloßes Exkrement der stets bestehenden menschlichen Form.

Verlöschen des Bewußtseins.

Was das an den individuellen Leib gebundene *individuelle Bewußtsein* betrifft, so wird es täglich durch den Schlaf gänzlich unterbrochen. Der tiefe Schlaf ist vom Tode (in welchen er oft übergeht) für die Gegenwart seiner Dauer gar nicht verschieden, sondern nur für die Zukunft, nämlich in Hinsicht auf das Erwachen. Der Tod ist ein Schlaf, in welchem die Individualität vergessen wird: alles andre erwacht wieder, oder vielmehr ist wach geblieben.

Wenn Sie in der Metaphysik der Natur den Hauptsatz wohl gefaßt haben, daß nämlich das Wesen an sich im Menschen, und eben so in jeder Erscheinung, der Wille ist, daß er das Radikale in jedem Wesen und das eigentliche Ding an sich ist, daß hingegen die *Vorstellung* überhaupt nur sein Abbild ist, folglich nur etwas Hinzugekommenes, ganz Sekundäres und bloß Aeußerliches, eine bloße *Erscheinung*, nämlich eben die Erscheinung des Willens; so können sie schon hieraus es *apriori* einsehn und vollkommen begreifen, daß zwar das Wesen an sich des Menschen ganz unberührt bleibt vom Tode, der etwas in der Zeit vorgehendes ist und daher bloß zur Erscheinung gehört, daß dabei aber dennoch das *Bewußtseyn* durch den Tod verlischt. Denn das Bewußtseyn hat ja sein Wesen ganz in der Vorstellung: es ist ja weiter nichts als die *Anschauung* des Gegenwärtigen und die *Erinnerung* des Vergangenen angereiht an die Erfahrung des als Leib im Raum erscheinenden Individuums: alles dies ist aber nur als Vorstellung vorhanden. Da nun die Vorstellung mit allem in ihr bloße Erscheinung ist, so gehört sie eben nicht mit zum Wesen an sich, das von dem Wechsel der Erscheinungen nicht berührt wird: wenn gleich also dieses Wesen an sich, der Wille, so wenig durch den Tod vernichtet wird, als es durch die Geburt beginnt; so gilt dies doch nicht vom Bewußtseyn und es kann keine *Erinnerung* über das individuelle Leben hinausgehn.

Überhaupt entsteht das menschliche Individuum durch das Hinzukommen eines bestimmten Grades von Erkenntniß zum Willen, der das Wesen an sich, das Radikale dieser Erscheinung ist: gleichsam wie durch das Auffallen der Lichtstralen auf einen Körper, dieser als sichtbare Erscheinung dasteht. Da nun demnach das individuelle Bewußtseyn nur entsteht durch das Zusammentreffen zweier Heterogenen; wie sollte es, nach deren Trennung, fortdauern?

Beiläufig: Wie nun so das menschliche Individuum aus dem Zusammentreffen zweier ganz Verschiedenen entsteht, dem Willen und der Erkenntniß, so ist es diesem Analog und ist gleichsam das Nachbild hievon in der Erscheinung, daß es von zwei Individuen, den Eltern, erzeugt wird. – Bei der Zeugung giebt der Vater die materielle Basis, das Radikale der neuen Erscheinung, die Mutter bloß das Gefäß, die Form. Schon aus der Analogie könnte man hier schließen daß der Wille des neuen Individuums dem Willen des Vaters und seine Erkenntniß der der Mutter entsprechen dürfte. Nun aber hat es mir geschienen daß sowohl eigne Erfahrung als Geschichte hievon stets die Bestätigung geben; wenigstens habe ich sie bisher gefunden: nämlich es scheint, daß das Moralische des Menschen vom Vater erbe, das Intellektuelle aber von der Mutter. *(Illustr.)* Eduards von England Gemahlin, Tochter Philipps des Schönen. – Philipp und Alexander, Eroberer. Aber *pater semper incertus* [Der Vater ist immer ungewiß.]. Göthes Mutter, Kants Mutter. Jeder gedenke seines eignen Vaters. Man sagt Mutter-wiz, nicht Vater-wiz. Hingegen: »er hat das Herz seines Vaters.« Beiläufig über Kopf und Herz. Alles nur Hypothese.

Bei Thieren giebt den Bastarden die Mutter die Größe, der Vater die Gestalt.

Das Ungebürliche der Forderung daß auch durch den Tod das individuelle Bewußtsein nicht abgebrochen werden soll, erkennt man am lebhaftesten bei Betrachtung einer magnetischen *Somnambüle*: diese zeigt, in der Regel, zwei Bewußtseyn die von einander nichts wissen, aber jedes seinen Gedankenlauf für sich hat: die wachende Person weiß nichts von dem was sie im magnetischen Schlaf gesagt und gethan hat, und diese oft eben so wenig von der andern. Eine Somnambüle war im Schlaf eine französische Emigrantin die nur gebrochen Teutsch sprach. Sogar die Zeit die das eine Bewußtsein einnimmt ist für das andre nicht da. Oft fängt die Somnambüle beim Eintritt des Schlafs ihre Rede genau da wieder an wo sie beim Abbrechen des früheren Schlafs unterbrochen worden war. – Nun vollends der Tod! wo der Mensch zu Asche wird! Aber bei diesem Allen müssen wir einsehn, daß *Zeugung und Tod* etwas für uns *Gleichgültiges* sind, eine bloße Erscheinung die unser wahres Wesen nicht berührt, und wir deshalb keineswegs den Tod als unsre Vernichtung zu fürchten haben: Sondern, wenn uns das Leben gefällt, es uns gar nicht entgehn kann.

Gegenwart Form der Wirklichkeit.

Vor Allem müssen wir deutlich erkennen, daß die Form der *Erscheinung des Willens*, also die Form des *Lebens* oder der *Realität*, eigentlich nur die *Gegenwart* ist, nicht Zukunft noch Vergangenheit. Diese sind nur im Begriff, sind nur im Zusammenhang der Erkenntniß da, sofern sie dem Satz vom Grunde folgt. In der Vergangenheit hat kein Mensch gelebt, und in der Zukunft wird nie einer leben: sondern die *Gegenwart* allein ist die Form alles Lebens; ist aber auch sein sichrer Besiz, der ihm nie entrissen werden kann. Dem Willen ist das Leben, dem Leben die

Gegenwart sicher und gewiß. Freilich, wenn wir zurückdenken an die verflossenen Jahrtausende, an die Millionen von Menschen die in ihnen lebten; dann fragen wir: was waren sie? was ist aus ihnen geworden? – Aber wir dürfen dagegen nur die Vergangenheit unseres eigenen Lebens uns zurückrufen, und ihre Scenen in der Phantasie lebhaft erneuern, und nun wieder fragen: was war dies alles? was ist aus ihm geworden? wo ists geblieben? – Wie mit ihm, so ists mit dem Leben jener Millionen. Oder sollten wir meinen, die Vergangenheit erhalte dadurch, daß sie durch den Tod abgeschlossen ist, ein neues Daseyn? Unsre eigne Vergangenheit, auch die nächste, der gestrige Tag, ist nur noch ein nichtiger Traum der Phantasie; und dasselbe ist die Vergangenheit aller jener Millionen. Was war? was ist? – Gegenwart [Von »Gegenwart« bis »berührt ihn nicht« Korrektur für: der Wille, dessen Spiegel das Leben ist, und das willensfreie Erkennen, das in jenem Spiegel ihn deutlich erblickt.] und in der Gegenwart Leben und Daseyn die der Spiegel des Willens sind und sein Abbild. Er ist [Von »Er ist« bis »berührt ihn nicht« nochmalige Korrektur für den unvollendeten Satz: er selbst aber ist allem (oder: allein?) das Wesen an ...] das Ding an sich: aber die Zeit ist bloß für seine Erscheinung da, ihr Fluß berührt ihn nicht. – Wer das noch nicht erkannt hat, muß zu jener Frage über das Schicksal der vergangenen Geschlechter auch noch diese fügen: Warum bin ich *jetzt* da und nicht auch schon *gewesen*? Welches Vorrecht hat mein unbedeutendes Ich, um in der allein realen Gegenwart wirklich dazuseyn; während so viele Millionen von Menschen, ja auch die großen Helden und die Weisen der Vorzeit schon in die Nacht der Vergangenheit versunken und dadurch zu Nichts geworden sind? woher kommt mir das unschätzbare Vorrecht grade *Jetzt* wirklich dazuseyn? Warum bin nicht auch *ich* schon längst gestorben, wie jene? Oder er kann es noch seltsamer so ausdrücken: warum ist dies mein Jetzt grade jetzt und nicht irgend ein ander Mal längst gewesen? Er sieht indem er so seltsam frägt, eigentlich sein Daseyn und seine Zeit als unabhängig von einander an, und jenes als in diese hineingeworfen. Er nimmt eigentlich zwei Jetzt an, eines das dem Subjekt und eines das dem Objekt angehört, und wundert sich über den glücklichen Zufall ihres Zusammentreffens. Eigentlich ist die Gegenwart der Berührungspunkt des Objekts, dessen Form die Zeit ist, mit dem Subjekt, welches keine Gestaltung des Satzes vom Grund zur Form hat: Weil der Satz vom Grund nur Form des Objekts ist, nicht des Subjekts. Nun ist aber alles Objekt der Wille sofern er Vorstellung geworden, und das Subjekt ist das nothwendige Korrelat alles Objekts: reale Objekte giebt es aber nur in der *Gegenwart*: Vergangenheit und Zukunft existiren bloß im Begriff, enthalten bloß Begriffe und Phantasmen: daher ist die Gegenwart die wesentliche Form der Erscheinung des Willens, und von dieser unzertrennlich. Dem Willen ist das Leben, dem Leben die Gegenwart wesentlich und gewiß. Die Form des Daseyns, d. h. die Art wie der Wille sich erscheint, ist eine endlose unbewegliche Gegenwart. Die *Zeit* besteht aus lauter Zukunft und Vergangenheit. Wir können die Zeit einem endlos drehenden Kreise vergleichen: die stets sinkende Hälfte wäre die Vergangenheit, die stets steigende die Zukunft: oben aber, der untheilbare Punkt, der die Tangente berührt, wäre die ausdehnungslose *Gegenwart*: wie die Tangente nicht mit fortrollt, so auch nicht die Gegenwart, der Berührungspunkt des Objekts, dessen Form die Zeit ist, mit dem Subjekt, das keine Form hat, weil es nicht zum Erkennbaren gehört, sondern Bedingung alles Erkennbaren ist. Auch können wir uns die Zeit denken unter dem Bilde eines rastlosen, reißenden Stromes: aber die Gegenwart als einen Felsen, an dem der Strom sich bricht, ohne ihn mit fortzureißen. Der Wille, als Ding an sich, ist so wenig dem Satz vom Grund unterworfen, als das Subjekt des Erkennens, das am Ende doch in gewissem Betracht er selbst, oder seine Aeußerung ist: und wie dem Willen seine eigne Erscheinung gewiß ist, das Leben; so ist es auch die Gegenwart, die einzige Form des wirklichen Lebens. Darum also haben wir nicht zu fragen nach der Vergangenheit vor dem Leben, noch nach der Zukunft nach dem Tode: dergleichen kann es nicht geben; vielmehr müssen wir erkennen, daß die einzige Form, in der der Wille sich erscheint, die *Gegenwart* ist: Schon die Scholastiker lehrten die Ewigkeit (d. i. eben die Form in der das Ding an sich ist, wie die Erscheinung in der Zeit ist, als ihrer Form) sei nicht eine *temporis sine fine successio*; sondern ein *Nunc stans*: daher eigentlich *idem nobis nunc esse, quod erat Nunc Adamo: i. e. inter Nunc et Tunc nullam esse differentiam.* [(Die Scholastiker lehrten,) die Ewigkeit sei keine Zeitfolge ohne Ende (oder Anfang), sondern ein beständiges Jetzt, d. h. daß für uns dasselbe Jetzt da sei, was das Jetzt für Adam war: d. h. daß zwischen dem Jetzt und dem Damals kein Unterschied sei. *(Hobbes, Leviathan c. 46, opera latina vol. III, p. 500, 29, London 1841.)*] – Also die Gegenwart allein ist die Form der Erscheinung des Willens: sie wird ihm daher nicht entrinnen: aber nun umgekehrt er ihr auch nicht. Nämlich so: wen das Leben, wie es ist, befriedigt, wer es auf alle Weise will und bejaht; der kann es mit Zuversicht als endlos betrachten und alle Todesfurcht bannen, als eine Täuschung, durch welche ihm die ungereimte Furcht entsteht, er könne der Gegenwart je verlustig werden, es könne eine Gegenwart geben ohne ihn, oder auch eine Zeit ohne alle Gegenwart: diese Täuschung die aller Todesfurcht zum Grunde liegt, ist wirklich in Beziehung auf die Zeit das, was in Beziehung auf den Raum jene andre ist, vermöge welcher Jeder in seiner Phantasie die Stelle, welche er auf der Erdkugel einnimmt, als das Oben ansieht und alle übrigen als das Unten: eben so knüpft Jeder die Gegenwart an seine Individualität, und meint eigentlich (indem er den Tod fürchtet), mit dieser verlösche alle Gegenwart; Vergangenheit und Zukunft seien nun allein übrig ohne die Gegenwart. Wie aber auf der Erdkugel überall oben ist; so ist auch die Form alles Lebens *Gegenwart*: und den Tod fürchten, weil er uns die Gegenwart entreißt, ist nicht weiser, als fürchten, man könne von der runden Erdkugel, auf welcher man jetzt glücklicherweise grade oben steht, hinuntergleiten. Der Objektivation des Willens ist die Form der Gegenwart wesentlich: diese schneidet als ausdehnungsloser Punkt die nach beiden Seiten unendliche Zeit und steht unverrückbar fest: so steht die wirkliche Sonne fest und brennt ohne Unterlaß einen immerwährenden Mittag ohne kühlenden Abend, während sie nur scheinbar in den Schooß der Nacht sinkt: wenn daher ein Mensch den Tod als seine Vernichtung fürchtet, so ist es nicht anders, als wenn man dächte, die Sonne könne am Abend fürchten unterzugehn in ewige Nacht. – Nun aber auch im umgekehrten Fall: Wenn einen Menschen die Lasten des Lebens drücken, wenn er zwar wohl überhaupt das Leben möchte und es im Ganzen will und bejaht, aber die Quaalen desselben verabscheut und besonders das harte Loos, das grade ihm zugefallen ist, nicht länger tragen mag; so darf er nicht hoffen sich durch den Tod davon befreien zu können und den Selbstmord als Rettungsmittel ansehn: es ist auch nur ein falscher Schein mit dem der finstre kühle Orkus ihm winkt als Haven der Ruhe. Die Erde wälzt sich vom Tage in die Nacht; das Individuum stirbt: aber die Sonne selbst brennt ohne Unterlaß ewigen Mittag; dem Willen zum Leben ist das Leben gewiß; die Form des Lebens ist Gegenwart ohne Ende; gleichviel wie die Individuen, Erscheinungen der Idee, in der Zeit entstehn und vergehn, flüchtigen Träumen zu vergleichen. – Der Selbstmord erscheint uns schon hier als eine vergebliche und darum thörigte Handlung; weiterhin, werden wir ihn noch von einer schlimmern Seite kennen lernen.

So sehr auch die Dogmen wechseln und unser Wissen sich verirrt; so spricht doch das Gefühl stets richtig an, und auch die Natur verirrt sich nicht, sondern geht ihren festen, sichern Gang, der Jedem offen daliegt, der unbefangen und fähig ist ihn zu verstehn.

Jedes Wesen ist ganz in der Natur und sie ist auch ganz in Jedem, ist es selbst. Auch in jedem Thier hat die Natur ihren Mittelpunkt: es hat an ihrer Hand seinen Weg ins Dasein sicher gefunden, und wird ihn eben so hinausfinden. Inzwischen ängstigt das Thier keine Furcht vor Vernichtung, es lebt ganz unbesorgt, getragen durch das Bewußtsein, daß es die Natur selbst ist und daher, wie sie, unvergänglich. Der Mensch allein trägt in abstrakten Begriffen die Gewißheit seines Todes mit sich herum. Aber es ist sehr seltsam daß diese auch ihn im Ganzen nicht beunruhigt; sondern bloß in einzelnen Augenblicken, wo ein Anlaß sie seiner Phantasie vergegenwärtigt, ihn ängstigen kann. Gegen die mächtige Stimme der Natur vermag die Reflexion wenig. Daher auch in ihm, so gut als im Thier, das nicht denkt, als dauernde Stimmung jenes innerste Bewußtsein vorwaltet, daß er die Natur, die Welt selbst ist: und daraus eben entspringt jene Sicherheit im Dasein, vermöge welcher keinen Menschen der Gedanke des gewissen und nie fernen Todes merklich beunruhigt; sondern jeder lebt eben dahin, als müsse er ewig leben und das geht so weit, daß sich sagen ließe, keiner habe eine eigentlich lebendige Ueberzeugung von der Gewißheit seines Todes, da sonst uns allen beinahe so zu Muthe seyn müßte wie dem zum Tode verurtheilten Verbrecher: sondern den Satz daß Jeder sterben muß, giebt zwar Jeder zu, *in abstracto* und theoretisch, legt ihn aber sogleich bei Seite, wie andre theoretische Wahrheiten die aber auf die Praxis nicht anwendbar sind. Man will dies psychologisch erklären aus der Gewohnheit und dem sich zufrieden geben über das Unvermeidliche: aber damit reicht man nicht aus: und der Grund davon ist eben jener tiefer liegende, den ich angegeben. Dieses Bewußtsein daß Jeder die Quelle alles Daseyns in sich trägt und selbst das innerste Wesen der Natur ist, ist auch der eigentliche Ursprung aller der Dogmen von irgend einer Art von Fortdauer des Individuums nach dem Tode: dergleichen hat es zu allen Zeiten und bei fast allen Völkern gegeben, und sie sind immer allgemein geglaubt worden; obgleich die Beweise dafür immer sehr unzulänglich waren, hingegen die für das Gegentheil stark und zahlreich, ja dieses eigentlich keines Beweises bedarf, sondern eben als Thatsache sich kund giebt: dieser Thatsache zu trauen fordert Jeden die Zuversicht auf mit der er annehmen muß daß die Natur, wie sie nicht irrt, so auch nicht lügt, sondern ihr Thun und Wesen offen darlegt, ja naiv ausspricht: wenn wir dennoch daran irre werden, so ist es weil wir selbst es durch Wahn verfinstern, um herauszudeuten, was unsrer beschränkten Ansicht eben gemäß ist.

Wir haben jetzt zum deutlichen Bewußtsein gebracht, daß zwar die einzelne Erscheinung des Willens zeitlich anfängt und zeitlich endet, hingegen der Wille selbst als Ding an sich weder vom einen noch vom andern mitgetroffen wird, auch nicht das Korrelat alles Objekts, das erkennende, nie erkannte Subjekt, und daß also dem Willen zum Leben das Leben immer gewiß ist: – dies ist denn doch nicht dasselbe mit jenen Dogmen von der Unvergänglichkeit des Individuums. Denn dem Willen als Dingansich (wie auch dem reinen Subjekt des Erkennens, dem ewigen Weltauge) kommt so wenig ein Beharren als ein Vergehn zu: denn dergleichen ist bloß in der Zeit, jene aber liegen nicht in der Zeit. Wenn daher das Individuum (diese [»diese« bis »Willenserscheinung« mit Bleistift durchgestrichen] einzelne vom Subjekt des Erkennens beleuchtete Willenserscheinung) vermöge seines

Egoismus den Wunsch hat, sich eine unendliche Zeit hindurch zu behaupten, so wird ihm unsre Ansicht doch nicht mehr Trost und Erfüllung versprechen, als auch die Versicherung könnte, daß doch die übrige Außenwelt nach seinem Tode fortbestehn wird: denn dies ist der Ausdruck derselben Ansicht, wenn man sie objektiv und zeitlich ausspricht. Denn allerdings ist Jeder nur als Erscheinung vergänglich, hingegen als Ding an sich zeitlos, also auch endlos. Aber auch nur als Erscheinung ist er von den übrigen Dingen der Welt verschieden, als Ding an sich ist er eben der Wille der in Allem erscheint. Sein Nichtberührtwerden vom Tode kommt ihm nur als Ding an sich zu, fällt aber für die Erscheinung zusammen mit dem Fortbestehn der übrigen Außenwelt. (Anmerkung aus dem Veda, fällt weg.) Daher [Vgl. W I, § 54, S. 333, Fußnote [390]] eben kommt es, daß wir in Hinsicht auf den Tod zwei verschiedne Ansichten schon im Gefühl besitzen, meistens gleichgültig über den Tod wegsehn, in einzelnen Augenblicken aber beim Gedanken des Todes schaudern: nämlich je nachdem wir unsre Erkenntniß gerichtet haben auf das Leben und dessen Basis in uns erkennen, oder auf die Endlichkeit, welche die Form der Erscheinung des Lebens ist. So zwiefach als unser Wesen ist, nämlich einerseits Ding an sich und andrerseits Erscheinung; so zwiefach ist auch unsere Ansicht des Todes. Das innige und bloß gefühlte Bewußtsein, desjenigen was wir eben zur deutlichen Erkenntniß erhoben haben, verhindert zwar, wie gesagt, daß der Gedanke des Todes uns das Leben nicht vergiftet, sondern jenes Bewußtsein ist die Basis des Lebensmuthes, der alles Lebendige aufrecht erhält und munter fortleben läßt, als gäbe es keinen Tod, so lange nämlich als es das Leben im Auge hat, auf das Leben gerichtet ist: aber hinwiederum kann jenes Bewußtsein doch nicht verhindern, daß, wann der Tod im Einzelnen, in der Wirklichkeit, oder auch nur in der Phantasie, an das Individuum herantritt und dieses nun ihn ins Auge fassen muß, es nicht von Todesangst ergriffen würde, und auf alle Weise zu entfliehen suchte. [Dazu der mit Tinte wieder durchgestrichene Zusatz: und dadurch recht anschaulich und sichtlich kund giebt, wie es wesentlich nichts anderes ist als eben Wille zum Leben.] So lange nämlich seine Erkenntniß auf das Leben als solches gerichtet ist, erkennt es in diesem auch die Unvergänglichkeit und sich selbst als das innre Wesen dieses Lebens; aber tritt ihm der Tod vor die Augen, so erkennt es auch diesen für das was er ist, das zeitliche Ende der einzelnen zeitlichen Erscheinung die es selbst ist. Daher fürchtet eben alles Lebende nothwendig den Tod. *Nullum animal ad vitam prodit, sine metu mortis* [Kein Lebewesen schreitet ins Leben ohne Todesfurcht.]; sagt Seneka *(ep.* 121[,18]*)*. Diese natürliche Todesfurcht ist eben nur die Kehrseite des Willens zum Leben. Jedes Lebende ist nur dieser Wille selbst in einer einzelnen Objektivation und dieses sein Wesen, Wille zum Leben zu seyn, äußert sich, wie in der Sorge für die eigne Erhaltung, wie in der Begierde der Fortpflanzung, so endlich auch in der natürlichen *fuga mortis* [Flucht vor dem Tode], als Flucht vor aller Gefahr und allen Feinden. Diese drei Grundäußerungen des Willens zum Leben sind allem Lebenden ohne Ausnahme eigen. (Und doch sind die Ausdrücke für dieselben keine Lobsprüche: Gier, Geilheit, Feigheit!) Auch der Mensch also hat die natürliche Todesfurcht. Und was wir im Tode fürchten ist keineswegs der Schmerz: denn 1. liegt dieser offenbar disseit des Todes (der Tod ist ein mathematischer Punkt): 2. fliehen wir oft vor dem Schmerz zum Tode; und auch umgekehrt übernehmen wir oft den entsetzlichsten Schmerz, um nur dem Tode obwohl er schnell und leicht wäre, noch eine Weile zu entgehn: also wir unterscheiden Schmerz und Tod als zwei ganz verschiedne Uebel: was jedes Lebende im Tode fürchtet, ist in der That der Untergang des Individuums, als welcher er sich unverholen kund giebt: weil nun eben das Individuum der ganze Wille zum Leben ist, der in jeder einzelnen Erscheinung ganz ist, so sträubt sein ganzes Wesen sich mit aller Macht gegen den Tod. Daher die unüberwindliche Angst alles Lebenden beim Anblick des auf ihn zuschreitenden Todes, die Todesangst. Es giebt eine augenfällige Bestätigung meiner Lehre, daß das innre Wesen jedes Dings der Wille zum Leben ist, wenn man sieht, wie jedes Thier, jeder Mensch sich mit aller Macht gegen den Tod sträubt. Wie wir das Wesen jedes Dinges aussprechen als Willen zum Leben, können wir es auch als Flucht vor dem Tode bezeichnen. Bitterkeit des Todes. So sehr auch Ueberlegung und Philosophie die Schrecken des Todes bannen und zerstreuen; so bleibt es eine Aufgabe der empirischen

Psychologie, ob die Macht der Vernunft stark genug ist um den Schauder beim Anblick des gegenwärtigen Todes, nicht bloß zu verbergen, sondern wirklich ganz zu überwinden, oder ob es vielleicht so physisch unmöglich ist, dem Tode fest ins Gesicht zu sehn, als der Sonne. – So hülflos nun aber auch das Gefühl uns hier Preis giebt; so kann dennoch die Vernunft eintreten und die widrigen Eindrücke des Todes wenigstens größtentheils überwinden, indem sie uns auf einen höhern Standpunkt stellt, wo wir statt des Einzelnen nunmehr das Ganze im Auge haben. Das kann sie schon auf dem Standpunkt auf welchem unsre Betrachtung jetzt steht, auf welchem sie aber nicht stehn bleiben wird, sondern einen höheren und tröstlicheren gewinnen wird. Also schon auf diesem Standpunkt, mit der metaphysischen Erkenntniß des Wesens der Welt, wie wir sie bis hieher gewonnen haben, lassen sich schon die Schrecken des Todes überwinden, in dem Maas als in jedem Individuum die Reflexion Macht hat über das unmittelbare Gefühl.

Bejahung des Willens zum Leben (vorläufig).

Unter dieser Voraussetzung denken wir uns einen Menschen, der die bis hieher vorgetragenen Wahrheiten seiner Sinnesart fest einverleibt hätte, nicht aber zugleich durch eigene Erfahrung oder eine weiter gehende Einsicht dahin gekommen wäre, in allem Leben ein wesentliches Leiden zu erkennen; sondern der im Leben Befriedigung fände, dem vollkommen wohl darin wäre, und der, bei ruhiger Ueberlegung, seinen Lebenslauf, wie er ihn bisher erfahren, von unendlicher Dauer oder von immer neuer Wiederkehr wünschte, also dessen Lebensmuth so groß wäre, daß er gegen die Genüsse des Lebens, alle Beschwerde und Pein, der es unterworfen ist, willig und gern in den Kauf nähme, ein solcher stände (wie Göthe [in seinem Gedicht »Grenzen der Menschheit«] sagt) »mit festen, markigen Knochen auf der wohlgeründeten [richtig: wohlgegründeten], dauernden Erde«, der hätte nichts zu fürchten: denn er wäre ja gewaffnet mit der Erkenntniß, die wir ihm beilegen, daß er selbst die Natur und wie sie unvergänglich ist, daher sähe er dem Tode, der auf den

Flügeln der Zeit zu ihm heraneilt, doch gleichgültig entgegen, ihn betrachtend als eine bloße Erscheinung, ein ohnmächtiges Gespenst, das Schwache schrecken kann, aber keine Gewalt hat über den, der da weiß, daß er selbst ja jener Wille ist, dessen Objektivation oder Abbild die ganze vorhandene Welt ist, dem daher das Leben immer gewiß ist und auch die Gegenwart, da solche die eigentliche und alleinige Form der Erscheinung des Willens ist, daher ihn keine unendliche Vergangenheit oder Zukunft, in denen er nicht wäre, schrecken kann, die er ansieht als eitles Blendwerk, und weiß daß er so wenig den Tod zu fürchten hat, als die Sonne die Nacht. Dies ist der Standpunkt der Natur, wenn sie auf der höchsten Stufe ihres Selbstbewußtseins zur vollen Besonnenheit gelangt. (*Illustr.* aus Dichtern und Philosophen.) [Vgl. W I, § 54, S. 335 [392 f.]]

Auf dem bezeichneten Standpunkt würden viele Menschen stehn, wenn ihre Erkenntniß gleichen Schritt hielte mit ihrem Wollen, d. h. wenn sie im Stande wären, frei von jedem Wahn, sich selbst klar und deutlich zu werden. Denn dies ist, für die Erkenntniß, der Standpunkt der gänzlichen *Bejahung des Willens zum Leben*. Ich will Ihnen hier in zwei ganz allgemeinen und abstrakten Ausdrücken vorläufig angeben was ich unter Bejahung und Verneinung des Willens verstehe: obwohl Sie erst weiterhin nachdem noch einige andre Auseinandersetzungen vorhergegangen die eigentliche Einsicht erhalten können in das damit Gemeinte. *Der Wille bejaht sich selbst*, heißt: indem, in seiner Objektität, d. i. der Welt, oder dem Leben, sein eignes Wesen *ihm*, als Vorstellung, vollständig und deutlich *gegeben wird*, hemmt diese Erkenntniß sein Wollen keineswegs; – sondern eben dieses so erkannte Leben, wird auch als solches von ihm gewollt; wie bis dahin ohne Erkenntniß, als blinder Drang, so jetzt mit Erkenntniß, bewußt und besonnen.

Das Gegentheil hievon ist die *Verneinung des Willens zum Leben*: sie zeigt sich, indem auf jene Erkenntniß das Wollen endet, indem sodann nicht mehr die erkannten einzelnen Erscheinungen als *Motive* des Wollens wirken; sondern die ganze durch Auffassung der *Ideen* aufgegangne Erkenntniß des Wesens der Welt, die den Willen spiegelt, zum *Quietiv* des Willens wird und so der Wille frei sich selbst aufhebt. – Dieser allgemeine Ausdruck der Sache kann Ihnen jetzt noch nicht verständlich seyn, wird es aber weiterhin werden, da ich Ihnen die Phänomene, hier Handlungsweisen, darstellen werde, in welchen einerseits die Bejahung und andrerseits die Verneinung sich aussprechen. Denn beide gehn zwar von der Erkenntniß aus, aber nicht von einer abstrakten, deren Ausdruck Worte sind, sondern von einer lebendigen, die sich allein durch den Wandel und die That ausdrückt und unabhängig bleibt von den Dogmen, welche dabei als abstrakte Erkenntniß die Vernunft beschäftigen. – Uebrigens ist mein Zweck bloß jene beide darzustellen, ihren Inhalt in abstrakten Begriffen darzulegen, und zur deutlichen Erkenntniß der Vernunft zu bringen, nicht aber etwa Ihnen das eine oder das andre als ein Gesez vorzuschreiben oder zu empfehlen; welches ganz zwecklos wäre, weil eben der Wille das schlechthin freie ist, das sich ganz allein selbst bestimmende, für welches es mithin kein *Gesez* geben kann. – Diese *Freiheit* eben und ihr Verhältniß zur *Nothwendigkeit* muß nun aber unser nächster Gegenstand seyn. Nämlich erst nachdem wir diese erörtert haben und sodann noch *über das Leben selbst*, dessen Bejahung und Verneinung unser Problem ist, *einige Betrachtungen* angestellt haben werden, die sich auf den Willen und dessen Objekte beziehn, erst dann können wir die eigentliche Untersuchung der ethischen Bedeutung des Handelns vornehmen, die aber dadurch sehr erleichtert seyn wird.

CAP. 3.
Von der Freiheit des Willens.

Daß der Wille als solcher *frei* ist, folgt schon von selbst daraus, daß er das *Ansich*, der *Gehalt* aller Erscheinungen ist. Die Erscheinungen hingegen kennen wir als durchweg dem *Satz vom Grund* unterworfen, in seinen vier Gestaltungen: und da wir wissen, daß *Nothwendigkeit* durchaus *identisch* ist mit *Folge* aus gegebenem *Grunde* und beides Wechselbegriffe sind; so ist alles was zur Erscheinung gehört, d. h. Objekt für das als Individuum erkennende Subjekt ist, einerseits Grund, andrerseits *Folge* eines Andern, und in dieser letztern Eigenschaft durchweg *nothwendig bestimmt* und kann in keiner Beziehung anders seyn als es ist. Daher sind alle *Erscheinungen* in der Natur und alle *Begebenheiten* durchaus *nothwendig*; und diese ihre Nothwendigkeit läßt sich auch jedesmal nachweisen, indem für jede Erscheinung oder Begebenheit ein *Grund* zu finden seyn muß, von dem sie als *Folge* abhängt. Das gilt ohne Ausnahme: es folgt aus der unbeschränkten Gültigkeit des Satzes vom Grund. Andrerseits nun aber ist diese nämliche Welt, in allen ihren Erscheinungen, Objektität des *Willens*, welcher, da er nicht selbst *Erscheinung*, nicht Objekt oder Vorstellung, sondern *Ding an sich* ist, auch nicht dem *Satz vom Grund*, der Form des Objekts, unterworfen ist, also nicht als *Folge* durch einen Grund bestimmt ist, also keine *Nothwendigkeit* kennt, d. h. *frei ist*. Der Begriff der *Freiheit* ist also eigentlich ein *negativer*: denn sein Inhalt ist bloß die Verneinung der Nothwendigkeit, d. h. des dem Satz vom Grund gemäßen Verhältnisses der Folge zu ihrem Grund. – Hier sehn Sie nun ganz deutlich den *Einheitspunkt jenes großen Gegensatzes*, das Zusammenbestehn, die Vereinbarkeit der *Freiheit* mit der *Nothwendigkeit*. Es ist in neuerer Zeit davon oft geredet, doch, so viel mir bekannt, nie deutlich und gehörig. Jedes Ding, jede Begebenheit, ist als Erscheinung, als Objekt, durchweg *nothwendig*: aber jedes Objekt ist an sich *Wille*, und dieser ist völlig *frei*, für alle Ewigkeit. Die Erscheinung, das Objekt, ist nothwendig und unabänderlich bestimmt in der Verkettung von Folgen und Gründen, die keine Unterbrechung haben kann. Aber das Daseyn überhaupt dieses Objekts, und die Art seines Daseyns, d. h. die Idee, welche in ihm sich offenbart, oder auch sein Karakter, ist unmittelbar Erscheinung des Willens. In Gemäßheit dieser Freiheit des Willens, könnte es überhaupt nicht daseyn, oder auch ursprünglich und wesentlich ein ganz Andres seyn: dann wäre aber auch die ganze Kette, von der es ein Glied ist, und die selbst Erscheinung des Willens ist, eine ganz andre: ist aber das Ding einmal da und vorhanden als ein bestimmtes solches, so ist es auch mit eingegangen in die Reihe der Folgen und Gründe und ist in dieser für jeden Zeitpunkt nothwendig bestimmt: es kann demnach weder ein andres werden, d. h. sich ändern, noch auch aus der Reihe austreten, d. h. verschwinden. – Der *Mensch* ist, wie jeder andre Theil der Natur, Objektität des Willens, also Erscheinung: daher gilt das Gesagte auch von ihm. Wie jedes Ding in der Natur seine *Kräfte und Qualitäten* hat, die auf bestimmte Einwirkung bestimmt reagiren und seinen *Karakter* ausmachen; so hat auch er seinen *Karakter*, aus dem die Motive seine Handlungen hervorrufen, mit Nothwendigkeit.

In dieser Handlungsweise selbst offenbart sich sein *empirischer Karakter*, in diesem aber wieder sein *intelligibler Karakter, der Wille an sich*, dessen determinirte Erscheinung er ist, wie in der Metaphysik der Natur Cap. 5 [in unserer Ausgabe: VN II, S. 83–95] ausgeführt. Aber der Mensch ist die vollkommenste Erscheinung des Willens, welche, *um physisch zu bestehn*, von einem *so hohen Grade* von Erkenntniß beleuchtet seyn mußte, daß in dieser sogar eine völlig adäquate Wiederholung des Wesens der Welt unter der Form der Vorstellung möglich ward, welche die Auffassung der Ideen ist, der reine Spiegel der Welt. Im Menschen kann also der Wille zum völligen Selbstbewußtsein gelangen, zur deutlichen und erschöpfenden Erkenntniß seines eigenen Wesens, wie es sich in der ganzen Welt abspiegelt. Das wirkliche Vorhandenseyn dieses Grades von Erkenntniß schafft, wie Sie wissen, die Kunst, und heißt Genie. Weiterhin werden wir sehn, daß durch eben diese Erkenntniß, wenn der Wille sie auf sich selbst bezieht und anwendet, eine Aufhebung und Selbstverneinung des Willens, grade in seiner vollkommensten Erscheinung, möglich wird. Wenn das geschieht, dann tritt die Freiheit auch in der Erscheinung hervor; da sie doch sonst als nur dem Ding an sich, nie der Erscheinung zukommend, auch nie in dieser sich zeigen kann. Aber im besagten Fall, wird sie auch unmittelbar an der Erscheinung sichtbar, dadurch daß sie das innre Wesen derselben *aufhebt*, während die Erscheinung selbst noch in der Zeit fortbesteht, so daß alsdann *ein Widerspruch* der Erscheinung mit sich selbst sichtbar wird. Dieser Widerspruch heißt *Selbstverleugnung* und ist eben ein Phänomen der Heiligkeit. Dies ist hier bloße Anticipation: es wird weiterhin deutlicher. Ich will hiedurch für jetzt nur vorläufig andeuten, daß der Mensch von allen andern Erscheinungen des Willens sich dadurch unterscheidet, daß die *Freiheit*, d.i. Unabhängigkeit vom Satz vom Grund, welche sonst nur dem *Ding an sich* zukommt und der *Erscheinung* widerspricht, dennoch bei ihm, *möglicherweise*, auch in der Erscheinung eintreten kann, wo sie dann aber sich darstellt als ein Widerspruch der Erscheinung mit sich selbst. In diesem Sinn kann allerdings nicht nur der Wille an sich, sondern sogar der Mensch *frei* genannt und dadurch von allen andern Wesen unterschieden werden. Wie dies aber zu verstehen sei, kann erst durch das Nachfolgende deutlich werden: für jetzt sehn wir noch davon ab. Denn vors Erste ist der *Irrthum zu verhüten*, daß das *Handeln des einzelnen bestimmten Menschen* keiner Nothwendigkeit unterworfen sei, und das Gesez der Motivation weniger Gültigkeit habe als das der Kausalität oder der Folge beim Schließen. Indem wir also von dem vorhin berührten und bloß eine Ausnahme betreffenden Fall absehn, geht die *Freiheit des Willens als Dinges an sich* keineswegs unmittelbar über auf seine *Erscheinung*, auch nicht da, wo diese die höchste Stufe der Sichtbarkeit erreicht, also nicht auf das vernünftige Thier, mit individuellem Karakter, d.h. die *Person*. Die Person als solche ist nicht frei, obwohl sie Erscheinung eines freien Willens ist. Denn eben von dessen freiem Wollen ist sie die bereits determinirte Erscheinung. Der Wille der das an sich der Person ist, ist zwar eben als Ding an sich frei, d.h. unabhängig vom Satz des Grundes: indem er nun aber erscheint, als Person, so geht diese Erscheinung nun als solche ein in die Form alles Objekts, den Satz vom Grund: daher nun, obgleich der erscheinende Wille, der das an sich dieser Person ist, eine außerzeitliche *Einheit* ist; so stellt die Erscheinung ihn doch dar durch eine Vielheit von Handlungen, zu welcher die Form der Erscheinung (der Satz vom Grund) jene Einheit auseinanderzieht. Aber weil das in allen diesen Handlungen erscheinende Wesen an sich, der Wille außerzeitlich und daher schlechthin Eins ist; so ist auch in allen jenen Handlungen, die es darstellen, das innere Wesen dasselbe, und unveränderlich bestimmt: *derselbe* Wille erscheint in jeder dieser Handlungen: daher tragen diese Handlungen der Person in der Zeit alle denselben Karakter und erfolgen auf Anlaß der Motive, so gesetzmäßig als die Wirkungen einer Naturkraft auf ihre Ursachen, und können nicht anders ausfallen, als sie ausfallen. Da aber das, was in der ganzen Person und ihrem Wandel sichtbar wird, eben jenes *freie Wollen* ist (das sich zu ihr verhält wie der Begriff zur Definition), so ist auch *jede einzelne That* der Person dem *freien Willen* zuzuschreiben und kündigt sich daher auch dem Bewußtsein als freie, selbsteigne That an, d. h. als Aeußerung des *Willens*, der als Ding an sich keine Nothwendigkeit kennt; daher eben, wie ich früher sagte, hält sich Jeder *a priori* für frei auch in den einzelnen Handlungen, in dem Sinn, daß ihm in jedem Fall auch jede Handlung möglich wäre, weil er fühlt, daß jede Handlung nur aus seinem *Willen* entspringt; aber erst *a posteriori* aus der Erfahrung und dem Nachdenken darüber, merkt er, daß sein Handeln nothwendig hervorgeht aus dem Zusammentreffen seines Karakters mit den Motiven und daß sein Karakter unveränderlich ist: welches daher kommt daß der Karakter schon Erscheinung des Willens ist; nicht der Wille als Ding an sich. Hieraus ist es erklärlich, daß jeder philosophisch Rohe, seinem Gefühl folgend, die völlige Freiheit der einzelnen Handlungen, sehr heftig vertheidigt, hingegen die großen Denker aller Zeiten, auch die tiefsinnigeren Glaubenslehren sie leugnen. (Luther *de servo arbitrio* [daß der freie Wille nichts sei]; Spinoza *de servitute humana*. [Titel des 4. Teils von Spinozas Ethik]) Wenn Sie aber eingesehn haben, daß das ganze Wesen an sich des Menschen Wille ist, der Mensch selbst aber Erscheinung dieses Willens, die wesentliche Form der Erscheinung aber der Satz vom Grund, in Hinsicht auf die menschliche Erscheinung als Gesetz der Motivation; so können Sie so wenig zweifeln an der Unausbleiblichkeit der That, bei gegebenem Karakter und vorliegendem Motiv, als an der Folge des Schlusses aus den Prämissen. Ueber die Nothwendigkeit des Handelns ist sehr lesenswerth *Priestley, the doctrine of philosophical necessity; Birmingham 1782.* Teutsch: [Schriften über die Nothwendigkeit des Willens und von den Vibrationen der Gehirnnerven] Auszüge aus Priestleys Schrift über die Nothwendigkeit des Willens, Altona 1806. – Aber das Zusammenbestehn dieser Nothwendigkeit mit der Freiheit des Willens an sich, hat zuerst Kant nachgewiesen: Krit. d. rein. Vern. *p 560–86* [B 560–586]. Krit. d. prakt. Vern. *p 169–179* [Akad.-Ausg., Bd. V, 1. Teil, 1. Buch, 3. Hauptstück]; indem er den *Unterschied* aufstellte zwischen *empirischem* und *intelligiblem Karakter*, mit welchem ich Sie schon bekannt gemacht habe, Metaphysik der Natur Cap. 5 [in unserer Ausgabe: VN II, S. 83–95]. Der *intelligible Karakter* ist der Wille als *Ding an sich* sofern er in einem bestimmten Individuo, in bestimmtem Grade erscheint. Der *empirische Karakter* aber ist diese Erscheinung selbst, so wie sie sich darstellt, der *Zeit* nach, in der *Handlungsweise*, dem *Raum* nach, schon in der *Korporisation*. Daher sagte ich: der *intelligible Karakter* ist anzusehn als ein *außerzeitlicher*, daher untheilbarer und unveränderlicher *Willensakt*; der *empirische Karakter* aber als dessen in Raum, Zeit und allen Formen des Satzes vom Grund entwickelte und *auseinandergezogne Erscheinung*; sich erfahrungsmäßig darstellend in der ganzen Handlungsweise und dem Lebenslauf des einzelnen Menschen. Aber dieser ganze Lebenslauf und auch die ganze Erfahrung in der er sich darstellt ist nur Erscheinung: denn solches ist nur die Art und Weise wie der Wille in die Erkenntniß kommt. Wie der ganze *Baum* nur die stets wiederholte Erscheinung eines und desselben Triebes ist, der sich am einfachsten darstellt, in der bloßen Faser, sich aber wiederholt in deren Zusammensetzung zu Blatt, Stiel, Ast, Stamm, und leicht darin zu erkennen ist: eben so sind alle *Thaten* des einzelnen Menschen, nur die stets wiederholte (in [»in« bis »verschiedene« mit Bleistift eingeklammert] der bloßen Form und Erscheinung verschiedne) *Aeußerung seines intelligiblen Karakters*: die aus der Summe aller Thaten hervorgehende Induktion giebt seinen *empirischen Karakter*.

Das innerste Selbstbewußtsein ist der Punkt, wo das Ding an sich, der Wille, in die Erscheinung, das Erkennbare, übergeht, also beide zusammentreffen. Der Wille liegt außerhalb des Gebietes des Satzes vom Grund, also der Nothwendigkeit; die Erscheinung ganz darin. Wo nun noch nicht Philosophie beide unterscheiden gelehrt hat, werden sie im Denken *vermischt* und dann *die gefühlte Freiheit des Willens als Dinges an sich* übertragen auch auf seine *Erscheinung*: dies ist der Grund warum alle die, welche nicht durch Philosophie ihr Urtheil geläutert haben, das *liberum arbitrium indifferentiae* [die freie, nach keiner Seite beeinflußte Willensentscheidung] für unmittelbare Thatsache des Bewußtseins halten. Dem gemäß behaupten sie in einem bestimmten Fall: »dieser Mensch, in dieser Lage, *kann* so, und auch entgegengesetzt handeln.« – Die philosophischen Gegner aber sagen: »er *kann* nicht anders, als grade so.« – Wer [»Wer« bis »entscheiden« mit Bleistift angefügt und z. T. wieder durchgestrichen] hat Recht? Dies zu entscheiden:

Dies macht eine Entwickelung des Begriffs *Können* nöthig, welche die Sache aufklären wird. Der Begriff *können* hat eine doppelte Bedeutung. Zur Vereinfachung des Verhältnisses, wollen wir ihn erläutern an einem Beispiel aus der unorganischen Natur. Daß eine Veränderung vorgehe, d. h. daß eine Ursache eine Wirkung hervorbringe, erfordert durchaus wenigstens zwei Körper und zwar zwei entweder durch Qualität oder durch Bewegung *verschiedene*: einer allein, oder viele, in jeder Hinsicht gleiche beisammen, geben keine Veränderung. Der Zustand, welcher Ursache und Wirkung heißt, ist also eine Relation verschiedener Körper, wenigstens zweier: und die Bedingungen, welche diese Relation ausmachen, liegen nothwendig in beiden vertheilt. Z. B. soll Bewegung *entstehn*, so muß durchaus der eine bewegt, der andre beweglich seyn. – Eben so, soll Brand entstehn, so muß durchaus der eine Körper Sauerstoff seyn, der andre dem Sauerstoff verwandt. Ob er dieses sei, lehrt eben erst sein Zusammentreffen mit dem Sauerstoff. Sein *Brennenkönnen* ist also doppelt bedingt: erstlich durch seine eigne Beschaffenheit, und zweitens durch die des Mediums um ihn. »Er *kann* nicht brennen«; ist also doppeltsinnig. Es kann bedeuten, »er ist nicht brennbar.« Oder aber auch: »die äußeren Bedingungen zum Brennen (Sauerstoff und Temperatur) sind nicht vorhanden.« – Was Sie hier am Gesetz der Kausalität sehn, gilt auch von dem der Motivation: denn diese ist ja nur die durchs Erkennen vermittelte, oder hindurchgegangene Kausalität. – »Dieser Mensch *kann* jenes nicht thun«, – bedeutet entweder: »die äußeren Bedingungen zu solcher Handlung, also die Motive von Außen, oder die Macht nach Außen fehlen.« Oder aber auch: »er selbst ist, auch bei gegebnen besagten Bedingungen, zu solcher Handlung nicht fähig.« Dies läßt sich aber auch ausdrücken: »Er *will* nicht.« – Denn die innern Bedingungen sind keine anderen, als seine eigene Beschaffenheit, sein Wesen, d. i. sein Wille. Wie nun die chemischen Eigenschaften eines Körpers sich erst zeigen, nachdem er an mehreren Reagenzien geprüft ist, oder sein Gewicht erst nachdem er gegen andre balancirt ist: eben so zeigt sich das *innre Können* eines Menschen, d. i. sein Wollen, erst nachdem er mit den Motiven in Konflikt getreten ist (denn Motive wie Reagenzien, sind bloße Gelegenheitsursachen), und auch erst nachdem die Sphäre seines *äußern Könnens* zu einem gehörigen Spielraum erweitert ist, und zwar desto mehr und deutlicher, je mehr sie es ist. Ist sie ganz eng, liegt der Mensch im Kerker, allein; so kann jenes innre *Können* gar nicht offenbar werden, so wenig als die chemischen Eigenschaften eines vor Luft und Licht verschlossenen Körpers. Aber ein Mensch habe Reichthum, habe Gelüste, habe Erkenntniß von vielem fremden Elend: dann ist die Sphäre des *äußern Könnens* weit genug, und es wird sich zeigen, ob er lieber alle seine Gelüste befriedigt oder das fremde Elend mindert. Also nun wird sich zeigen, welches sein *inneres Können*, d. h. welches sein Wollen sei. Nun scheint es zwar ihm selbst und andern unphilosophischen Beurtheilern, daß er sowohl das eine als das andre könne: dieser Schein entsteht eigentlich so: sie halten sich an den abstrakten Begriff *Mensch*, und da sie einmal *apriori* urtheilen wollen, können sie nicht anders: weil eine erschöpfende Erkenntniß, die zu analytischen Urtheilen Stoff giebt, nur von Begriffen, nicht von Individuen zu haben ist. Unter jenen Begriff subsumiren sie nun das

Individuum, und was vom *Menschen überhaupt* gilt, nämlich daß er in solchem Fall auf beiderlei Weise handeln könne, übertragen sie auf das Individuum, und schreiben ihm zu eine noch durch nichts bestimmte Wahl, *liberum arbitrium indifferentiae*. – Hätte es aber eine solche; so müßte es heute so, und morgen unter ganz gleichen Umständen auf ganz entgegengesetzte Weise handeln können. Dann aber müßte sein Wille sich geändert haben: dazu wieder müßte der Wille in der Zeit liegen; und dann müßte entweder der Wille bloße Erscheinung seyn, oder die Zeit dem Dinge an sich zukommen. Denn Aenderung ist bloß in der Zeit möglich, und hier müßten die Bedingungen des innern Könnens d. h. der Wille sich geändert haben, da die des äußern Könnens als dieselben angenommen sind. Da wir aber wissen, daß der Wille Ding an sich ist und als solches außer der Zeit liegt; so können nie die Bedingungen des innern Könnens sich ändern, sondern allein die des äußern. Wäre also der Wille jenes Individuums ein solcher, der die Minderung fremder Leiden der Vermehrung eigner Genüsse vorzöge; so hätte er es gestern gethan, wo das äußere Können da war, wie heute; und that er es gestern nicht, so wird er (weil [»weil« bis »erleiden kann« mit Bleistift eingeklammert] das innre Können keine Aenderung erleiden kann) es ganz gewiß auch heute nicht thun; d. h. er *kann* es nicht. Also ist es für den Erfolg gleichviel, ob die innern oder die äußern Bedingungen zur verlangten Handlung fehlen: in beiden Fällen sagen wir: das Individuum *kann* diese Handlung nicht leisten. Für die innern Bedingungen zur Handlung ist zwar das eigenthümliche Wort *Wollen*; oft aber brauchen wir auch für sie das Wort *Können*, um durch diese Metapher die Nothwendigkeit anzudeuten, welche das Wirken des Willens mit dem Wirken der Natur gemein hat. *(Illustr.)* [»*Illustr.*« mit Bleistift eingefügt; daneben am Rand mit Bleistift: kann nicht geben, verzeihen, lieben.] Die großen Dichter sind überall der treue, aber verdeutlichende Spiegel der Natur und des Wesens der Dinge, daher wir uns auf sie berufen können, wie auf die Natur. Besonders ist Shakespear darin einzig groß, daß er uns nicht nur das Handeln der Menschen sondern auch das Innre Getriebe dieses Handelns deutlich sehn läßt (Göthes Gleichniß). [Seine (Shakespeares) Menschen scheinen natürliche Menschen zu sein, und sie sind es doch nicht. Diese geheimnißvollsten und zusammengesetztesten Geschöpfe der Natur handeln vor uns in seinen Stücken, als wenn sie Uhren wären, deren Zifferblatt und Gehäuse man von Krystall gebildet hätte; sie zeigen nach ihrer Bestimmung den Lauf der Stunden an, und man kann zugleich das Räder- und Federwerk erkennen, das sie treibt (Wilhelm Meisters Lehrjahre, 3. Buch, 11. Kapitel.)]

Measure for Measure, Act 2, Sc. 2. Isabella bittet den Reichsverweser Angelo um Gnade für ihren zum Tode verurtheilten Bruder:

Angelo: I will not do it.
Isab.: But can you, if you would?
Angelo: Look, what I will *not, that I* cannot *do.*
[Angelo: Ich will's nicht tun.
Isab.: Doch könnt Ihr, wenn Ihr wollt?
Angelo: Was ich nicht *will*, das *kann* ich auch nicht tun.
(Shakespeare, Maß für Maß, Akt II, Sz. 2.)]

Wie es ein bestimmter Grad des Willens ist, der in jeder Naturkraft sich nach unwandelbaren Gesetzen offenbart, so ist es auch ein solcher, der in jedem menschlichen Individuo erscheint, und aus welchem seine Thaten fließen, nach einem eben so streng konsequenten Gesez, wenn es gleich nicht so leicht aufzufassen und auszusprechen ist. – Hier eben liegt auch der Grund, warum wir vom dramatischen Dichter fordern, daß jeder Karakter, den er vorführt, die strengste Konsequenz und Einheit mit sich selbst bis ans Ende durchführe. – Dem Gesagten zufolge, dreht jener Streit über die Freiheit des einzelnen Thuns, *liberum arbitrium indifferentiae*, sich eigentlich um die Frage, ob der Wille in der Zeit liege, oder nicht. Ist er, wie es meine ganze Darstellung und Kants Lehre nothwendig macht, außer der Zeit und jeder Form des Satzes vom Grund; so muß das Individuum so oft es in derselben Lage ist stets auf gleiche Weise handeln, und daher ist jede böse und jede gute That der feste Bürge für unzählige andre, die es vollbringen *muß* und nicht lassen *kann*; aber noch mehr, sogar ist durch das Daseyn eines bestimmten Menschen eigentlich auch schon ganz fest bestimmt wie er unter jeder möglichen Stellung der äußern Bedingungen handeln wird, also handeln *muß*; eben so wie in der *Chemie* von jedem bekannten Körper bestimmt ist, wie er sich im Konflikt mit allen vorhandnen Reagenzien verhalten muß; wie Kant sagt, es ließe sich auch, wenn nur der empirische Karakter und die Motive ganz und vollständig gegeben wären, des Menschen Verhalten in der Zukunft, wie eine *Sonnen- oder Mondfinsterniß* ausrechnen. Wie die Natur *konsequent* ist; so ist es auch der Karakter: ihm gemäß muß jede einzelne Handlung ausfallen, wie jedes *Phänomen* dem *Naturgesetz* gemäß ausfällt: die *Ursachen* des Phänomens, und das *Motiv* der Handlung sind nur *Gelegenheitsursachen*. Der Wille, dessen Erscheinung das ganze Seyn und Leben des Menschen ist, kann sich im einzelnen Fall nicht verleugnen, und was der Mensch im Ganzen will, wird er auch stets im Einzelnen wollen. Die Griechen nannten den Karakter ηϑος und die Aeußerungen desselben, d. i. die Sitten ηϑη (Ethik): ursprünglich bedeutet aber dies Wort die Gewohnheit: sie hatten es hier gewählt, um die Konstanz des Karakters metaphorisch zu bezeichnen durch die Konstanz der Gewohnheit. – In der Christlichen Glaubenslehre finden wir das Dogma von der *Gnadenwahl* und Ungnadenwahl, offenbar aus der Einsicht entsprungen, daß der Mensch sich nicht ändert; sondern sein Leben und Wandel, d. i. sein empirischer Karakter, nur die Entfaltung des intelligibeln Karakters ist, die Entwickelung entschiedener, schon im Kinde erkennbarer, unveränderlicher Anlagen, daher gleichsam schon bei seiner Geburt sein Wandel fest bestimmt ist und im Wesentlichen sich bis ans Ende gleich bleibt, der Mensch also gleichsam zum Guten oder Bösen ausersehn ist. – Grade der Wille ist das Unveränderliche an jedem Menschen, eben weil er das Wesentliche, das Radikale ist. – Sie lernen einander jetzt kennen, Fehler und Tugenden, Moralisches und Intellektuelles. Wenn nun nach fünfzehn Jahren Einer den Andern ein Mal wieder treffen wird; so wird er finden, daß dieser an Einsicht, Kenntniß, Erfahrung viel reicher geworden, also hierin sich geändert hat, auch vernünftiger und gesetzter geworden: aber schon in der ersten Stunde wird er an ihm dieselben moralischen Fehler wahrnehmen, die er jetzt an ihm kennt; ja sie werden noch deutlicher geworden seyn. Eben so werden seine Gesichtszüge sich sehr geändert haben, durchweg; aber der Karakter derselben wird ganz derselbe seyn, und eben an diesem Karakter wird der Andre ihn wieder erkennen: denn die Züge und ihr Verhältniß sind viel zu sehr geändert: aber der Karakter ist der Wille selbst, das Radikale im Menschen und das außer der Zeit liegende. (Anekdote von Gall.) Also ist es ein Grundsatz »der Mensch ändert sich nicht«. – Das ist besonders praktisch wichtig: es muß die Basis unsers Zutrauens und unserer Vorsicht seyn: man prüfe den Freund. Dann aber kann man ihm trauen, wenn die Prüfung ernst und scharf war. Hingegen traue man Keinem der einmal falsch befunden. Eine Beleidigung verzeihen, heißt eigentlich sie zur Wiederkunft einladen. Ich nehme aber hier verzeihen für Vergessen. Man verzeihe sie in dem Sinn, daß man keine Rache suche: aber man vergesse sie nicht und benehme ihr alle Gelegenheit zur Wiederkehr. Kant sagte: Pöbel schlägt sich und Pöbel verträgt sich: d. h. die Sache umgekehrt machen.

Es sind aber noch einige Erörterungen nöthig über das *Verhältniß zwischen dem Karakter und dem Erkennen*, da in diesem alle seine Motive liegen.

Die Erscheinung des Karakters oder das Handeln bestimmen die *Motive*; diese aber wirken auf den Menschen durch das *Medium der Erkenntniß*: nun ist die Erkenntniß veränderlich, schwankt oft hin und her zwischen Irrthum und Wahrheit, wird jedoch in der Regel im Fortgang des Lebens immer mehr und mehr berichtigt, freilich in sehr verschiedenen Graden: daher nun kann die Handlungsweise eines Menschen sich merklich ändern, ohne daß man dadurch auf eine Aenderung seines Karakters zu schließen berechtigt wäre. Was der Mensch *eigentlich und überhaupt will*, die *Anstrebung* seines *innersten Wesens* und das *Ziel* dem er ihr gemäß nachgeht, dies können wir durch äußere Einwirkung auf ihn, etwa durch Belehrung und Vorstellungen, nimmermehr ändern; sonst könnten wir ihn umschaffen: daher sagt Seneca vortrefflich *velle non discitur* [Wollen ist nicht zu lernen. (Seneca, ep. 81,14)]. Von Außen kann auf den Willen allein durch *Motive* eingewirkt werden. Diese aber können nie den Willen selbst ändern: denn sie haben Macht über den Willen bloß unter der Voraussetzung, daß er grade ein solcher ist, wie er ist, für diese Art von Motiven empfänglich ist. Daher ist alles was sie können, daß sie die *Richtung* seines Strebens ändern, d. h. sie können machen, daß er das, was er unveränderlich sucht, auf einem andern Wege sucht als bisher. Daher kann *Belehrung, verbesserte Erkenntniß*, also *Einwirkung von Außen*, zwar ihn lehren, daß er in den *Mitteln* irrte, und kann demnach machen, daß er das Ziel, dem er, seinem innern Wesen gemäß, einmal nachstrebt, auf einem ganz *andern Wege*, ja sogar in einem *ganz andern Objekte* verfolge als bisher: niemals aber kann sie machen, daß er *etwas* wirklich *anderes wolle*, als er bisher gewollt hat [Fußnote: Die Grundmotive auf die er sein Streben richtet können nie andre werden; sondern bloß die sekundären Motive, die mittelbaren. Die letzten Motive seines Handelns werden immer der Art nach dieselben bleiben.]: dieses bleibt unveränderlich: denn sein ganzes Selbst ist ja nur eben dieses Wollen, müßte also mit demselben aufgehoben werden. Aber die *Erscheinung* dieses Wollens, das *Thun* kann man durch Einwirkung auf die Erkenntniß sehr modifiziren. Man kann z. B. machen, daß der Mensch seinen einmal unveränderlichen Zweck, einmal in der wirklichen Welt zu erreichen suche und ein ander Mal in der imaginären: z. B. dieser seien die Freuden des Paradieses Mohameds: derselbe Mensch kann einmal es suchen in der wirklichen Welt, und dann sind seine Mittel dazu Klugheit, Gewalt und Betrug; ein ander Mal sucht er es in einer imaginären Welt, anwendend Gerechtigkeit, Enthaltsamkeit, Almosen, Wallfarth nach Mecka u. s. w. Sein Streben selbst hat sich aber nicht geändert, noch weniger er selbst: Wenn also auch das Handeln eines Menschen sich zu verschiedenen Zeiten sehr verschieden darstellt, so ist sein Wollen doch ganz dasselbe geblieben. *Velle non discitur* [Wollen ist nicht zu lernen.].

Zu dem was ich vorhin das *äußere Können* nannte, gehört nicht nur das Vorhandenseyn der äußern Bedingungen und der Motive; sondern auch die Erkenntniß derselben. In diesem Sinn sagten die Scholastiker: *causa finalis non agit secundum suum esse reale, sed secundum esse cognitum* [Die Zweckursache wirkt nicht nach ihrem wirklichen, sondern nur nach ihrem erkannten Wesen. (Zusammengezogen aus Suarez, disp. met., disp. XXIII sect. 8)]. So z. B. ist es nicht hinreichend, daß der Mensch, welchen ich vorhin als Beispiel aufstellte, Reichthum besitze; sondern er muß auch wissen, was sich damit machen läßt, sowohl für sich als für andre. Es muß nicht nur fremdes Leiden sich ihm darstellen, sondern er muß auch wissen, was Leiden sei; aber auch was Genuß. Vielleicht wußte er, beim ersten Anlaß, dieses alles nicht so gut als beim zweiten: und wenn er daher bei gleichem Anlaß verschieden handelt, so liegt dies nur daran, daß *die Umstände* eigentlich *andre waren*, nämlich dem Theil nach, der von seinem Erkennen abhängt, also andre waren *für ihn*, wenn gleich dieselben für uns, die Zuschauer. – Wie das *Nichtkennen wirklich vorhandner Umstände* ihnen die Wirksamkeit nimmt, so können andrerseits ganz *imaginäre Umstände* wie reale wirken, nicht nur bei einer einzelnen Täuschung, sondern auch im Ganzen und auf die Dauer. Wird z. B. ein Mensch fest überredet, daß jede Wohlthat ihm in einem künftigen Leben hundertfach vergolten wird; so gilt und wirkt eine solche Ueberzeugung ganz und gar wie ein sicherer Wechsel auf sehr lange Sicht, und er kann aus Egoismus geben, wie er bei andrer Einsicht aus Egoismus nehmen würde. Sein *Wollen* ist in beiden Fällen ganz dasselbe, so verschieden auch das *Thun* ist darin es sich zeigt. Eben wegen dieses großen Einflusses der Erkenntniß auf das Handeln, geschieht es, daß *der Karakter* erst *allmälig* sich entwickelt und seine verschiedenen Seiten hervortreten. Daher auch zeigt er sich in jedem *Lebensalter* verschieden, nicht weil *er*, sondern weil die *Erkenntniß* sich geändert hat und er zwar immer dasselbe will, aber auf andre Weise, anderm Wege, in andrer Gestalt: daher kann auf eine heftige, wilde Jugend, ein gesetztes, mäßiges, männliches Alter folgen. Besonders wird das *Böse* des Karakters mit der Zeit immer mächtiger hervortreten (da im Anfang Schaam und Furcht es zurückhielt). Bisweilen aber auch werden Leidenschaften, denen man in der Jugend nachgab, später freiwillig gezügelt, bloß weil *die entgegengesetzten Motive* erst jetzt in die Erkenntniß getreten sind. Anfangs sind wir alle *unschuldig*: d. h. bloß: weder wir selbst noch Andre kennen das Böse unsrer eignen Natur: dies tritt erst auf Anlaß der Motive hervor; und die Motive treten erst mit der Zeit in die Erkenntniß. Zuletzt dann lernen wir uns selbst kennen, als ganz andre als wofür wir uns *apriori* hielten, da wir, vor der Erfahrung, uns alles gute zutrauten: und oft erschrecken wir dann über uns selbst. Meinen Sie daß ein großer Bösewicht sich *apriori* dafür hielt?

Ueber die Reue.

Reue entsteht nimmermehr daraus daß der Wille sich geändert hat, denn das ist unmöglich: sondern daraus, daß die Erkenntniß sich geändert hat. Das *Wesentliche* und *Eigentliche* von dem, was ich jemals gewollt habe, muß ich auch noch wollen: denn ich selbst bin dieser Wille der außer der Zeit und der Veränderung liegt. Ich kann daher nie bereuen was ich eigentlich *gewollt*, wohl aber, was ich *gethan* habe; weil ich, durch falsche Begriffe geleitet, etwas anderes that, als meinem Willen eigentlich gemäß war. Die durch berichtigte Erkenntniß eingetretene Einsicht hievon ist die *Reue*. Dies erstreckt sich nicht etwa bloß auf die Lebensklugheit, auf die Wahl der Mittel und die Beurtheilung der Angemessenheit des Zwecks zu meinem eigentlichen Willen; sondern auch auf das eigentlich Ethische. So z. B. kann ich, in einem Fall, *egoistischer* gehandelt haben, als meinem Karakter gemäß ist, irre geführt etwa durch übertriebene Vorstellung der Noth in der ich mich selbst befand, oder auch durch übertriebene Vorstellung von der List, Falschheit, Bosheit der Anderen, oder auch dadurch, daß ich *übereilt*, d. h. ohne *Ueberlegung* handelte, bestimmt wurde nicht durch deutliche *in abstracto* erkannte Motive, sondern durch bloß anschauliche, durch den Eindruck der Gegenwart und durch den Affekt, den er erregte und der so stark war, daß ich nicht eigentlich den Gebrauch meiner *Vernunft* hatte: die Rückkehr der Besinnung ist dann aber auch hier nur *berichtigte Erkenntniß*, aus welcher *Reue* hervorgehn kann, die sich aber in *solchem Fall* allemal durch Gutmachen des Geschehenen, so weit es möglich ist, kund giebt. Doch ist zu bemerken, daß man, um sich selbst zu täuschen, sich scheinbare Uebereilungen vorbereitet, die eigentlich, heimlich überlegte Handlungen sind. Denn wir betrügen und schmeicheln Niemanden durch so feine Kunstgriffe, als uns selbst. – Auch der umgekehrte Fall des angeführten kann eintreten: mich kann ein zu gutes Zutrauen zu Andern, oder Unkenntniß des relativen Werths der Güter des Lebens, oder irgend ein abstraktes Dogma, den Glauben an welches ich nunmehr verloren habe, verleiten, weniger egoistisch zu handeln, als meinem Karakter gemäß ist: danach tritt dann Reue ganz andrer Art ein, egoistische. Der ethische Werth solcher Handlung ist für mich verloren: sie war kein Zug meines Karakters, sondern meines Irrthums. Immer also ist die Reue *berichtigte Erkenntniß des Verhältnisses der That zur eigentlichen Absicht, zum eigentlichen Wollen*. Wie dem Willen, sofern er seine Ideen *im Raum allein*, d. h. durch die bloße Gestalt offenbart, die Materie sich widersetzt, indem sie schon von andern Ideen, hier Naturgesetzen, beherrscht ist, daher die Gestalt, welche hier zur Sichtbarkeit strebte, selten vollkommen und deutlich d. h. schön hervorgehn kann; so findet ein analoges Hinderniß der in *der Zeit allein*, d. h. durch Handlungen, sich offenbarende Wille, an seinem Medium, also an der Erkenntniß, die ihm selten die Data ganz richtig angiebt, wodurch dann die That nicht ganz genau entsprechend dem Willen ausfällt und dadurch Reue vorbereitet. Die *Reue* geht also immer hervor aus berichtigter Erkenntniß, nicht aus Aenderung des Willens, welche unmöglich. *Gewissensangst* über das Begangene ist nichts weniger als Reue; sondern Schmerz über die Erkenntniß seines Selbst an sich, d. h. als Wille. Sie beruht grade auf der Gewißheit, daß man denselben Willen noch immer hat. Wäre er geändert und daher die Gewissensangst bloße Reue, so höbe diese sich selbst auf: denn das Vergangne könnte dann weiter keine Angst erwecken, da es die Aeußerungen eines Willens darstellte, welcher nicht mehr der des Reuigen wäre. Die Bedeutung aber der Gewissensangst werde ich weiterhin ausführlich erörtern.

Von der Wahlbestimmung oder dem Konflikt der Motive. Oder: vom Gegensatz anschaulicher und gedachter Motivation und dem hierauf beruhenden Unterschied zwischen Menschen und Thieren.

Der *Einfluß den die Erkenntniß*, als das Medium der Motive, zwar nicht auf den Willen selbst *hat*, aber auf sein Hervortreten in den Handlungen, begründet auch den *Hauptunterschied zwischen dem Thun der Menschen und dem der Thiere*: weil die Erkenntnißweise beider verschieden ist. Das Thier nämlich hat allein anschauliche Vorstellungen; der Mensch, durch die Vernunft, auch abstrakte Vorstellungen, Begriffe. Obgleich nun Thier und Mensch im Wesentlichen dasselbe wollen, und auch mit gleicher Nothwendigkeit durch die Motive im Einzelnen bestimmt werden; so hat doch der Mensch eine eigentliche *Wahlbestimmung* vor dem Thiere voraus, welche man auch oft für eine Freiheit des Willens in den einzelnen Thaten ansieht, obgleich sie nichts andres ist, als die Möglichkeit eines eigentlichen *Konflikts* zwischen mehreren Motiven, davon das *stärkere* ihn dann mit Nothwendigkeit bestimmt; während das Thier nicht vom *stärkeren*, sondern vom *zunächst gegenwärtigen* Motiv bestimmt wird. Denn *in concreto* wirkt immer nur *ein* Motiv zur Zeit, weil die anschaulichen Vorstellungen in einer breitelosen Zeitreihe liegen. Das Thier hat nun bloß solche Vorstellungen und wird daher immer durch die jedesmal gegenwärtige Vorstellung nothwendig bestimmt, wenn sie nur überhaupt ein Motiv für seinen Willen ist; ohne Ueberlegung und ohne Wahl. Daher kann die Nothwendigkeit der Bestimmung des Willens durch das Motiv, welche der der Wirkung durch die Ursache gleich ist, allein bei Thieren *anschaulich* und *unmittelbar nachgewiesen* werden, weil hier auch der Zuschauer das Motiv so unmittelbar als seine Wirkung vor Augen hat. Beim Menschen hingegen sind die Motive abstrakte Vorstellungen, deren der Zuschauer nicht theilhaft wird, und sogar dem Handelnden selbst verbirgt sich die Nothwendigkeit ihres Wirkens hinter ihrem Konflikt mit andern Motiven. Dieser *Konflikt* kann nur seyn, wo die Motive *abstrakte Vorstellungen* sind. Denn nur Begriffe, Urtheile, Schlüsse und deren Ketten, also die abstrakten Vorstellungen, können zugleich und neben einander im Bewußtsein liegen und daher frei von aller Zeitbestimmung gegen einander wirken, bis das stärkere die übrigen überwältigt und den Willen bestimmt.

Es ist auch ein Konflikt möglich zwischen einem anschaulichen und einem abstrakten Motiv: wenn nämlich die Gegenwart eines Gegenstandes eine Begierde, oder den Zorn erregt, während die Vernunft ein entgegenstehendes Motiv *in abstracto* dem Willen vorhält. Z. B. Wenn Zorn oder Begierde uns hinreißen, so daß Maximen und Entschlüsse vergessen werden: oder auch bloße Sollicitation durch das Anschauliche, Gegenwärtige, ohne dessen Sieg. – Bei einem solchen Konflikt zwischen dem abstrakten und dem anschaulichen Motiv, ist letzteres durch seine Form (d. h. durch seine Anschaulichkeit) gar sehr im Vortheil: denn dem Willen ist die anschauliche Erkenntniß ursprünglicher beigegeben als das Denken, daher liegt das Angeschaute uns viel näher und wirkt energischer, unmittelbarer ein, als das bloß Gedachte. Wenn ein solches anschaulich vorgehaltnes Motiv, das abstrakte besiegt, so ist dies nicht sowohl seiner Materie (dem was dargeboten und nun gewollt wird) zuzuschreiben, als seiner Form. Was so geschieht ist nicht ganz eigne That, sondern Wirkung des *Affekts*, d. h. der Affektion von außen, der Einwirkung des anschaulich Dargebotenen. Ein vollgültiges Zeugniß über die Beschaffenheit eines individuellen Willens, giebt nur die That, welche durch Wahlbestimmung unter lauter in abstrakto gedachten Motiven beschlossen wird, also bei vollem Gebrauch der Vernunft, wie man sagt *überlegt* und *besonnen*. Solche That ist Symptom des intelligibeln Karakters. Hingegen was bloß dadurch begangen wird, daß ein Motiv, bloß dadurch daß es *anschaulich* war (gegenwärtiger Reiz) die Oberhand gewann über ein andres, das als bloßer Gedanke ihm gegenüberstand (Vorsatz, Maxime), so ist dies (wenn es *wirklich* so ist; ein seltner Fall, weil wir schnell überlegen) Wirkung des Affekts und die Beschaffenheit des Willens, darf nicht gradezu nach dieser That beurtheilt werden: denn hier hat (wenn es wirklich so ist) nicht unmittelbar der Wille Schuld, sondern die Vernunft, die zu schwach war, deren abstrakte Vorstellung zu schwach war, um sich im Bewußtsein zu erhalten, während das anschauliche Motiv gewaltsam eindrang auf den Willen und ihn stark bewegte: daher entschuldigt man eine solche That dadurch daß sie im *Affekt* geschehn, im Taumel der Begierde, im Zorn, ohne Ueberlegung, aus Uebereilung, gleichsam während die Vernunft, aus Ermattung sich auf einen Augenblick vom Kampfplaz entfernt hatte. Man sieht mehr einen Fehler der Erkenntnißkräfte darin als des Willens. – Eben weil also das Anschauliche viel unmittelbarere Macht auf den Willen hat als das bloß Gedachte; so ist es gut bei großen Versuchungen, wenn man sie vorhersieht, die Vernunft durch ein anschauliches Bild, Phantasma zu *armiren*, das man an die Stelle ihres kalten Begriffs setzt. Ein Italiäner, der die Tortur zu bestehn hatte, rief während derselben von Zeit zu

Zeit *Io ti vedo!* [Ich sehe dich! (Nach Leibniz, Essay sur l'entendement, liv. I c. 2 § 11)] – nämlich den Galgen, dessen Bild er sich stets gegenwärtig erhielt und dadurch standhaft blieb. – Wer den Versuchungen gemeiner Wollust widerstehn will, besuche die venerische Station auf der Charité. – Bei dieser Gelegenheit von *Neigung*, *Affekt*, *Leidenschaft*. *Neigung* ist die stärkere Empfänglichkeit des Willens für Motive einer bestimmten Art: Neigung zum Trunk, Streit, Spiel, Weibern, Fischen, Jagen, Lesen. – *Leidenschaft* ist eine so starke Neigung, daß gegen die ihr entsprechenden Motive andre ihnen entgegenstehende gar nicht aufkommen können, sondern ihre Herrschaft über den Willen absolut ist, er folglich gegen solche Motive sich *leidend*, passiv verhält, nicht widerstehn kann. – *Affekt* ist eine durch unmittelbar dargebotene, anschauliche Motive hervorgerufne so starke Bewegung des Willens, daß sie, für die Zeit ihrer Dauer, den Gebrauch der Erkenntnißkräfte hindert und hemmt, namentlich die Vernunft, das abstrakte Erkennen, unterdrückt und der Wille also von ihr ungezügelt wirkt. Bei der Leidenschaft bewegt das Motiv den Willen durch seine Materie, Gehalt: beim Affekt durch seine Form, Anschaulichkeit in der Gegenwart, unmittelbare Realität. – Offenbar entspringt der Affekt zwar aus dem Willen, denn er tritt nur ein durch eine starke Erregung des Willens, aber er hat seinen Sitz nicht ganz im Willen, sondern sein Einfluß auf diesen ist nur mittelbar und gleichsam von außen kommend; denn er entsteht eigentlich, wie gezeigt, durch die momentane Unterdrückung der Denkkraft, d. h. der Vernunft, hat also seinen Sitz eigentlich im Erkenntnißvermögen. Im Affekt *thut* der Mensch das, was er nicht fähig wäre zu *beschließen*. Also liegt die Sache eigentlich in der Erkenntniß, ist mehr ein Fehler der Erkenntniß als des Willens. Daher wird die im Affekt begangne That nicht ganz dem Willen beigemessen, nicht ganz als unsre That betrachtet. Mord in der augenblicklichen Aufwallung des Zorns, wird in England gar nicht bestraft, folglich als unwillkürlich angesehn. – Die That des Affekts ist zwar ein Zeichen des empirischen Karakters, aber nicht sofort des intelligibeln. – Hingegen die *Leidenschaft* hat ihren Sitz ganz und gar im Willen. Sie ist beharrlicher Zustand; die ihr entsprechenden Motive beherrschen den Willen jederzeit, sowohl wenn sie überlegt werden, als wenn sie sich plötzlich darbieten. Die Leidenschaft wird recht mit Bedacht gratifizirt. Ihre Thaten sind daher dem Willen beizumessen und sind Symptome des intelligibeln Karakters.

Dies ist die *Wahlbestimmung*, welche der Mensch vor dem Thiere voraus hat. Sie ist aber auch eines von den Dingen, welche sein Leben so sehr viel quaalvoller machen als das der Thiere ist: überhaupt liegen unsre größten Schmerzen nicht in der Gegenwart als anschauliche Vorstellungen oder unmittelbares Gefühl, sondern in der Vernunft als abstrakte Begriffe, quälende Gedanken, von denen das Thier frei ist, da es allein in der Gegenwart lebt. Den angegebenen Unterschied zwischen der thierischen und menschlichen Willensentscheidung (Wahlbestimmung des Menschen) will ich durch ein Beispiel erläutern welches zugleich dienen kann, eines der berühmtesten Argumente gegen die Necessitation des Willens aufzulösen; und welches auch nur von diesem Punkt aus aufgelöst werden kann.

Buridans *Esel.*

Es ist wirklich ein sinnreiches Argument gegen die *Abhängigkeit* des Willens auf welches Cartesius und Spinoza mehr Rücksicht hätten nehmen sollen. Diese beiden gehn vom selben *falschen* Princip aus und erhalten entgegengesetzte Resultate. Beide identifiziren die Entscheidungen des Willens mit dem Vermögen zu Bejahen und Verneinen (Urtheilskraft). Kartesius setzt den Willen als indifferent-frei; giebt nun aber allen Irrthum dem Willen schuld, welcher willkürlich bejaht oder verneint ohne zulängliche Gründe. *Cart. medit. 4.* – Spinoza hingegen sagt ganz recht das Urtheil werde ganz nothwendig durch die Gründe bestimmt, und das eben sei Eins mit der Bestimmung des Willens durch Gründe, daher der Wille auch ganz necessitirt sei: letzteres ist Recht; aber fälschlich abgeleitet. *(Spin. Eth. Pars II, prop. 48, 49, cet. –)* – Zu Buridans Beispiel: wenn auf die Weise, wie zwei gleich starke, einander entgegengesetzte Erkenntnißgründe, absoluten Zweifel, *suspensio judicii* [Suspendierung des Urteils] herbeiführen, oder wie zwei gleich starke Ursachen, die einander entgegen wirken, welchselseitig ihre Wirkung aufheben und Stillstand erfolgt: – wenn auf solche Weise auch entgegengesetzte, sich ausschließende Motive wechselseitig einander aufheben können; – so muß auch hier entweder gänzlicher Stillstand erfolgen und Buridans Esel todthungern, weil der Grund fehlt der ihn vorzugsweise zum einen oder dem anderen Heubündel zöge; – oder auch der Wille muß sich ohne allen Grund bestimmen, also im Sinn der Nicht-Philosophen frei seyn. Dies aber eben klärt allein der Unterschied zwischen dem thierischen und menschlichen Erkennen auf. Nämlich im unvernünftigen Erkenntnißvermögen des Thiers ist gar nicht der Konflikt möglich zwischen zwei einander ausschließenden Motiven, da es dem Esel gar nicht beizubringen ist, daß er, durch Ergreifen des einen Bündels, des andern verlustig werde: denn nur *eine* Vorstellung ist ihm zur Zeit gegenwärtig und kann als Motiv wirken: diese ist nun hier dasjenige Bündel worauf seine Augen grade gerichtet sind: diese Richtung hängt ab von der Reihe seiner vorhergegangenen Bewegungen und damit ist auch seine Handlung hier nothwendig bestimmt. – Setzen wir aber jetzt statt des unvernünftigen Erkennens das vernünftige, in dessen Reflexion abstrakte Motive wirken, deren Wirkung auf den Willen nicht von der Zeit und Succession abhängt, sondern dem abstrakten Bewußtsein ohne Zeitunterschied gegenwärtig sind, als sich gegenseitig ausschließend, so daß ein wirklicher Konflikt entsteht, zu dem auch sehr wohl völliges Gleichgewicht der Kräfte beider Motive kommen kann; so entsteht Stillstand: aber dieser wird bald gehoben durch eine hinzukommende dritte Reflexion, daß nämlich, wenn es nun zu gar keinem Entschluß kommt, nicht nur der eine Gegenstand der Wahl, sondern beide verloren gehn: diese Reflexion wird nun das Motiv zu einer nothgedrungenen wirklich blinden Wahl, welche aber der Vernunft unerträglich fällt: daher sie entweder zur Superstition getrieben wird, vom Schicksal einen Ausspruch fordert, durch irgend eine Art von Mantik, die oft ganz eigens für den Fall augenblicklich ersonnen wird *(illustr.)*, oder die Vernunft tritt, nachdem sie sich zur Entscheidung incompetent gefunden, nun absichtlich zurück und läßt die Wahl, nach Art der thierischen, durch den augenblicklichen Eindruck der Gegenwart bestimmt werden: welches denn eigentlich wieder der Zufall ist: wird er dabei als Schicksal gedacht, so geht dieser zweite Fall wieder in den ersten über.

Diese Verschiedenheit der Art wie das Thier, von der wie der

Mensch durch die Motive bewegt wird, erstreckt ihren Einfluß auf das Wesen beider sehr weit und trägt das meiste bei zu dem durchgreifenden und augenfälligen Unterschied des Daseyns beider. Das Thier nämlich wird immer nur durch eine anschauliche Vorstellung, also durch die Gegenwart, motivirt; der Mensch hingegen ist bestrebt diese Art der Motivation ganz auszuschließen: dadurch eben benutzt er sein Vorrecht der Vernunft zu möglichstem Vortheil, indem er nicht den vorübergehenden Genuß oder Schmerz wählt oder flieht; sondern die Folgen beider bedenkt. Die ganz unbedeutenden Handlungen ausgenommen, bestimmen uns in der Regel abstrakte gedachte Motive, nicht gegenwärtige Eindrücke. Daher ist uns jede einzelne Entbehrung für den Augenblick ziemlich leicht, aber jede Entsagung entsetzlich schwer: denn jene trifft nur die vorübereilende Gegenwart; diese aber die Zukunft, und schließt daher unzählige Entbehrungen in sich, deren Äquivalent sie ist. Unser Schmerz, wie unsre Freude liegen meistens nicht in der realen Gegenwart; sondern bloß in abstrakten Gedanken: diese sind es, welche uns oft unerträglich fallen, Schmerzen schaffen, gegen welche alle Leiden der Thierheit sehr klein sind: da ja oft selbst unser eigner physischer Schmerz über die geistigen Leiden, die zugleich da sind, gar nicht empfunden wird. Die Sorge und Leidenschaft, also das Gedankenspiel, reiben den Leib oft mehr auf, als die physischen Beschwerden. Daher eben sagt Epiktet ταρασσει – – – [Nicht die Dinge sind es, welche die Menschen beunruhigen, sondern die Meinungen über die Dinge. (Epiktet, Handbüchlein, V)]; und Seneca: *plura sunt, quae nos terrent, quam quae premunt, et saepius opinione quam re laboramus (ep.* [13,4]) [Es sind mehr Dinge, die uns bloß erschrecken, als die uns wirklich bedrücken, und öfter leiden wir durch die Vorstellung als durch die Wirklichkeit.].

Eulenspiegel. – Kinder. – [Vgl. W I, § 55, S. 353 [412]]

So große Unterschiede im Handeln und im Leiden fließen aus der Verschiedenheit der thierischen und menschlichen Erkenntnißweise. Durch diese eben ist auch bedingt das dem Menschen allein eigne *Hervortreten des Individualkarakters*, das ihn so sehr vom Thier unterscheidet, das nur Gattungskarakter hat. Jenes nämlich hängt ab von der Möglichkeit der Wahl zwischen mehreren Motiven; die hiezu abstrakt seyn müssen. Denn die Verschiedenheit der individuellen Karaktere zeigt sich eben nur durch den verschieden ausfallenden Entschluß bei gleichen vorliegenden Motiven. Das Thier aber hat keine eigentliche Wahlbestimmung, sondern nur die Gegenwart oder Abwesenheit des Eindrucks bestimmt sein Thun oder lassen, vorausgesetzt daß der Eindruck überhaupt ein Motiv für seine Gattung ist. Daher zeigt es nur Gattungskarakter. –

[Einfügung. – Schopenhauer verweist hier auf sein Handexemplar der 1. Auflage der »Welt als Wille und Vorstellung«, Bd. I. Dort findet sich folgende nicht durchgestrichene Notiz:]

Wirkten auf uns, wie auf die Thiere die Motive bloß *in concreto* und anschaulich; so wäre nur immer Eines zur Zeit uns gegenwärtig und weil ihm dann kein andres entgegenstehn könnte, bestimmte es die That nothwendig. Bloß *in abstracto* dem Bewußtsein zugleich gegenwärtig können Motive in uns kämpfen: dann aber wird das siegende ein sichres Zeichen der individuellen Beschaffenheit des Willens in uns, d. h. des individuellen Karakters. Hierauf beruht auch der Werth aller Ethik, indem das, was uns zum Rechtthun und zum edeln Handeln bewegt, ursprünglich auch eine anschauliche Erkenntniß ist, die erst nachdem sie an irgend einen abstrakten Satz gebunden ist und durch diesen, wo nicht rein ausgedrückt, doch repräsentirt wird, dem Bewußtseyn jederzeit gegenwärtig seyn und mit jedem entgegenstehenden Motiv in Konflikt treten kann. Weil, wie gezeigt, nur die Entscheidung nach dem Konflikt abstrakter Motive den individuellen Karakter offenbart, so u. s. f.

Endlich ist auch aus jener *Wahlbestimmung* abzuleiten, daß bei dem Menschen allein der *Entschluß*, nicht der bloße *Wunsch ein gültiges Zeichen seines Karakters* ist, für ihn selbst und für Andre. Der Entschluß aber wird allein durch die *That* gewiß, für ihn selbst und für Andre. Der Wunsch ist bloß nothwendige Folge des gegenwärtigen Eindrucks, sei es des äußern Reizes, oder der innern vorübergehenden Stimmung; er ist daher so unmittelbar nothwendig und ohne Ueberlegung, wie das Handeln der Thiere: daher auch drückt der bloße Wunsch bloß den *Gattungskarakter* aus, eben wie das Handeln der Thiere, nicht den individuellen Karakter: d. h. der bloße Wunsch deutet bloß an, was *der Mensch* überhaupt zu thun fähig wäre, nicht was das den Wunsch fühlende *Individuum*. Für das Individuum ist die That allein entscheidend: denn als menschliche Handlung bedarf sie schon einer gewissen Ueberlegung und in der Regel ist der Mensch seiner Vernunft mächtig, also besonnen, d. h. er entscheidet sich nach abstrakten, gedachten Motiven: daher ist die That allein Ausdruck der intelligibeln Maxime seines Handelns, Resultat seines innersten Wollens, und stellt sich hin als ein Buchstabe zu dem Wort, das seinen empirischen Karakter bezeichnet, der selbst nur Ausdruck seines intelligibeln Karakters ist. Daher beschweren, bei gesundem Gemüth, nur Thaten das Gewissen, nicht Wünsche und Gedanken. Denn nur unsre Thaten halten uns den Spiegel unsers Willens vor. Die schon früher erwähnte völlig unüberlegt und im blinden Affekt begangne That, ist gewissermaaßen ein bloßes Mittelding zwischen bloßem Wunsch und Entschluß: daher kann sie, durch wahre Reue, die sich aber auch als That zeigt, wie ein verzeichneter Strich ausgelöscht werden aus dem Bilde unsers Willens, welches unser Lebenslauf ist.

Zufolge dieser gesammten Betrachtung über die Freiheit des Willens und was sich auf sie bezieht, ist zwar der Wille an sich und außer aller Erscheinung frei, ja ist allmächtig zu nennen: hingegen in allen seinen einzelnen Erscheinungen, ist er bestimmt durch Ursachen, auch da wo ihn Erkenntniß beleuchtet, also in Menschen und Thieren, bestimmt durch Motive, gegen welche der jedesmalige Karakter, immer auf gleiche Weise, gesetzmäßig und nothwendig reagirt. Der Mensch hat, vermöge der hinzugekommenen abstrakten oder Vernunfterkenntniß, eine *Wahlbestimmung* vor dem Thiere voraus: diese aber macht ihn nur zum Kampfplaz des Konflikts der Motive, ohne ihn ihrer Herrschaft zu entziehn: diese Wahlbestimmung giebt die Möglichkeit eines individuellen Karakters, nicht aber der Freiheit des einzelnen Wollens, d. h. der Unabhängigkeit vom Satz des Grundes, der sich auf alle Erscheinungen, also auch auf den Menschen erstreckt. Bis auf den angegebenen Punkt also und nicht weiter geht der Unterschied, welchen die Vernunft, oder die Erkenntniß der Begriffe, zwischen dem menschlichen und thierischen Wollen herbeiführt. – Erst am Ende unsrer ganzen Betrachtung aber wird sich ergeben, daß eine einzige eigentliche Aeußerung der Freiheit die dem Willen an sich zukommt auch in der Erscheinung möglich ist; daß nämlich ein bei der Thierheit ganz unmögliches Phänomen aus dem menschlichen Willen hervorgehn kann, wenn nämlich der Mensch die gesammte dem Satz vom Grund unterworfene Erkenntniß der einzelnen Dinge als solcher verläßt, und mittelst der Ideen, das *principium individuationis* durchschaut, wodurch ein wirkliches Hervortreten der Freiheit des Willens, als Dinges an sich möglich wird, wodurch dann aber auch die Erscheinung in einen gewissen Widerspruch mit sich selbst tritt, den das Wort *Selbstverleugnung* bezeichnet, ja zuletzt das Ansich jener Erscheinung sich aufhebt: – davon zuletzt.

Für jetzt aber, nachdem uns deutlich geworden, wie der empirische Karakter unveränderlich ist, weil er bloß die Entfaltung des intelligibeln ist, der außer der Zeit liegt, und daher aus seinem Zusammentreffen mit den Motiven die Handlungen mit Nothwendigkeit hervorgehn; muß ich zuvörderst *eine Folgerung beseitigen*, welche *zu Gunsten der bösen Neigungen* sich daraus ziehn ließe. Man könnte nämlich sagen: mein Karakter ist die Entfaltung eines außerzeitlichen und daher untheilbaren und unveränderlichen Willensaktes, d. i. meines intelligibeln Karakters, dadurch ist alles Wesentliche d. h. der ethische Gehalt meines Lebenswandels unabänderlich bestimmt und derselbe muß sich demgemäß in der Erscheinung, dem empirischen Karakter, ausdrücken, und bloß das Unwesentliche dieser Erscheinung, nämlich die äußere Gestaltung meines Lebenslaufs, hängt ab von den Gestalten, unter welchen die Motive sich darstellen: daher nun ist es ja vergebliche Mühe an einer Besserung meines Karakters zu arbeiten, oder der Gewalt böser Neigungen zu widerstreben, und es ist gerathener, mich dem Unabänderlichen zu unterwerfen, und jeder Neigung, sei sie auch böse, sofort zu willfahren. – Allein hiemit hat es nun ganz dasselbe Bewandniß, wie mit der Theorie vom *unabwendbaren Schicksal* und der daraus gemachten Folgerung, welche man αργος λογος [träge Vernunft], in neuerer Zeit Türkenglaube nennt: deren richtige Widerlegung, wie sie Chrysippos gegeben haben soll, Cicero darstellt, im Buche *de fato c. 12, 13.* –

Obwohl nämlich Alles, was geschieht, angesehn werden kann, als vom Schicksal unwiderruflich vorherbestimmt; so ist es dies doch eben nur mittelst der Kette von Ursachen und Wirkungen. Daher in keinem Fall bestimmt seyn kann, daß eine Wirkung ohne ihre Ursache eintrete. Nicht die Begebenheit *schlechthin* also ist vom Schicksal vorher bestimmt, sondern die Begebenheit als Erfolg vorhergängiger Ursachen: also ist nicht der Erfolg allein, sondern auch die Mittel, als deren Erfolg er einzutreten bestimmt ist, vom Schicksal beschlossen. *(Illustr. Cic.)* Treten demnach die Mittel nicht ein; dann auch sicherlich nicht der Erfolg: beides immer nach der Bestimmung des Schicksals, die wir aber auch immer erst hinterher erfahren.

Wie die Begebenheiten immer dem Schicksal, d. h. der endlosen Verkettung von Ursachen, gemäß ausfallen, so werden unsre Thaten immer unserm intelligibeln Karakter gemäß ausfallen: aber wie wir das Schicksal nicht vorherwissen; so ist uns auch in unsern intelligibeln Karakter keine Einsicht *apriori* gestattet; sondern nur *aposteriori*, durch die Erfahrung, lernen wir uns selbst, wie auch die Andern, kennen. Brachte mein intelligibeler Karakter es mit sich, daß ich einen guten Entschluß erst fassen konnte, nach einem langen vorhergegangenen Kampf wider meine bösen Neigungen; so muß eben dieser Kampf vorhergehn und abgewartet werden: Die Entscheidung trifft zwar eigentlich nicht meinen Willen selbst, sondern nur die jetzt für mich eintretende Erkenntniß von meinem Willen: als die Mittheilung dieser Erkenntniß kann ich ja mein ganzes Leben ansehn. Also darf die Reflexion über die Unveränderlichkeit meines Karakters, über die Einheit der Quelle, aus der alle meine Thaten fließen, mich nicht verleiten, zu Gunsten der guten oder der bösen That der Entscheidung meines Karakters vorzugreifen: am erfolgenden Entschluß werde ich sehn, welcher Art ich bin, und werde mich an meinen Thaten spiegeln. Hieraus eben erklärt sich die *Befriedigung* oder die *Seelenangst*, mit welcher wir auf den zurückgelegten Lebensweg zurücksehn: beide kommen nicht daher, daß jene vergangenen Thaten noch ein Daseyn hätten: sie sind vergangen, gewesen und jetzt nichts mehr: aber ihre große Wichtigkeit für uns kommt aus ihrer *Bedeutung*, kommt daher, daß diese Thaten der Abdruck des Karakters, der Spiegel des Willens sind, in welchen schauend wir unser innerstes Selbst, den Kern unsers Willens, erkennen. Weil wir nun dieses nicht vorher, sondern erst nachher erfahren, kommt es uns zu, in der Zeit zu streben und zu kämpfen, eben damit das Bild, welches wir durch unsre Thaten wirken, so ausfalle, daß sein Anblick uns möglichst beruhige, nicht beängstige. Die Bedeutung aber dieser Beruhigung oder Seelenangst, werden wir weiterhin untersuchen. – [Bleistiftstriche und eine Notiz deuten darauf hin, daß Schopenhauer die beiden folgenden Abschnitte »Vom erworbenen Karakter« und »Die Sphäre der Freuden und Leiden« *ad libitum* auslassen wollte.]

Vom erworbenen Karakter.

Hieher gehört noch folgende, für sich bestehende Betrachtung.

Ich habe Ihnen schon früher den intelligibeln und den empirischen Karakter nachgewiesen und erläutert [Vgl. unsere Ausgabe VN II, S. 83–88] und beide hier wieder in Betrachtung gezogen. Es giebt aber noch ein drittes von beiden Verschiedenes, den *erworbnen Karakter*, welchen man erst im Leben, durch den Weltgebrauch erhält, und von dem die Rede ist, wenn man gelobt wird als ein Mensch der Karakter hat, oder getadelt als karakterlos.

Nun könnten Sie zwar meinen, daß da der empirische Karakter, als Erscheinung des intelligibeln unveränderlich ist, und, wie jede Naturerscheinung, in sich konsequent ist, eben deshalb auch der Mensch immer sich selbst gleich und konsequent erscheinen müßte und daher nicht nöthig hätte, durch Erfahrung und Nachdenken, sich erst künstlich einen Karakter zu erwerben. Dem ist aber anders. Nämlich, wiewohl man immer derselbe ist, so versteht man sich selbst doch nicht jederzeit, sondern verkennt sich oft, bis man die eigentliche Kenntniß seines Selbst, in gewissem Grade, erworben hat. Der empirische Karakter ist, als bloßer Naturtrieb, an sich unvernünftig; ja, seine Aeußerungen werden noch obendrein durch die Vernunft gestört, und zwar um so mehr, jemehr der Mensch Besonnenheit und Denkkraft hat. Denn diese halten ihm immer vor, was dem *Menschen überhaupt* als Gattungskarakter zukommt und ihm im Wollen und im Leisten möglich ist. Dieses eben erschwert ihm die Einsicht darin, was allein von dem Allen *er* vermöge seiner Individualität wollen und leisten kann. Zu allen noch so verschiedenen menschlichen Anstrebungen und Kräften findet er in sich die Anlagen: aber der verschiedene Grad derselben in seiner Individualität wird ihm nicht ohne Erfahrung klar. Wenn er nun auch zu den Bestrebungen greift, die seinem Karakter allein gemäß sind; so fühlt er doch, besonders in einzelnen Momenten und Stimmungen, die Anregung zu grade entgegengesetzten, damit unvereinbaren, welche, wenn er jenen erstern ungestört nachgehn will, ganz unterdrückt werden müssen. Denn, wie unser physischer Weg auf der Erde immer nur eine Linie ist und keine Fläche; so müssen wir im Leben, wenn wir Eines ergreifen und besitzen wollen, unzähliges Andres rechts und links liegen lassen, ihm entsagend. Können wir uns dazu nicht entschließen, sondern greifen, wie Kinder auf dem Jahrmarkt, nach Allem, was uns im Vorübergehn reizt; dann ist dies das verkehrte Bestreben, die Linie unsers Wegs in eine Fläche zu verwandeln: wir laufen sodann im Zickzack, irrlichterliren hin und her, und gelangen zu Nichts. Wer Alles seyn will, kann nichts seyn. Noch ein Gleichniß: Hobbes leitet das Eigenthumsrecht daraus ab, daß ursprünglich Jeder auf jedes Ding ein Recht hätte, aber auf keines ein ausschließliches, also ein Eigenthumsrecht. Dieses aber erlange er auf einzelne Dinge dadurch, daß er seinem ursprünglichen Recht auf alle übrigen entsagt; wogegen denn die Andern in Hinsicht auf das von ihm erwählte das Gleiche thun: so grade ist es im Leben: wir können irgend eine bestimmte Bestrebung, sei sie nach Genuß, Ehre, Reichthum, Wissenschaft, Kunst, Tugend, nur dann erst mit rechtem Ernst und mit Glück verfolgen, wenn wir alle ihr fremden Ansprüche aufgeben, auf alles andre verzichten. Darum eben ist das bloße Wollen und Können an sich noch nicht zureichend; sondern ein Mensch muß auch *wissen* was er will und *wissen* was er kann: erst so wird er Karakter zeigen und erst dann kann er etwas rechtes vollbringen. Bevor er dahin gelangt, ist er, ungeachtet der natürlichen Konsequenz des empirischen Karakters, doch karakterlos. Zwar muß er immer im Ganzen sich treu bleiben und seine Bahn durchlaufen, wie ihn sein Dämon zieht; aber er wird keine schnurgerechte Linie beschreiben, sondern eine zitternde, ungleiche, er wird schwanken, abweichen, umkehren, sich Reue und Schmerz bereiten. Alles nur, weil er sich selbst noch nicht kennt; weil er so vieles als dem Menschen möglich und erreichbar vor sich sieht, aber nicht weiß was von dem allen allein ihm gemäß und ihm erreichbar ist. Er wird allerlei mislingende Versuche machen, wird seinem Karakter im Einzelnen Gewalt anthun; aber im

Ganzen ihm doch wieder nachgeben müssen. Und was er so mühsam, gegen seine Natur *(invita Minerva, Marte, Venere)* [gegen den Willen der Gottheit der Weisheit, des Krieges, der Liebe (Cicero, de officiis, I, 31, 110; Horaz, de arte poët., 385)] erlangt, wird ihm keinen Genuß gewähren; was er so erlernt, wird tod bleiben: ja, sogar in ethischer Hinsicht, wird eine an sich edle That, die er aber nicht aus reinem unmittelbar aus seinem Karakter hervorgehenden Antriebe geleistet hat, sondern bloß in Folge eines Begriffs, eines Dogma's, eines Beispiels, die also für seinen Karakter zu edel war, die wird durch nachfolgende egoistische Reue alles Verdienst verlieren, selbst in seinen eignen Augen, weil sie eigentlich doch nicht seine That ist. – Es geht uns mit uns selbst wie mit Andern: die Unbiegsamkeit fremder Karaktere werden wir erst durch die Erfahrung inne: bis dahin glauben wir kindisch, durch vernünftige Vorstellungen, durch Zureden, Bitten, Flehen, durch Beispiel und Edelmuth, könnten wir irgend Einen dahin bringen, daß er von seiner Art lasse, seine Handlungsweise ändere, von seiner Denkungsart abgienge, oder gar seine Fähigkeiten erweitere: – so geht es uns auch mit uns selbst. Wir müssen erst aus Erfahrung lernen, was wir wollen und was wir können. Bis dahin wissen wir es nicht, sind karakterlos und müssen oft, durch harte Stöße von Außen auf unsern eignen Weg zurückgeworfen werden. – Haben wir es aber endlich erlernt; dann haben wir erlangt, was man in der Welt Karakter nennt, den *erworbnen Karakter*. Dieses ist demnach nichts Andres, als möglichst vollkommne Erkenntniß der eigenen Individualität. Es ist das abstrakte, folglich deutliche Wissen, von den unabänderlichen Eigenschaften seines eignen empirischen Karakters und von dem Maas und der Richtung seiner eignen geistigen und körperlichen Kräfte, also von den gesammten Stärken und Schwächen der eignen Individualität. Dies setzt uns in den Stand, die an sich einmal unveränderliche Rolle der eigenen Person, die wir vorhin regellos naturalisirten, jetzt besonnen und methodisch durchzuführen. Die durch unsre individuelle Natur ohnehin nothwendige Handlungsweise haben wir jetzt auf deutlich bewußte, uns stets gegenwärtige Maximen gebracht, nach denen wir sie so besonnen durchführen, als wäre es eine erlernte, ohne hiebei je irre zu werden durch den vorübergehenden Einfluß der Stimmung oder den Eindruck der Gegenwart, ohne jemals gehemmt zu werden durch das Bittre oder Süße einer im Wege angetroffnen Einzelheit, ohne Zaudern, Schwanken, Inkonsequenzen. Wir werden nun nicht mehr, als Neulinge, warten, versuchen, umhertappen, um zu sehn, was wir eigentlich wollen und was wir vermögen; sondern wir wissen es ein für allemal, haben bei jeder Wahl nur allgemeine Sätze auf einzelne Fälle anzuwenden und gelangen gleich zum Entschluß. Wir kennen unsern Willen im Allgemeinen und lassen uns nicht durch einzelne Stimmung oder äußere Aufforderung verleiten, im Einzelnen zu beschließen, was ihm im Ganzen entgegen ist. Eben so kennen wir die Art und das Maas unsrer Kräfte und unsrer Schwächen und dadurch werden wir uns viele Schmerzen ersparen. Denn eigentlich giebt es gar keinen Genuß anders, als im Gebrauch und Gefühl der eigenen Kräfte, und der größte Schmerz ist wahrgenommener Mangel an Kräften, wo man ihrer bedarf. Haben wir nun aber erforscht, wo unsre Stärken und wo unsre Schwächen liegen; so werden wir unsre hervorstechenden natürlichen Anlagen ausbilden, gebrauchen, auf alle Weise zu nutzen suchen, und immer uns dahin wenden, wo diese taugen und gelten; aber durchaus, und mit Selbstüberwindung, die Bestrebungen vermeiden, zu denen wir von Natur geringe Anlagen haben: wir werden uns abhalten, das zu versuchen, was uns doch nicht gelingt. Nur wer dahin gelangt ist, wird stets mit voller Besonnenheit ganz er selbst seyn, und wird nie von sich selbst im Stiche gelassen werden, weil er immer wußte, was er sich selber zumuthen konnte. Er wird alsdann oft der Freude theilhaft werden, seine Stärken zu fühlen und selten den Schmerz erfahren, an seine Schwächen erinnert zu werden: dies letztere ist Demüthigung, die vielleicht den größten Schmerz verursacht. Darum kann man es viel besser ertragen, sein Misgeschick, als sein Ungeschick deutlich ins Auge zu fassen. – Sind wir nun so vollkommen bekannt mit unsern Stärken und Schwächen; so werden wir auch nicht suchen Kräfte zu zeigen, die wir nicht haben, werden nicht mit falscher Münze spielen, weil solche Spiegelfechterei doch endlich ihr Ziel verfehlt Denn da der ganze Mensch nur die Erscheinung seines Willens ist; so kann nichts verkehrter seyn, als von der Reflexion ausgehend, etwas anderes seyn zu wollen, als man ist: denn es ist ein unmittelbarer Widerspruch des Willens mit sich selbst. Nachahmung fremder Eigenschaften und Eigenthümlichkeiten ist viel schimpflicher als das Tragen fremder Kleider: denn es ist das Urtheil der eignen Werthlosigkeit ausgesprochen von sich selbst. Kenntniß seiner eigenen Gesinnung und seiner Fähigkeiten jeder Art und ihrer unabänderlichen Grenzen ist in dieser Hinsicht der sicherste Weg, um zur möglichsten Zufriedenheit mit sich selbst zu gelangen. Denn von den innern Umständen gilt dasselbe, was von den äußern, daß es nämlich für uns keinen wirksamern Trost giebt, als die volle Gewißheit der unabänderlichen Nothwendigkeit. Uns quält ein Uebel, das uns getroffen, nicht so sehr, als der Gedanke an die Umstände, durch die es hätte abgewendet werden können. Wir jammern und toben nur so lange, als wir hoffen, dadurch entweder auf Andre zu wirken, oder auch uns selbst zu unerhörter Anstrengung aufzuregen. Aber Kinder und Erwachsene wissen sich herrlich zufrieden zu geben; sobald sie einsehn, daß es durchaus nicht anders ist:

> ϑυμον ενι στηϑεσσι φιλον δαμασαντες αναγκη
> [mit Gewalt, ihren Groll, den im Herzen gehegten bezwingend (Homer, Ilias, XVIII, 113)].

Elephanten. David. [Vgl. W I, § 55, 362 [421]]
Bleibende Uebel.

Die Sphäre der Freuden und Leiden.

Die Erkenntniß der äußern Nothwendigkeit ist leichter als die der innern, weil sie unmittelbarer beigebracht wird. Jeder Mensch hat gewisse Gränzen seines Gesichtskreises innerhalb welcher allein Glück und Unglück für ihn möglich sind: was darüber hinaus liegt, es sei Gut oder Uebel, ist für ihn nicht da: weil die Erkenntniß äußerer Nothwendigkeit ihm ein für allemal diese Gränzen gesteckt hat. Ich will es deutlicher machen. Jeder hat gewisse Uebel und entbehrt gewisse Güter, ohne beides zu fühlen: während ein Andrer durch eben diese Uebel oder Entbehrungen unglücklich ist. Dies kommt daher: eines jeden Menschen Wohlsein beruht allein auf dem Verhältniß zwischen seinen Ansprüchen und seinem Besitz: die Größe des Besitzes allein entscheidet gar nichts, und ist so bedeutungsleer, wie ein Zähler ohne Nenner. Nämlich im geistigen Gesichtskreise eines Jeden liegen gewisse Objekte, die ihm als möglicherweise erreichbar erscheinen, und bis auf diese dehnt er seine Ansprüche aus: diese allein werden nun seine Motive, sind die Objekte seines Willens überhaupt. Nun treibt der Zufall damit sein Spiel, wie es ihm gefällt, rückt sie bald näher, bald ferner: so oft nun dabei jene Objekte sich dem Menschen so darstellen, daß er zuversichtlich hofft sie zu erreichen, da fühlt er sich glücklich, behaglich und sieht vergnügt aus: hingegen so oft die Aussicht auf ihren Besitz ihm wieder verschwindet, ist er niedergeschlagen und unglücklich. Alles aber was ganz außerhalb dieses Gesichtskreises seiner Ansprüche liegt, es sei an sich gut oder übel, wirkt gar nicht auf ihn, ist für ihn gar nicht da. Daher ist der Stoff des Kummers und der Freude so sehr verschieden. Den Armen beunruhigen alle die Güter nicht, welche der Reiche genießt und er nicht, weil sie gar nicht im *Horizont seiner Ansprüche* liegen. Andrerseits alle die Güter und Genüsse, welche das höchste Ziel des Armen sind, hat der Reiche zu Befehl, verschmäht sie und sie gewähren ihm keinen Trost, bei den Leiden die er fühlt, wenn *seine* Ansprüche unbefriedigt bleiben: denn jene Güter, die er nie entbehrt hat, hat er eben darum nie *schätzen gelernt*. Was den Reichen unglücklich macht, hat über den Armen keine Gewalt, weil er es nie *wünschen gelernt* hat. Der Stoff zu Freude und Schmerz hat seinen Ort begränzt einerseits von dem was man besitzt und andrerseits von dem darauf man nicht die mindeste Hoffnung, folglich auch nicht Anspruch hat: ὁ τοπος των οδυνων και ἡδονων [der Ort des Wehes und der Lust]. – Daher eben werden, so wie die Armuth, unzählige andre Uebel, wie Krüppelhaftigkeit, niedrer Stand, Häßlichkeit, widriger Wohnort u. dgl., von Unzähligen ganz gleichgültig ertragen: weil sie die innere oder äußere Nothwendigkeit ein für allemal erkannt und die Gränze ihrer Ansprüche disseit gezogen haben. Andre hingegen, die in dieser Hinsicht beglückt sind, können nicht begreifen, wie man dergleichen tragen und noch eine frohe Miene machen kann. Also mit der äußern Nothwendigkeit versöhnt nichts so fest, als eine deutliche Kenntniß derselben, und eben so ist es mit der innern Nothwendigkeit. Unsre guten Eigenschaften, unsre Stärken, lernen wir bald kennen und zu unserm Vortheil benutzen. Eben so aber müssen wir uns überwinden auch unsre natürlichen Schwächen, Mängel, Fehler ein für allemal deutlich kennen zu lernen, auch nach ihnen die Gränze unsrer Ansprüche bestimmen und über das Unerreichbare uns auch hier zufrieden geben: denn die innre Nothwendigkeit steht noch fester als die äußre. Haben wir das gethan; dann werden wir am sichersten dem bittersten aller geistigen Leiden entgehn, der Unzufriedenheit mit uns selbst, der gekränkten Eigenliebe: denn diese ist die unausbleibliche Folge der Unkenntniß der eignen Individualität, aus welcher falscher Dünkel hervorgeht, aus diesem Vermessenheit; und dann folgt Beschämung. *Nulli potes imprecari quidquam gravius quam si imprecatus fueris, ut se habeat iratum. Seneca, ep. 110[,2]* [Niemandem kann man etwas Schlimmeres anwünschen, als wenn man ihm anwünscht, daß er mit seinem Zorn zu tun habe.].

Soviel über den *erworbnen Karakter*, der zwar nicht sosehr für die eigentliche Ethik, als für das Weltleben wichtig ist: ich habe ihn jedoch erörtert, weil er neben dem empirischen und intelligibeln Karakter als das Dritte zu erwähnen war: den empirischen und intelligibeln habe ich aber dargestellt, [Ende der möglichen Auslassung] um Ihnen deutlich zu machen, wie der Wille zwar in allen seinen Erscheinungen der Nothwendigkeit unterworfen ist, hingegen an sich selbst *frei*, ja allmächtig genannt werden kann.

Von der Freiheit des Willens zur Bejahung und Verneinung seiner selbst.

Als die Aeußerung und das Abbild dieser Freiheit, ja Allmacht des Willens ist die ganze sichtbare Welt anzusehn, da sie nur seine Erscheinung ist; sich aber darstellt und fortschreitend entwickelt, nach den Gesetzen, welche die Form der Erkenntniß mit sich bringt.

Nun aber sagte ich früher, daß diese Freiheit des Willens auch in der Erscheinung hervortreten kann, und zwar in der vollendetesten seiner Erscheinungen, wo ihm eine vollkommen adäquate Erkenntniß seines eigenen Wesens aufgeht. Nämlich auch hier, auf dem Gipfel des Selbstbewußtseins und der Besonnenheit, will der Wille entweder dasselbe, was er wollte, wo er noch blind und sich selbst nicht kennend war, und dann bleibt ihm die Erkenntniß, wie im Einzelnen, so auch im Ganzen stets *Motiv*; oder auch umgekehrt, diese Erkenntniß wird ihm ein *Quietiv*, welches alles Wollen beschwig[ch]tigt und aufhebt. Ich sprach dies schon früher allgemein aus als *Bejahung und Verneinung* des Willens zum Leben. Diese ist in Hinsicht auf den Wandel des Individuums, immer eine *allgemeine* Willensäußerung: d. h. sie modifizirt nicht störend die Entwickelung des Karakters, hat auch nicht ihren Ausdruck an einzelnen Handlungen; sondern sie zeigt sich so, daß entweder die ganze bisherige Handlungsweise *immer stärker hervortritt*, oder aber auch umgekehrt, jene wird ganz aufgehoben, und es spricht sich dadurch die Maxime aus, welche, nach hinzugekommener Erkenntniß der Wille nunmehr frei ergriffen hat. – Die deutliche Entwickelung hievon, der Hauptgegenstand der Ethik, ist uns nun schon etwas erleichtert und vorbereitet durch die dazwischen getretnen Betrachtungen über Freiheit, Nothwendigkeit und Karakter: indessen müssen wir sie nochmals hinausschieben, indem noch eine Betrachtung vorher anzustellen ist, nämlich *über das Leben selbst* dessen Wollen oder Nichtwollen die große Frage ist; und zwar so, daß wir untersuchen, was dem Willen selbst, der ja überall dieses Lebens innerstes Wesen ist, eigentlich durch seine Bejahung werde, auf welche Art und wie weit sie ihn befriedigt, ja befriedigen kann: kurz, was wohl im Allgemeinen und Wesentlichen der Zustand des Willens sei in dieser seiner eignen und ihm in jeder Beziehung angehörigen Welt.

CAP. 4.
Vom Zustande des Willens, in der Welt seiner Erscheinung: oder vom Leiden des Daseyns.

Rufen Sie sich zuvörderst die früher aufgeworfene Frage zurück, nach dem *Ziel und Zweck des Willens*: statt deren Beantwortung stellte sich uns vor Augen, wie der Wille, auf allen Stufen seiner Erscheinung, von der niedrigsten bis zur höchsten, eines letzten Ziels und Zwecks ganz entbehrt, immer strebt, weil Streben sein alleiniges Wesen ist, dem kein erreichtes Ziel je ein Ende macht, das daher keiner endlichen Befriedigung fähig ist, sondern immer nur aufgehalten werden kann, an sich aber ins Unendliche geht. Wir sahen dies an der einfachsten aller Naturerscheinungen, der Schwere, die nicht aufhört zu streben und nach einem ausdehnungslosen Mittelpunkte zu drängen, dessen Erreichung ihrer und der Materie Vernichtung wäre, dennoch nicht aufhört, wenn auch schon das ganze Weltall zusammengeballt wäre. Dasselbe sehn wir in den andern einfachen Naturerscheinungen: das Feste strebt zur Flüssigkeit, durch Schmelzung oder Auflösung, weil da allein seine chemischen Kräfte frei werden: Starrheit ist ihre Gefangenschaft, in der sie von der Kälte gehalten werden. Das *Flüssige* strebt nach Dunstgestalt, in welche das Wasser sogleich übergeht, sobald es nur von allem Druck befreit ist. Kein Körper ist ohne Verwandschaft d. h. ohne Streben, Begier, Sucht. Die *Elektricität* pflanzt ihre innere Selbstentzweiung ins Unendliche fort, wenn gleich die Masse des Erdballs die Wirkung verschlingt. Der *Galvanismus* ist ebenfalls, so lange die Säule lebt, ein zwecklos unaufhörlich erneuter Akt der Selbstentzweiung und Versöhnung. Ein eben so rastloses nimmer befriedigtes Streben ist das Dasein der *Pflanze*, ein unaufhörliches Treiben, durch immer höher gesteigerte Formen, bis der Endpunkt, das Saamenkorn, wieder der Anfangspunkt wird: dies ins Unendliche wiederholt, nirgends ein Ziel, nirgends endliche Befriedigung, nirgends ein Ruhepunkt. Nun erinnern Sie sich auch, daß überall die mannigfaltigen Naturkräfte und organischen Formen, sich die Materie streitig machen, an der sie hervortreten wollen, indem jedes nur besitzt was es dem andern entrissen hat, und so ein steter Kampf um Leben oder Tod erhalten wird: aus diesem Kampf eben geht hauptsächlich der Widerstand hervor, durch welchen jenes Streben, das das innerste Wesen jedes Dinges ist, überall gehemmt wird, vergeblich drängt, doch nicht von seinem Wesen lassen kann, sich durchquält, bis die Erscheinung untergeht; wo dann andre ihren Plaz und ihre Materie gierig ergreifen.

Dieses Streben, welches das Ansich jeglichen Dinges ausmacht, haben wir längst für das selbe und nämliche erkannt, was in uns, wo es sich am deutlichsten, am Lichte des vollen Bewußtseins manifestirt, *Wille* heißt. Seine Hemmung durch ein Hinderniß, welches sich zwischen ihn und sein einstweiliges Ziel stellt, nennen wir *Leiden*: hingegen die Erreichung des Ziels *Befriedigung*, Wohlsein, Glück. Diese Benennungen können wir auch auf jene Erscheinungen der erkenntnißlosen Welt übertragen, die zwar dem Grade nach schwächer, dem Wesen nach aber identisch mit unserm Willen sind.

Erkenntnißlose Natur.

Diese Erscheinungen sehn wir dann in stetem Leiden begriffen und ohne bleibendes Glück. Denn alles Streben entspringt aus Mangel, ist also Leiden, so lange es nicht befriedigt ist: keine Befriedigung aber ist dauernd: vielmehr ist sie stets nur der Anfangspunkt eines neuen Strebens. Das Streben sehn wir überall vielfach gehemmt, überall kämpfend; so lange also immer als Leiden: kein letztes Ziel des Strebens; also kein Maas und Ziel des Leidens.

Was wir nun aber in der erkenntnißlosen Natur nur mit geschärfter Aufmerksamkeit und mit Anstrengung entdecken, das tritt uns deutlich entgegen in der erkennenden Natur, im Leben der *Thierheit*, dessen stetes Leiden leicht nachzuweisen ist. Wir wollen aber, ohne auf dieser Zwischenstufe zu verweilen, uns dahin wenden, wo alles aufs deutlichste hervortritt, weil es von der hellsten Erkenntniß beleuchtet ist, also zum Leben des *Menschen*. Denn, wie die Erscheinung des Willens vollkommner wird, so wird auch das Leiden mehr und mehr offenbar. In gleichem Maaße, als die Erkenntniß zur Deutlichkeit gelangt, das Bewußtsein sich steigert, wächst auch die Quaal, welche folglich ihren höchsten Grad im Menschen erreicht, und auch dort wieder um so mehr, je deutlicher erkennend, je intelligenter der Mensch ist. Das Genie leidet am meisten. In diesem Sinn, nämlich in Beziehung auf die Erkenntniß überhaupt, verstehe ich jenen Spruch des Koheleth: *qui auget scientiam, auget et dolorem* [Wo viel Weisheit ist, da ist viel Grämens. (Prediger Salomo, 1,18)]. Dies genaue Verhältniß zwischen dem Grad des Bewußtseins und dem des Leidens hat *Tischbein* ... [Vgl. W I, § 56, S. 366 [426]]

Dieserhalb nun wollen wir im *menschlichen Dasein* das innere und wesentliche Schicksal des Willens betrachten. Jeder wird leicht im Leben des Thieres das Nämliche, nur schwächer, in verschiednen Graden ausgedrückt, wiederfinden, und zur Genüge auch an der leidenden Thierheit sich überzeugen können, wie wesentlich *alles Leben Leiden* ist.

Das Leiden im Menschlichen Daseyn.

Auf jeder Stufe, welche die Erkenntniß beleuchtet, erscheint sich der Wille als *Individuum*. – Das menschliche Individuum findet sich im unendlichen Raum und unendlicher Zeit als endliche, folglich als gegen jene verschwindende Größe, in sie hineingeworfen: und da Zeit und Raum, weil sie ohne Grenzen sind, *nicht als vollständige Ganze* dastehn; so hat das Individuum immer nur ein *relatives* Wann und Wo seines Daseyns, nicht ein *absolutes*, d. h. nicht ein durchgängig und vollständig bestimmtes: denn sein Ort und seine Dauer sind endliche Theile eines Unendlichen und Grenzenlosen. –

Sein eigentliches Daseyn ist nur in der *Gegenwart*, deren ungehemmte *Flucht* in die *Vergangenheit* ein steter Uebergang in den *Tod*, ein stetes *Sterben* ist: denn unser vergangenes Leben, ist (abgesehn von seinen etwanigen Folgen für die Gegenwart, wie auch von dem Zeugniß, welches es über unsern Willen giebt, als dessen Abdruck) schon völlig abgethan, gestorben und nichts mehr. Daher auch kann es uns vernünftigerweise gleichgültig seyn, ob der Inhalt unsers vergangnen Lebens Quaalen oder Genüsse waren. Die *Gegenwart* aber wird beständig unter unsern Händen zur *Vergangenheit*. Die *Zukunft* ist ganz ungewiß, und immer kurz. So ist also das Daseyn des Individuums, selbst rein von der geistigen Seite, d. h. bloß sofern es [Von hier bis »da ist« Korrektur statt: es erkennend ist] in der Erkenntniß da ist, betrachtet, ein stetes Hinstürzen der Gegenwart in die todte Vergangenheit, ein stetes *Sterben*. Sehn wir es nun aber auch von der *physischen Seite* an; so ist offenbar, daß wie bekanntlich unser Gehn nur ein stets gehemmter Fall ist, das Leben unseres Leibes nur ein fortdauernd gehemmtes Sterben, ein immer aufgeschobner Tod ist. (Eigentlich [»Eigentlich« bis »Langeweile« mit Bleistift eingeklammert und durchgestrichen] ist auch die Regsamkeit unsers Geistes eine stets zurückgeschobene Langeweile.) Jeder Athemzug wehrt den beständig eindringenden Tod ab, mit welchem wir auf diese Weise in jeder Sekunde kämpfen, und dann wieder, in größern Zwischenräumen, durch jede Mahlzeit, jeden Schlaf, jede Erwärmung u. s. f. Zuletzt muß er siegen: denn wir sind ihm schon durch die Geburt anheimgefallen, und er spielt nur eine Weile mit seiner Beute, bevor er sie verschlingt. Wir setzen inzwischen unser Leben mit vieler Sorgfalt fort, so lange als möglich, wie man eine Seifenblase so lange und so groß als möglich aufbläst, wiewohl mit der festen Gewißheit, daß sie platzen wird.

Streben ohne Ziel und ohne Befriedigung.

Wir sahen schon in der erkenntnißlosen Natur, daß ihr inneres Wesen ein beständiges *Streben ohne Ziel* und ohne Rast ist: dies tritt uns bei der Betrachtung des Thieres und des Menschen, noch viel deutlicher entgegen. Sein ganzes Wesen ist Wollen und Streben, einem unlöschbaren Durst gänzlich zu vergleichen. Die Basis alles Wollens aber ist Bedürftigkeit, Mangel, also Schmerz, dem er folglich schon ursprünglich und durch sein Wesen selbst anheimfällt. Fehlt es ihm hingegen an Objekten des Wollens, indem die zu leichte Befriedigung sie ihm sogleich wieder wegnimmt; so befällt ihn furchtbare Leere und Langeweile, weil dann sein Wesen sich nicht mehr äußert, er seines Daseyns nicht mehr inne wird. Sein Leben schwankt diesergestalt hin und her zwischen dem Schmerz und der Langeweile. Welche beide in der That dessen letzte Bestandtheile sind. Dies hat sich sehr seltsam auch dadurch aussprechen müssen, daß nachdem der Mensch alle Leiden und Quaalen in die Hölle versetzt hatte, nun für den Himmel nichts übrig blieb als eben Langeweile. Dante.

Das stete Streben aber, welches das Wesen jeder Erscheinung des Willens ausmacht, erhält auf den höhern Stufen seiner Objektivation seine erste und allgemeinste *Grundlage* dadurch, daß hier der Wille sich erscheint als ein lebendiger Leib, mit dem eisernen Gebote ihn zu nähren: und was diesem Gebote die Kraft giebt, ist eben, daß dieser Leib nichts andres ist, als der objektivirte Wille zum Leben selbst. Demgemäß ist der Mensch, als die vollkommenste Objektivation jenes Willens, auch das bedürftigste unter allen Wesen: er ist konkretes Wollen und Bedürfen im höchsten Grade, ist ein Konkrement von tausend Bedürfnissen. Mit diesen steht er auf der Erde, sich selbst überlassen, und die Sorge für die Erhaltung jenes Daseyns, unter so schweren und vielen, sich jeden Augenblick von Neuem meldenden Forderungen, füllt auch in der Regel das ganze Menschenleben aus. An die Sorge für die Erhaltung knüpft sich sodann unmittelbar die zweite Anforderung, die der *Fortpflanzung des Geschlechts*. Das Leben der Allermeisten ist auch nur ein steter Kampf um diese Existenz selbst, mit der Gewißheit ihn zu verlieren: was aber die Menschen in diesem so mühseligen Kampf ausdauern läßt, ist nicht sowohl die Liebe zum Leben, als die Furcht vor dem Tode: der steht aber dennoch als unausweichbar im Hintergrunde und kann jeden Augenblick herantreten. – Das Leben selbst gleicht einem Meere voll Klippen und Strudel, und der Mensch dem Schiffer der solche mit der größten Behutsamkeit und Sorgfalt vermeidet und sich durchwindet, jedoch zugleich weiß, daß wenn es ihm auch gelingt mit aller Anstrengung und Kunst, sich durchzuwinden, er eben dadurch mit jedem Schritt, dem größten, dem totalen, dem unvermeidlichen und unheilbaren Schiffbruch näher kommt, ja grade auf ihn zusteuert, dem Tode: dieser ist das endliche Ziel der mühseligen Fahrt und für ihn schlimmer als alle Klippen, denen er auswich. –

Nun ist aber sogleich sehr bemerkenswerth, daß einerseits die Leiden und Quaalen des Lebens leicht so anwachsen können, daß selbst der Tod wünschenswerth wird, in der Flucht vor welchem das ganze Leben besteht, und man jetzt freiwillig ihm entgegeneilt.

Langeweile.

Und andrerseits wieder ist merkwürdig, daß sobald Noth und Leiden dem Menschen eine Rast vergönnen, die Langeweile gleich so nahe ist, daß er des Zeitvertreibes nothwendig bedarf. Daher kommt es, daß wir an fast allen vor Noth und Leiden geborgenen Menschen sehn, daß, nachdem sie nun endlich alle andern Lasten abgewälzt haben, sie nun sich selbst zur Last sind; jetzt quält sie die Sorge wie sie die Zeit hinbringen sollen, die Zeit tödten, wie sie selbst sagen; jede durchgebrachte Stunde achten sie nun für baaren Gewinn, also jeden Abzug von eben jenem Leben, zu dessen möglichst langer Erhaltung sie bis dahin alle Kräfte aufboten! – Was alles Lebende beschäftigt und in Bewegung erhält ist das Streben nach *Daseyn*. Mit dem Daseyn aber, wenn es ihnen gesichert ist, wissen sie nichts anzufangen. Daher ist dann das zweite, was sie in Bewegung setzt, das Streben die Last des Daseyns los zu werden, unfühlbar zu machen, kurz der Langeweile zu entgehn. Die Langeweile aber ist nichts weniger als ein gering zu achtendes Uebel: sie mahlt zuletzt wahre Verzweiflung aufs Gesicht. Auch werden gegen sie, wie gegen andre allgemeine Kalamitäten öffentliche Vorkehrungen getroffen, schon aus Staatsklugheit, weil dieses Uebel, so gut als sein entgegengesetztes Extrem, die Hungersnoth, die Menschen zu den größten Zügellosigkeiten treiben kann.

Jedes Menschenleben fließt nun fort zwischen Wollen und Erreichen. – Der Wunsch ist, seiner Natur nach, Schmerz: die Erreichung gebiert schnell Sättigung: das Ziel war nur scheinbar: der Besitz nimmt den Reiz weg: unter einer neuen Gestalt stellt sich der Wunsch, das Bedürfniß wieder ein: wo nicht; so folgt Oede, Leere, Langeweile, gegen welche der Kampf eben so quälend ist, als gegen die Noth. – Daß Wunsch und Befriedigung sich ohne zu kurze und zu lange Zwischenräume folgen, verkleinert das Leiden, welches beide geben zum geringsten Maas und macht den glücklichsten Lebenslauf aus. – Denn das, was man sonst den schönsten Theil, die reinsten Freuden des Lebens nennen möchte, eben auch nur, weil es uns aus dem Leben heraushebt, nämlich das reine Erkennen, dem alles Wollen fremd bleibt, der Genuß des Schönen, die ächte Freude an der Kunst: – dies erfordert schon seltne Anlagen und ist deshalb nur höchst Wenigen vergönnt und auch diesen nur als ein vorübergehender Traum: und dann macht eben diese Wenigen die höhere intellektuelle Kraft für viel größere Leiden empfänglich als die Stumpferen je empfinden können, und stellt sie überdies einsam unter Wesen die merklich von ihnen verschieden sind; wodurch sich denn auch dieses ausgleicht. Dem bei weitem größeren Theil der Menschen aber sind die rein intellektuellen Genüsse nicht zugänglich: der Freude die im reinen Erkennen liegt sind sie nicht fähig: sie sind ganz auf das Wollen hingewiesen: wenn daher irgend etwas ihnen Antheil abgewinnen, ihnen *interessant* seyn soll; so muß es irgendwie ihren Willen anregen, sei es auch nur durch irgend eine ferne und nur in der Möglichkeit liegende Beziehung auf ihn (dies liegt schon im Wort *interessant*): der Wille darf aber nie ganz aus dem Spiel bleiben, weil ihr Daseyn bei weitem mehr im Wollen als im Erkennen liegt: Aktion und Reaktion ist ihr einziges Element. Die naiven Aeußerungen dieser Beschaffenheit kann man aus Kleinigkeiten und alltäglichen Erscheinungen abnehmen, z. B.:

sehenswerte Orte:
fremde Thiere:
Kartenspiel. [Vgl. W I, § 57, S. 371 [431]]

[Einschub. – Schopenhauer verweist hier auf sein Handexemplar der 1. Auflage der »Welt als Wille und Vorstellung«, Bd. 1, wo sich folgende nicht durchgestrichene Notiz findet:]

Nämlich eine Kleinigkeit, der Gewinnst des Spiels, die im Ernst nicht hinreichen könnte ihr Gemüth zu bewegen, wird durch Richtung aller Aufmerksamkeit darauf, in ihren Augen so vergrößert, daß sie nun im Stande ist Furcht, Hoffnung, Freude, Zorn, d. h. mit einem Wort den Willen zu erregen, wodurch sie allein ihres Daseyns inne werden.

Der glücklichste wäre freilich der Weiseste, d. h. der bei großer Erkenntniß, wenig Willen hätte, viel erkannte und wenig wollte. Dergleichen mag Sokrates gewesen seyn. Aber es ist die seltenste Ausnahme; weil ein sehr großes, lebhaftes starkes Erkenntnißvermögen, auch einen sehr starken Willen zur Basis hat, gleichsam zur Wurzel. Inzwischen liegt der Weg zum möglichst glücklichen Daseyn offenbar darin daß man viel erkenne und wenig wolle. Allein der Wille bleibt doch immer das Radikale und eigentliche Wesen des Menschen: und der Wille ist eben die Quelle endloser Leiden. Daher was auch Natur, was auch das Glück für einen Menschen gethan haben mag; wer man auch sei und was man auch besitze: der dem Leben wesentliche Schmerz läßt sich nicht abwälzen. Die unaufhörlichen Bemühungen das Leiden zu verbannen leisten nichts weiter, als daß es seine Gestalt ändert. Diese ist ursprünglich Mangel, Noth, Sorge um die Erhaltung des Lebens. Ist es, was sehr schwer hält, geglückt, den Schmerz unter dieser Gestalt zu verdrängen; so stellt er sich sogleich in tausend andern ein, abwechselnd, nach Alter und Umständen, als Geschlechtstrieb, leidenschaftliche Liebe, Eifersucht, Neid, Haß, Angst, Ehrgeiz, Geldgeiz, Krankheit u. s. w. – Kann er endlich in keiner andern Gestalt Eingang finden; so kommt er im traurigen, grauen Gewand des Ueberdrusses und der Langenweile, gegen welche dann mancherlei versucht wird: Gelingt es endlich diese zu verscheuchen; so wird dies schwerlich geschehn, ohne dabei den Schmerz in einer der vorigen Gestalten wieder einzulassen und so den Tanz von vorne zu beginnen. Denn zwischen Schmerz und Langerweile wird jedes Menschenleben hin und her geworfen. So niederschlagend diese Betrachtung ist, so will ich doch nebenher auf eine Seite derselben aufmerksam machen, aus der sich ein Trost schöpfen, ja vielleicht gar eine Stoische Gleichgültigkeit gegen das vorhandene eigene Uebel erlangen läßt. Denn unsre Ungeduld über dieses entsteht großen Theils daraus, daß wir es als zufällig erkennen, als herbeigeführt durch eine Kette von Ursachen, die leicht anders seyn könnte. Denn wir pflegen uns eben nicht zu betrüben über die unmittelbar nothwendigen und Allem gemeinsamen Uebel z. B. die Nothwendigkeit des Alters und Todes und vieler täglicher Beschwerlichkeiten. Vielmehr, was dem Leiden den Stachel giebt, ist die Betrachtung der Zufälligkeit der Umstände, die grade auf uns dies Leiden brachte. Wenn wir nun aber erkannt haben, daß der Schmerz als solcher dem Leben wesentlich und unausweichbar ist, und vom Zufall weiter nichts abhängt als seine bloße Gestalt, die Form unter der er sich darstellt, daß also unser gegenwärtiges Leiden eine Stelle ausfüllt, in welche, wenn es nicht da wäre, sogleich ein andres träte, das jetzt von jenem ausgeschlossen wird, daß demnach, im Wesentlichen, das Schicksal uns wenig anhaben kann; so könnte eine solche Reflexion, wenn sie zur lebendigen Ueberzeugung würde, einen bedeutenden Grad *Stoischen Gleichmuths* herbeiführen und die ängstliche Besorgniß um das eigne Wohl sehr vermindern. In der That aber mag eine so viel vermögende Herrschaft der Vernunft über das unmittelbar gefühlte Leiden selten oder nie sich finden.

Uebrigens könnte man durch diese Betrachtung über das Nothwendige des Schmerzes und über das Verdrängen des einen durch den andern und das Herbeiziehn des neuen auf folgende Hypothese kommen, die freilich zuerst paradox scheint.

Maaß. [Vgl. W I, § 57, S. 372 f. [433 f.]]
Durch das Physische Befinden.
ευκολος δυσκολος.
Große Leiden, machen kleinere unfühlbar.
Großes Unglück: – Glück. Eintritt.
Schmerz – Anticipation. Eröfnung. [Vgl. W I, § 57, S. 373 f. [433 f.]]
Apriorität.
Belege:
Frohsinn und Trübsinn, wodurch?
Selbstmord.

Wechsel des physischen Befindens.
Vesikatorium.

Unmäßige Freude und sehr heftiger Schmerz finden sich immer nur in derselben Person ein: denn beide bedingen sich wechselseitig und sind auch gemeinschaftlich durch große Lebhaftigkeit des Geistes bedingt. Beide werden nicht durch das rein Gegenwärtige, sondern durch Anticipation der Zukunft hervorgebracht. Da aber der Schmerz dem Leben wesentlich ist und auch seinem Grade nach durch die Natur des Individuums bestimmt ist; daher plötzliche Veränderungen, weil sie immer äußere sind, seinen Grad eigentlich nicht ändern können; so liegt dem übermäßigen Jubel oder Schmerz immer ein Irrthum und Wahn zum Grunde: folglich ließen sich jene beiden Ueberspannungen des Gemüths durch Einsicht vermeiden. Jeder unmäßige Jubel *(exultatio, insolens laetitia)* beruht immer auf dem Wahn etwas im Leben gefunden zu haben, was gar nicht darin anzutreffen ist, nämlich dauernde Befriedigung der quälenden, sich stets neu gebärenden Wünsche oder Sorgen. Von jedem einzelnen Wahn dieser Art muß man unausbleiblich später zurückgebracht werden und ihn dann, wann er verschwindet, mit eben so bittern Schmerzen bezahlen, als sein Eintritt Freude verursachte. Er gleicht also einer Höhe, von der man nur durch Fall wieder herabkann, daher man sie vermeiden sollte. Und jeder plötzliche übermäßige Schmerz ist eben nur der Fall von so einer Höhe, das Verschwinden eines solchen Wahnes und daher durch ihn bedingt. Man könnte folglich beide vermeiden, wenn man es über sich vermöchte, die Dinge stets im Ganzen und im Zusammenhang völlig klar zu übersehn und sich standhaft zu hüten ihnen die Farbe wirklich zu leihen, die man wünschte, daß sie hätten. Die Stoische Ethik machte einen Hauptpunkt daraus, das Gemüth von allem solchen Wahn und dessen Folgen zu befreien und ihm statt dessen unerschütterlichen Gleichmuth zu geben: diese [»diese« bis »Laetitia« mit Bleistift durchgestrichen] Einsicht spricht Horaz aus

Aequam memento rebus in arduis
Servare mentem; non secus in bonis

Ab insolenti temperatam
Laetitia. –
[Gleichmut zu wahren, wenn es dir schlimm ergeht,
Gedenke allzeit, aber nicht weniger
Enthalte übermüt'ger Freude
Dich, wenn im Glück. (Horaz, Od., II, 3)]

Meistens aber verschließen wir uns der, einer bittern Arzenei zu vergleichenden Einsicht, daß dem Leben das Leiden wesentlich ist und dieses daher nicht von Außen auf uns einströmt, sondern Jeder die unversiegbare Quelle davon in seinem eignen Innern herumträgt. Wir suchen vielmehr zu dem nie von uns weichenden Schmerz stets eine äußere, einzelne Ursache, gleichsam einen Vorwand. Denn unermüdlich streben wir von Wunsch zu Wunsch, und wenn gleich jede erlangte Befriedigung, soviel sie auch verhieß, uns doch nicht befriedigt, sondern meistens bald als beschämender Irrthum dasteht, so sehn wir doch nicht ein, daß wir mit dem Faß der Danaiden schöpfen: Dies drückt recht schön aus Lukrez [De rerum natura] (III, 1095) [richtiger 1082]):

Sed dum abest, quod avemus, id exsuperare videtur
Caetera: post aliud, quum contigit illud, avemus;
Et sitis aequa tenet vitai semper hiantes.
[Fehlt uns jedoch, was wir wünschen, so scheint es an Wert alles andre
Zu übertreffen; ist dieses erlangt, schon wünschen wir andres;
Immer plagt uns ein gleicher Durst, die nach Leben wir lechzen.]

So eilen wir zu immer neuen Wünschen, ins Unendliche fort, bis der Tod uns ein Ende macht, ehe wir nur einmal zufrieden geworden. So meistens. Ein [Daneben am Rand mit Bleistift: kann wegfallen (von hier bis vermutlich »Zustand ist«)] viel seltenerer Fall, der schon eine gewisse Kraft, ja Größe des Karakters voraussetzt, ist der, daß wir auf einen Wunsch treffen, der gar nicht zu erfüllen ist, durch die Umstände, und wir dies einsehn, dennoch aber auch den Wunsch nicht aufgeben: wir haben sodann gleichsam gefunden, was wir eigentlich suchten, nämlich etwas das wir jeden Augenblick als die Quelle aller unsrer Leiden anklagen können, statt zu erkennen, daß unser eignes Wesen diese Quelle ist: sodann sind wir mit unserm Schicksal auf immer entzweit; aber dafür mit unserm Wesen und Daseyn ausgesöhnt: denn die Erkenntniß entfernt sich, daß eben unserm Dasein und Wesen selbst das Leiden wesentlich und wahre Befriedigung unmöglich ist. Die Folge dieser letztern Entwickelungsart ist eine melancholische Stimmung, das beständige Tragen eines einzigen großen Schmerzes und daraus entstehende Geringschätzung aller kleinern Schmerzen und Freuden. Dies ist schon eine würdigere Erscheinung als das stete Haschen nach immer neuen Truggestalten; welches aber der gewöhnliche Zustand ist.

Methodische Betrachtung der Grundbestimmungen im menschlichen Daseyn.

Jetzt wollen wir das Wesen unseres Zustandes in bezug auf Leiden und Freuden ganz allgemein in seinen wesentlichen Grundlinien untersuchen.

Negativität aller Befriedigung.

Alle *Befriedigung*, oder was man gemeinhin *Glück* nennt, ist eigentlich und wesentlich immer *nur negativ*, und durchaus nie *positiv*. Es ist nicht eine ursprünglich und von selbst auf uns kommende Beglückung; sondern es kann nie etwas andres seyn als die Befriedigung eines Wunsches. Daher ist Wunsch, d. h. Mangel, die vorhergehende Bedingung jedes Genusses. Mit der Befriedigung hört der Wunsch auf, aber ebendeswegen auch sogleich der Genuß, dessen Bedingung er war. – Homer, der überall so wahr, wie die Natur selbst ist, sagt daher nie von seinen Helden, nachdem sie eine Mahlzeit gehalten, etwa so: »nachdem sie des Hochgenusses des Essens und Trinkens theilhaftig geworden«, – sondern seine stehende Formel ist:

Αυταρ επει ποσιος και εδητυος εξ ερον ἑντο.
[Aber sobald sie vom Wunsch nach Speise und Trank sich befreiten. (z. B. Homer, Odyssee, VIII, 485)]

Nachdem sie Hunger und Durst los geworden. – (*Illustr.* an allen sinnlichen Genüssen; Hunger, Durst, sind Bedingung des Genusses am Essen und Trinken; Geschlechtslust, – Langeweile Bedingung der Geselligkeit: *etc.*) *Epikur* hatte schon ganz richtig eingesehn, daß aller Genuß negativer Natur ist und eben im Loswerden eines Schmerzes, eines Unbehagens sein Wesen hat; daher ihm das höchste Gut eben die völlige Schmerzlosigkeit war: *indolentia (Cicero)*. Cicero läßt daher einen Epikureer sagen: *augendae voluptatis finis est, omnis doloris amotio* [Der Höhepunkt der Lust ist die Abwesenheit jedes Schmerzes.] *(de finib. II, 3)*, d.h. weiter kann der Genuß gar nicht gehn als daß wir allen Schmerz oder Unbehagen völlig loswerden. Alle *Befriedigung* oder *Beglückung* kann also nie mehr seyn, als die *Befreiung von einem Schmerz, von einer Noth*. Denn eine solche ist nicht nur jedes wirkliche, offenbare Leiden; sondern auch jeder Wunsch, dessen Importunität unsre Ruhe stört, ja sogar auch die ertödtende Langeweile, die uns das Daseyn zur Last macht. – Nun aber ist es so schwer irgend etwas zu erreichen und durchzusetzen: jedem Vorhaben stehn Schwierigkeiten und Bemühungen ohne Ende entgegen und bei jedem Schritt häufen sich die Hindernisse. Wenn nun aber auch endlich Alles überwunden und erlangt ist was man wollte; so *kann* doch nie etwas andres gewonnen seyn, als daß man irgend ein Leiden oder Wunsch los geworden ist, folglich nur sich so befindet, wie vor dessen Eintritt. –

Das ursprünglich und *unmittelbar* uns *Gegebene* ist immer nur der Mangel, d.h. der Schmerz. Die *Befriedigung* aber und den Genuß können wir nur *mittelbar* erkennen, durch *Erinnerung* an das vorhergegangne Leiden und Entbehren, dem sein Eintritt ein Ende gemacht hat. Daher kommt es, daß wir der Güter und Vortheile, die wir wirklich besitzen, gar nicht recht inne werden, noch sie schätzen, und nicht anders meinen, als es müsse eben so seyn: denn sie beglücken eigentlich immer nur *negativ*, Leiden *abhaltend*: erst nachdem wir sie *verloren*, wird ihr Werth uns fühlbar: denn der Mangel, das Entbehren, das Leiden ist das *Positive*, sich unmittelbar Kund gebende und hieraus sind manche Phänomene des menschlichen Gemüths erklärlich. Z. B.: 1. Eben aus der negativen Natur alles Glücks ist es zu erklären, daß wir die schönsten Tage unsers Lebens erst nachdem sie vergangen sind für solche erkennen. Sind wir ein Mal durch äußere Umstände auf eine Weile außerordentlich befriedigt und beglückt, so werden wir es gar nicht gewahr, sondern die schönen Tage ziehn leicht und sanft an uns vorüber, wir sind zufrieden, aber wissen es eigentlich nicht zu schätzen. Erst wann es vorüber ist, dann meldet sich der Mangel, die Entbehrung und nur diese drücken die Größe des verschwundenen Glücks aus, machen sie uns faßlich. (Meistens gesellt sich dann zur Entbehrung noch die Reue, daß wir es nicht fester gehalten.) 2. Daher eben kommt es daß umgekehrt uns die Erinnerung überstandner Noth, Krankheit, Mangel u. dgl. Freude macht: weil diese Erinnerung das einzige Mittel ist die gegenwärtigen Güter mit Bewußtsein zu genießen. 3. Auch ist nicht zu leugnen, daß in dieser Hinsicht, und auf diesem Standpunkt des Egoismus, der die Form des Lebenwollens ist, der Anblick oder die Schilderung fremder Leiden uns Befriedigung und Genuß giebt, auf eben jenem Wege, wie die Erinnerung eigner Leiden: das spricht Lukrez schön und offenherzig aus, im Anfang des 2ten Buches [De rerum natura]:

Suave, mari magno, turbantibus aequora ventis,
E terra magnum alterius spectare laborem:
Non, quia vexari quemquam est jucunda voluptas;
Sed quibus ipse malis careas, quia cernere suave est.
[Freude macht es, erblickt man vom Land, wenn Stürme sie peitschen,
Draußen auf hoher See die große Not eines andern.
Nicht, weil jemandes Qual uns ein angenehmes Vergnügen,
Sondern es freut uns zu sehen, von welchen Übeln wir frei sind.]

Jedoch werden wir weiterhin finden, daß diese Art der Freude, durch so vermittelte Erkenntniß seines Wohlseins, schon der

Quelle der eigentlichen positiven Bosheit sehr nahe liegt. 4. Aus der angegebenen Beschaffenheit alles Genusses erklärt sich auch dieses, daß wir immer unempfänglicher für Genüsse und empfänglicher für Leiden werden, daß in dem Maaße als unsre Genüsse zunehmen, die Empfänglichkeit für sie abnimmt, und das Gewohnte gar nicht mehr als Genuß empfunden wird, weil wir den Mangel desselben nicht mehr kennen. Eben dadurch aber nimmt nun die Empfänglichkeit für das Leiden zu. Denn, wann nun die schon gewohnten Genüsse einmal wegfallen; so wird jetzt dieses sogleich als positives Leiden empfunden. *(Illustr.)* Also wächst durch den Besitz das Maas des Nothwendigen, dessen Abwesenheit sogleich als Schmerz empfunden wird, und zugleich nimmt ab das Maas möglicher Genüsse, indem das Gewohnte keinen Genuß mehr gewährt. 5. [Daneben am Rand mit Bleistift: Bestätigung der Kunst.] Daß, wie dargelegt, alles Glück nur *negativer*, nicht positiver Natur ist, daß es eben deshalb nicht dauernde Befriedigung und Beglückung seyn kann, sondern immer nur uns von einem Schmerz oder Mangel erlöst, auf welchen wieder ein neuer Schmerz folgen muß, oder *languor*, leeres Sehnen, Langeweile eintritt; – dieses findet eine Bestätigung auch in jenem treuen Spiegel des Wesens der Welt und des Lebens, in der *Kunst*, besonders in der Poesie. Nämlich jede epische oder dramatische Dichtung kann immer nur ein Ringen, Streben und Kämpfen um Glück darstellen, nie aber das bleibende und vollendete Glück selbst. Sie führt ihren Helden durch tausend Schwierigkeiten und Gefahren bis zum Ziel. Sobald es aber erreicht ist, läßt sie schnell den Vorhang fallen. Denn es bliebe ihr jetzt nichts übrig, als zu zeigen, daß das glänzende Ziel, in welchem der Held das Glück zu finden wähnte, auch ihn nur geneckt und geäfft hat, und er, nach dessen Erreichung, nicht besser daran ist, als zuvor. Weil ein ächtes *bleibendes* Glück nicht möglich ist, kann es kein Gegenstand der Kunst seyn. Zwar ist der Zweck des *Idylls* wohl eigentlich die Schilderung eines solchen: allein wir finden auch daß das Idyll als solches sich nicht halten kann. Immer wird es dem Dichter unter den Händen entweder episch, und ist dann nur ein sehr unbedeutendes Epos, aus kleinen Leiden, kleinen Freuden und kleinen Bestrebungen zusammengesetzt: dies ist der häufigste Fall:

oder auch es wird zur beschreibenden Poesie, schildert die Schönheit der Natur, d.h. aber eigentlich das reine willenslose Erkennen, welches freilich auch in der That das einzige reine Glück ist, dem weder Leiden noch Bedürfniß vorhergeht, und auch nicht, wie bei allem andern Genuß, Reue, Leiden, oder wenigstens Leere und Ueberdruß nothwendig folgt. Allein dieses Glück kann (aus objektiven und subjektiven Gründen) nicht das ganze Leben füllen, sondern bloß Augenblicke desselben. – Was wir in der Poesie sehn finden wir auch in der Musik wieder. Wir wissen daß die Melodie das Allgemeine und Wesentliche ausspricht von der innersten Geschichte des sich selbst bewußten Willens, das geheimste Leben, Sehnen, Freuen und Leiden, das Ebben und Fluthen des menschlichen Herzens. Nun ist die Melodie immer nur ein Abweichen vom Grundton, durch tausend wunderliche Irrgänge, bis zur schmerzlichsten Dissonanz, darauf sie endlich den Grundton wiederfindet, der die Befriedigung und Beruhigung des Willens ausdrückt, mit welchem Grundton aber nachher nichts weiter zu machen ist, und dessen längeres Anhalten nur lästige und nichtssagende Monotonie wäre, gänzlich entsprechend der Langenweile.

Alles was sich nun aus diesen Betrachtungen ergiebt, nämlich die Unerreichbarkeit dauernder Befriedigung und die Negativität alles Glücks, dies findet seine Erklärung in dem, was ich am Schlusse der Metaphysik zeigte, wie nämlich der Wille, dessen Objektivation das Menschenleben, wie jede Erscheinung, ist, ein *Streben ohne Ziel und ohne Ende* ist. Das Gepräge dieser Endlosigkeit finden wir auch allen Theilen seiner gesammten Erscheinung aufgedrückt, von der allgemeinsten Form dieser, der Zeit und dem Raum ohne Ende an, bis zur vollendetesten aller Erscheinungen, dem Leben und Streben des Menschen. – Man [Bleistiftnotiz: *ad libitum* bis 277, 4 kann wegfallen. (unser Band S. 127 bis »Gewinn aller Superstitionen«)] kann drei Extreme des Menschenlebens theoretisch annehmen und sie betrachten als Elemente des wirklichen Lebens der Menschen. Erstlich, das gewaltige Wollen, die großen Leidenschaften: es tritt hervor in den großen historischen Karakteren; es ist geschildert im Epos und Drama: es kann sich aber auch in der kleinen Sphäre zeigen: denn die Größe der Objekte mißt sich hier nur nach dem Grade, in welchem sie den Willen bewegen, nicht nach ihren äußern Verhältnissen. Sodann zweitens, das reine Erkennen, das Auffassen der Ideen, bedingt durch Befreiung der Erkenntniß vom Dienste des Willens, das Leben des Genies. Endlich drittens, die größte Lethargie des Willens, und damit der an ihn gebundnen Erkenntniß, leeres Sehnen, lebenerstarrende Langeweile. Das Leben des Individuums ist meistens weit davon entfernt in einem dieser Extreme zu verharren, vielmehr berührt es sie nur selten und ist meistens nur ein schwaches und schwankendes Annähern zu dieser oder jener Seite, ein dürftiges Wollen kleinlicher Objekte, stets wiederkehrend und so der Langenweile entrinnend. – Es ist wirklich unglaublich, wie nichtssagend und bedeutungsleer, von Außen gesehn, und wie dumpf und besinnungslos, von Innen empfunden, das Leben der allermeisten Menschen dahinfließt. Es ist ein mattes Sehnen und Quälen, ein träumerisches Taumeln durch die vier Lebensalter hindurch zum Tode, unter Begleitung einer Reihe trivialer Gedanken. Jedes Individuum, jedes Menschengesicht, und dessen Lebenslauf ist nur ein kurzer Traum mehr des unendlichen Naturgeistes, des beharrlichen Willens zum Leben, ist nur ein flüchtiges Gebilde mehr, das er spielend hinzeichnet auf sein unendliches Blatt, Raum und Zeit, und eine gegen diese verschwindend kleine Weile bestehn läßt, dann auslöscht, neuen Plaz zu machen. Aber die bedenkliche Seite des Lebens ist diese, daß dennoch jedes dieser flüchtigen Luftgebilde (man möchte sagen, dieser schaalen Einfälle des Naturgeistes) vom ganzen Willen zum Leben mit vielen und tiefen Schmerzen und zuletzt mit einem wirklich empfundnen bittern Tode bezahlt werden muß. Darum macht uns der Anblick eines Leichnams so plötzlich ernst.

Leben des Einzelnen, Tragödie und Komödie. [Vgl. W I, § 58, S. 380 [442]]

So [Daneben am Rand mit Bleistift: Auch *ad libitum.*] sehr nun aber auch große und kleine Plagen jedes Menschenleben füllen und in steter Unruhe und Bewegung erhalten; so vermögen sie doch nicht der Unzulänglichkeit des Lebens zur Erfüllung des Geistes abzuhelfen, das Leere und Schaale des Daseyns zu verdecken, oder die Langeweile auszuschließen, welche immer bereit ist jede Pause auszufüllen, welche die Sorge läßt. Daher ist es denn gekommen, daß der menschliche Geist, noch nicht genug hatte an den Sorgen, Bekümmernissen und Beschäftigungen, welche ihm die wirkliche Welt auflegte; sondern sich noch eine imaginäre Welt schuf, in der Gestalt von tausend verschiedenen Superstitionen: mit dieser macht er sich denn auf alle Weise zu thun, verschwendet an ihr Zeit und Kräfte, sobald die wirkliche Welt ihm die Ruhe gönnen will, für die er gar nicht empfänglich ist. Dieses ist daher auch ursprünglich am meisten der Fall bei den Völkern, welchen die Milde des Himmelsstrichs und Bodens das Leben leicht macht, vor allem bei den Hindus, dann bei den Griechen, Römern, und später bei den Italiänern, Spaniern. Der Mensch schafft sich Dämonen, Götter, Heilige nach seinem eignen Bilde: diesen müssen dann unablässig Gebete, Opfer, Tempelverzierungen, Gelübde und deren Lösung, Wallfarthen, Begrüßungen, Schmückungen der Bilder u.s.w. dargebracht werden. Ihr Dienst verwebt sich überall mit der Wirklichkeit, ja verdunkelt diese: jedes Ereigniß des Lebens wird dann als Gegenwirkung jener Wesen aufgenommen: der Umgang mit ihnen füllt die halbe Zeit des Lebens aus, unterhält beständig die Hoffnung und wird, durch den Reiz der Täuschung, oft interessanter, als der mit wirklichen Wesen. Dieser Umgang ist der Ausdruck und das Symptom der doppelten Bedürftigkeit des Menschen, theils nach Hülfe und Beistand, theils nach Beschäftigung und Kurzweil: und wenn er auch dem erstern Bedürfniß oft grade entgegen arbeitet, indem bei vorkommenden Unfällen und Gefahren, kostbare Zeit und Kräfte, statt auf deren Abwendung, auf Gebete und Opfer unnütz verwendet werden; so dient er dem zweiten Bedürfniß dafür desto besser, durch jene phantastische Unterhaltung mit einer erträumten Geisterwelt: und dies ist der gar nicht zu verachtende Gewinn aller Superstitionen.

Diese Betrachtung des Menschenlebens im Allerallgemeinsten, diese *Untersuchung der Grundbestandtheile* desselben und seiner ganzen Anlage giebt insofern *apriori* das Resultat, daß das Menschenleben schon seinem ganzen Wesen nach keiner wahren

Glückseligkeit fähig ist, sondern schon seinem Wesen nach als ein vielgestaltetes Leiden angesehn werden kann und keineswegs ein wünschenswerther Zustand ist, ein Zustand dessen Zweck wäre uns zu beglücken, sondern ehr als das vielmehr ein unseliger Zustand genannt werden kann. Dieses hat sich ergeben aus der Betrachtung des Allgemeinen und Wesentlichen des Menschenlebens, der allgemeinen Anlage desselben und seiner physischen und Geistigen Grund-Bestandtheile. Ueber die Ueberzeugung davon könnte ich jetzt noch viel lebhafter in Ihnen erwekken, wenn ich mehr *aposteriori* und bloß *empirisch* verfahren wollte: ich könnte auf die bestimmten Fälle eingehn, Ihnen Bilder vor die Phantasie bringen und in Beispielen den namenlosen Jammer schildern den Erfahrung und Geschichte darbieten, man mag sehn wohin man will und forschen auf welchem Wege man will. Aber das Kapitel würde ohne Ende seyn und eine solche empirische Darlegung würde uns von dem *Standpunkt der Allgemeinheit* abbringen, welcher der Philosophie überall wesentlich ist. Zudem könnten Sie eine solche Schilderung für eine bloße Deklamation über das menschliche Elend halten, dergleichen schon oft dagewesen, auch steht das Ausgehn von einzelnen Thatsachen immer dem Vorwurf der *Einseitigkeit* offen. Darum lasse ich es bewenden bei der gegebenen ganz kalten und philosophischen vom Allgemeinen ausgehenden und *apriori* verfahrenden Nachweisung des im Wesen des Lebens selbst begründeten unumgänglichen Leidens. Die Bestätigung *aposteriori* können Sie sich selbst überall leicht verschaffen: ja sie wird ungesucht und ungebeten sich einfinden. In der Jugend freilich ist das Leben noch so reich an Hoffnungen und Täuschungen welche erst durch bittre Erfahrungen zernichtet werden müssen und es bald genug werden: aus den Jugendträumen muß Jeder einmal erwachen. Je mehr Sie nun aus eigner und fremder Erfahrung allgemeine Resultate ziehn werden, und eben so aus der Geschichte der Vergangenheit und unseres eigenen Zeitalters, ferner auch aus den Darstellungen des Lebens wie sie in den Werken der großen Dichter gegeben sind; – desto mehr werden Sie, wenn nicht ein unauslöschlich eingeprägtes Vorurtheil Ihre Urtheilskraft lähmt, wohl das Ergebniß erkennen müssen, daß *diese Menschenwelt das Reich des Zufalls und des Irrthums ist*, die unbarmherzig darin schalten, im Großen wie im Kleinen [Fußnote: Ein Zufall zettelt das Menschenleben an *(illustr.)*, ein Zufall endigt es *(illustr.)*: und der Verlauf desselben ist im Großen und Kleinen beständig vom Zufall abhängig: in diesem so vom Zufall beherrschten Leben steckt nun eine Willkür, die beständig gegen ihn ankämpft, was natürlich nicht ohne ihren großen Schmerz geschehn kann: – sodann soll die Erkenntniß der Willkür zu ihren Zwecken vorleuchten: aber die Erkenntniß ist fast immer mehr oder weniger im Irrthum befangen; bei Gelehrten! bei Ungelehrten!]: und neben diesen schwingen noch Thorheit und Bosheit die Geißel. Daher kommt es denn, daß in einer so bestellten Welt *jedes Bessere* sich nur mühsam durchdrängen kann, und zu allen Zeiten das Edle und Weise sehr selten zur Erscheinung gelangt und Wirksamkeit oder Gehör findet; hingegen die bleibende Herrschaft behauptet das Absurde und Verkehrte im Reiche des Denkens, nur durch kurze Unterbrechungen gestört. Die tollen Irrthümer verflossener Jahrhunderte übersehn wir leicht; aber die unsrer eignen Zeit nicht, weil wir selbst darin befangen sind. – Die Menge hängt aber immer dem verkehrten an, und wir sehn wie schwer und langsam stets jede Wahrheit sich Raum verschafft hat. In der Kunst ist es nicht anders. Die Menge hat für das Treffliche keinen Sinn; sondern neigt sich allezeit zum Platten, und Abgeschmackten. Das Aechte und Gute wird selten gefunden und seltner geschätzt. Ist es endlich auch durchgedrungen und zum Muster geworden; so wird es bald wieder verlassen und die Kunst sinkt zum Schlechten zurück. In Kunst wie in Wissen gilt Göthes Gleichniß, das Vortreffliche wäre wie ein Schiff, dessen Lauf zwar einen Strich auf dem Meere zeichnet; aber nur auf kurze Zeit; die Wellen löschen ihn wieder aus: z. B. Kant. Daher zu allen Zeiten und in jeder Kunst vertritt die *Manier* die Stelle des Geistes, der immer nur das Eigenthum Einzelner ist. Die Manier ist nichts andres als das alte abgelegte Kleid der zuletzt dagewesenen Erscheinung des Geistes: die letzte Form in der er erkannt wurde. Darum also ist das *Treffliche jeder Art* immer nur eine Ausnahme, ist *ein* Fall aus Millionen, daher auch, wenn es sich einmal in einem dauernden Werke kund giebt, solches Werk nachher, nachdem es den Groll der Zeitgenossen überlebt hat, isolirt dasteht, aufbewahrt wird gleich einem Meteorstein, aus einer andern Ordnung der Dinge entsprungen, als die hier herrschende ist. – So in Kunst und Wissen. Im Reiche der Thaten ist es nicht anders: οἱ πλειστοι ανθρωποι κακοι [Die meisten Menschen sind schlecht.], Bias [einer der sieben Weisen, Ausspruch]. – Die Tugend ist ein Fremdling auf dieser Welt. Grenzenloser Egoismus, Hinterlist, Bosheit sind eigentlich immer an der Tagesordnung. Man hat Unrecht die Jugend hierüber zu täuschen. Dadurch wird ihr nachher bloß die Einsicht, daß ihr Lehrer der erste Betrüger war, auf den sie stieß. Der Zweck den Lehrling selbst besser zu machen, dadurch daß man ihn glauben macht, die Andern wären vortrefflich, wird nicht erreicht. Besser zu sagen: die Meisten sind schlecht; aber sei Du besser. So wird er wenigstens mit Vorsicht und Klugheit gewaffnet in die Welt geschickt, und braucht nicht erst durch bittre Erfahrungen von der Falschheit der Vorspiegelung des Lehrers überführt zu werden. (Auszuführen.) Was nun aber das Menschenleben im Einzelnen betrifft; so wird sich Ihnen schon zeigen, daß dasselbe in der Regel nur eine fortgesetzte Reihe großer und kleiner Leiden und Hudeleien ist. Hat man eine Plage beseitigt und überwunden; so meldet sich gleich eine andre und so fort. το μηδεποτε μηδεν ἡσυχιαν αγειν των ανθρωπινων [daß keines der menschlichen Dinge (sozusagen) jemals Ruhe hält]. *Plato, Politicus, p 82.* [Politicus, XXXIII, 294b] Uebrigens wird das offne Bekenntniß des Leidens des menschlichen Lebens nicht oft gehört: denn es verbirgt Jeder seine Leiden möglichst, weil er weiß, daß die Andern selten Theilnahme oder Mitleiden dabei empfinden werden; sondern vielmehr eine gewisse Befriedigung spüren, durch die Vorstellung der Plagen, von denen sie grade jetzt verschont sind, was ihnen einen gewissen Trost giebt über ihre eignen gegenwärtigen Leiden: Jedoch enthalten zwei Ausdrücke die so häufig im Munde der Menschen sind, das Bekenntniß, daß unser Zustand keineswegs ein glückseliger ist: sie verweisen so gern auf »eine beßre Welt«: – also ist diese nicht die beste, wie Leibnitz beweisen wollte. – Zweitens wird von denen die ernst gestimmt sind die gegenwärtige Welt ein *Jammerthal, vallis lacrimarum* [Tal der Tränen (Psalm 84,7; Vulgata, 83,7)] genannt. Ueberhaupt wird wohl kaum irgend ein Mensch, wenn er besonnen und zugleich aufrichtig ist, am Ende seines Lebens wünschen, es nochmals durchzumachen, sondern ehr als das, würde er wohl gänzliches Nichtseyn vorziehn. Plato in seiner Apologie des Sokrates, läßt am Ende derselben, diesen sagen (nachdem er verurtheilt ist), der Tod sei in keinem Fall ein Uebel: denn entweder mache er unserm ganzen Daseyn ein Ende, oder er versetze uns in eine andre und hoffentlich beßre Welt: im ersten Fall sei er nichts andres als ein tiefer traumloser Schlaf, in einer Nacht auf die nie wieder ein Tag folgt: und wenn das ist, wie wenige Tage und Nächte hätte wohl, nicht etwa nur ein Privatmann, sondern der große Perserkönig (ὁ μεγας βασιλευς) selbst im Laufe seines ganzen Lebens aufzuweisen, die einer solchen Nacht vorzuziehn wären! Das ist Sokrates' Meinung von der Glückseligkeit des Lebens. Schon Herodot (7,46) bemerkt, daß wohl kein Mensch existirt hat, der nicht mehr als einmal gewünscht hätte den folgenden Tag nicht zu erleben, und was also schon der Vater der Geschichte fand, ist auch wohl seitdem nicht widerlegt worden, trotz allen optimistischen Systemen. – Shakspear läßt den Hamlet in dem berühmten Monolog einige Hauptleiden des Lebens aufzählen und dann sagen: wer würde nicht seinem Leben ein Ende machen, um dem allen zu entfliehen; wäre nicht die Furcht vor etwas nach dem Tode; – vor Träumen die in dem langen Schlaf kommen möchten.

Cohelet sagt: Der Tag des Todes ist besser denn der Tag der Geburt. – Prediger Salomo 7,2 [richtig 1].

Durch diese Darlegung des dem Leben wesentlichen Leidens muß eben erst die Erkenntniß begründet werden, daß das Leben ein Zustand ist aus welchem die *Erlösung* wünschenswerth ist: Dieses letztere ist eben die Grundansicht des Christenthums, und grade vielleicht der vortrefflichste Zug desselben. Auch bei den Hindu diese Ansicht. Die umgekehrte ist der *Optimismus*, welcher die Vortrefflichkeit dieser Welt darthun will: bei den Meisten ist dieser ein gedankenloses Reden, weil sie den wahren Ernst überhaupt nicht kennen und statt der Gedanken sich mit Phrasen behelfen: ernstlich genommen ist der Optimismus nicht bloß absurd, sondern man könnte ihn auch ruchlos nennen, weil er mit seinem Enkomium dieser Welt als ein bittrer Hohn über die namenlosen Leiden der Menschen dasteht. Dem Judenthum mag der Optimismus angemessen seyn: dem ächten Christenthum ist er es so wenig, daß vielmehr in den Evangelien Welt und Uebel beinahe als Synonyme gebraucht werden. Den Optimismus hat besonders Leibnitz begründen wollen durch seine Theodicee: ein Argument das er häufig wiederholt zur Rechtfertigung der Uebel in der Welt, ist, daß ein Uebel oft Ursache eines Gutes wird: davon giebt sein eignes Buch ein Exempel: denn an sich ist es schlecht: aber das größte Verdienst dieses Buchs ist daß es später den großen Voltaire veranlaßte seinen unsterblichen Roman *Candide ou l'Optimisme* zu schreiben, in welchem ein Optimist, der immer nach Leibniz demonstrirt wie diese Welt *le meilleur des mondes possibles* [die beste aller möglichen Welten (Leibniz, Théodicée, ed. Erdmann, p. 506 b, 20)] sei, nun theils selbst und auch sein Zögling die schrecklichsten Leiden erfahren muß, theils auch überall der Zuschauer entsetzlicher Begebenheiten wird; aber doch nicht von seinem Satz abläßt. – In der That wenn Einer dem Optimismus zugethan ist, und nicht sowohl für das Begreifen und Denken als für das Sehn empfänglich ist; so braucht man nur ihm die entsetzlichen Schmerzen und Quaalen vor die Augen zu bringen, denen doch auch sein Leben beständig offen steht; so muß ihn Grausen ergreifen: dann führe man ihn noch durch die Krankenhospitäler, Lazarethe und chirurgische Marterkammern, dann durch die Gefängnisse, durch die Bleidachkammern in Venedig, die Sklavenställe in Algier, die Folterkammern der Inquisition, über die Schlachtfelder und Gerichtsstätten, man schließe ihm alle die finstern Behausungen des Elends auf, wo es sich vor den Blicken der kalten Neugier verkriecht; und lese ihm endlich aus dem Dante den Tod des Ugulino und seiner Kinder im Hungerthurm vor, mit dem Bedeuten daß dies mehr als einmal wirklich war [Die Göttliche Komödie, Hölle, 33. Gesang], – dann würde auch wohl zuletzt der verstockteste Optimist einsehn, welcher Art dieser *meilleur des mondes possibles* ist. Wie sehr diesem Leibnitzischen Begriff der bestmöglichsten Welt das allgemeine menschliche Gefühl entgegen sei, zeigt, unter anderm, dies daß, in Prosa und Versen, in Büchern und im gemeinen Leben so oft die Rede ist von einer »bessern Welt«, wobei die stillschweigende Voraussetzung ist, kein vernünftiger Mensch werde die gegenwärtige Welt für die bestmöglichste halten. Freilich (wie gesagt) (ist am Menschenleben, wie an jeder schlechten Waare, die Außenseite mit falschem Schimmer überzogen,) immer verbirgt sich was leidet, die Einsamkeit ist die beste Gesellschaft der Unglücklichen. Hingegen was Jeder an Prunk und Glanz erschwingen kann, das trägt er zur Schau: Jemehr Einem die innre wahre Zufriedenheit abgeht, desto mehr wünscht er in den Augen Andrer als ein Beglückter dazustehn: die Meisten thun viel mehr um glücklich zu scheinen, als um es zu seyn: die Thorheit geht so weit, daß das Hauptziel des Strebens der Meisten die Meinung Andrer ist; sie leben hauptsächlich in den Gedanken Andrer: diese sind aber eigentlich für gar nichts zu rechnen; als sofern sie auf das wirkliche Schicksal eines Jeden Einfluß haben können: daher drückt jene Thorheit schon in fast allen Sprachen das Wort aus, welches sie bezeichnet, nämlich *Eitelkeit*, *vanitas*; es bedeutet ursprünglich Leerheit und Nichtigkeit. Inzwischen, bei allem Blendwerk, welches man sich und Andern vormacht, können die Quaalen des Lebens sehr leicht so anwachsen (und es geschieht ja täglich), daß der sonst über Alles gefürchtete Tod mit Begierde ergriffen wird. Kürzlich zählte man in Paris 400 Selbstmorde in *einem* Jahr. Ja, wenn das Schicksal seine ganze Tücke zeigen will, kann selbst diese Zuflucht dem Leidenden versperrt werden: er kann, unter den Händen ergrimmter Feinde, grausamen, langsamen Martern, ohne Rettung, hingegeben bleiben. Dann ruft der Gepeinigte vergebens seine Götter um Hülfe an: ohne Gnade bleibt er seinem Schicksal Preis gegeben. Diese Rettungslosigkeit ist eigentlich nur der Spiegel der Unbezwinglichkeit seines Willens, dessen Objektität seine Person ist. – So wenig eine äußere Macht diesen Willen ändern oder aufheben kann; so wenig kann auch irgend eine fremde Macht ihn befreien von den Quaalen welche hervorgehn aus der Erscheinung dieses Willens, welche eben das Leben selbst ist. Immer ist der Mensch auf sich selbst zurückgewiesen, wie in jeder Sache, so auch in der Hauptsache. Sein Wille ist und bleibt es wovon Alles für ihn abhängt. – Wir werden weiterhin die Heiligkeit betrachten und werden sehn, daß, wo diejenige Veränderung des Willens, welche in ihr erscheint, eingetreten ist, jede Marter gern und willig erduldet wird von Heiligen jedes Namens und Glaubens, Märtyrern ihrer Gesinnung:

selbst die langsame Zerstörung jener Erscheinung, welche nun ihr Wille *nicht* mehr ist, ist ihnen dann willkommen.

Wir haben jetzt die beiden Auseinandersetzungen vollendet welche vorhergehn mußten, ehe ich zur Darlegung der Bejahung und Verneinung des Willens zum Leben schreiten konnte: nämlich über die Freiheit des Willens an sich, zugleich mit der Nothwendigkeit seiner Erscheinung; und über das Loos des Willens in dieser sein Wesen abspiegelnden Welt, auf deren Erkenntniß er sich zu bejahen oder zu verneinen hat. Nunmehr werde ich jene Bejahung und Verneinung selbst, die ich oben [Fußnote: am Ende des 2ten Kap.] nur allgemein aussprach, zu größerer Deutlichkeit erheben, indem wir die Handlungsweisen, in welchen allein jene ihren Ausdruck finden, ihrer innern Bedeutung nach betrachten werden.

CAP. 5.
Von der Bejahung des Willens zum Leben.

Die *Bejahung des Willens* ist das von keiner Erkenntniß gestörte beständige Wollen selbst, wie es das Leben der Menschen, im Allgemeinen, ausfüllt: Also das Leben des Menschen auf dem Standpunkt der Natur: das eigentliche *secundum naturam vivere* [der Natur gemäß leben (Maxime der Stoiker)]. Wir wollen die Art dieses Wollens näher betrachten, obwohl immer bloß im Allgemeinen. Da schon *der Leib* des Menschen die Objektität des Willens ist, wie er auf dieser Stufe und in diesem Individuo erscheint; so ist sein in der Zeit sich entwickelndes Wollen gleichsam nur die *Paraphrase des Leibes*, die Erläuterung der Bedeutung des Ganzen und seiner Theile; ist eine andre Darstellungsweise desselben Dinges ansich, dessen Erscheinung auch schon der Leib ist. Daher können wir statt *Bejahung des Willens*, auch *Bejahung des Leibes* sagen. Das Grundthema aller mannigfaltigen Willensakte ist die Befriedigung der Bedürfnisse, welche vom Dasein des Leibes in seiner Gesundheit unzertrennlich sind und daher schon im Leibe selbst ihren Ausdruck haben: sie lassen sich zurückführen auf Erhaltung des Individuums und Fortpflanzung des Geschlechts. Allein mittelbar erhalten hiedurch die verschiedenartigsten Motive Gewalt über den Willen, und bringen die mannigfaltigsten Willensakte hervor. Jeder dieser Willensakte ist aber nur eine Probe, Specimen, Exempel des hier erscheinenden Willens überhaupt. Welcher Art diese Probe sei, welche Gestalt das Motiv habe und ihr mittheile, ist nicht wesentlich: sondern die Sache ist hier nur, daß überhaupt gewollt wird und mit welchem Grade der Heftigkeit. Der Wille kann nur an den Motiven sichtbar werden, wie das Auge nur am Lichte seine Sehkraft äußern kann. Das Motiv überhaupt steht vor dem Willen als vielgestaltiger *Proteus:* es verspricht stets völlige Befriedigung, Löschung des Willensdurstes: ist es aber erreicht, so steht es gleich wieder in andrer Gestalt da und bewegt in dieser aufs Neue den Willen, immer gemäß dem Grade seiner Heftigkeit und seinem Verhältniß zur Erkenntniß, welche beiden, eben durch diese Proben und Exempel offenbar werden als empirischer Karakter.

Vom Eintritt seines Bewußtseins an, findet der Mensch sich als *wollend*, und in der Regel bleibt seine Erkenntniß in beständiger Beziehung zu seinem Willen. Er sucht erst die Objekte seines Wollens vollständig kennen zu lernen; sodann die Mittel zu diesen. Jetzt weiß er, was er zu thun hat, und nach anderm Wissen strebt er in der Regel nicht. Er handelt und treibt: das Bewußtsein, daß er immer nach dem Ziele seines Wollens hinarbeitet, hält ihn aufrecht und thätig: sein Denken betrifft die Wahl der Mittel. So ist das Leben fast aller Menschen: sie wollen, wissen *was* sie wollen, streben danach, mit so vielem Gelingen als sie vor Verzweiflung und so vielem Mislingen, als sie vor Langerweile und deren Folgen schützt. Daraus geht dann eine gewisse Heiterkeit, wenigstens Gelassenheit hervor: an dieser ändern Reichthum und Armuth eigentlich nichts: denn der Reiche, wie der Arme genießen nicht, was sie *haben*, da dies, wie gezeigt, nur negativ wirkt; sondern, was sie durch ihr Treiben zu erlangen hoffen. So treiben sie vorwärts, mit vielem Ernst, ja mit wichtiger Miene: so treiben auch die Kinder ihr Spiel. – Es ist immer nur eine Ausnahme, wenn so ein Lebenslauf eine Störung erleidet, dadurch, daß aus einem vom Dienste des Willens unabhängigen Erkennen, das sich daher auf das Wesen der Welt überhaupt richtet, entweder die ästhetische Aufforderung zur Beschaulichkeit hervorgeht, oder gar die ethische Aufforderung zur Entsagung.

Zwei Wege, die über die bloße Bejahung des individuellen Leibes hinaus führen.

Also die *Bejahung des Leibes*, oder des Willens zum Leben, ist eben das fortgesetzte Handeln nach Motiven, deren Grundthema die Bedürfnisse sind, welche schon der Leib selbst durch seine Beschaffenheit ausdrückt. Der Leib giebt die Bedürfnisse, aber auch die Kräfte zur Herbeischaffung ihrer Befriedigung. *Die einfache Bejahung des Leibes, im eigentlichen Sinn* besteht nun darin, daß der Leib erhalten wird, durch die Arbeit der Kräfte dieses Leibes. – Aber nur selten wird der Wille innerhalb dieser Schranken der bloßen Bejahung des Leibes bleiben. Es giebt zwei Wege des Wollens die darüber hinausführen: *1.* die Bejahung des Willens über den eignen Leib hinaus: *2.* die Bejahung des eignen Willens mittelst Verneinung des in fremden Individuen sich darstellenden Willens. – Ersteres ist die *Befriedigung des Geschlechtstriebes*, und dadurch die *Zeugung* eines neuen Individuums: *(illustr.)*. – Das Zweite ist das *Unrecht: (illustr.)*. Wir wollen beide ausführlich betrachten. Das Erstere (Befriedigung des Geschlechtstriebes) gehört noch zu diesem Capitel der Bejahung des Willens zum Leben oder des Leibes: denn sie ist bloß die Bejahung über die Erscheinung des eignen Leibes hinaus. – Das Zweite, das *Unrecht*, wollen wir sodann in einem eignen Kapitel betrachten, das zugleich die Grundzüge der *Rechtslehre* enthalten wird.

Bejahung des Willens über den eigenen Leib hinaus. *(Zeugung.)*

Die einfache Bejahung des Willens sofern er als belebter Leib erscheint, besteht also in der Erhaltung dieses Leibes, mittelst der Kräfte eben dieses Leibes, also Herbeischaffung der nothwendigen Bedürfnisse durch die Arbeit. Offenbar ist dies ein sehr geringer Grad der Bejahung des Willens. Die Ernährung des Leibes befriedigt allemal den Willen und ist ein Genuß, d. h. eine Bejahung des Willens: aber dieser Genuß wird gänzlich aufgewogen durch die Anstrengung und Mühseligkeit der Arbeit. Sein Brod essen im Schweiße seines Angesichts. Das Wollen geht nicht weiter als die Erhaltung des Leibes es nothwendig macht: folglich ist hier das Wollen nur herbeigeführt durch das Daseyn des Leibes, durch dasselbe bedingt, und auf dasselbe beschränkt: Daher wäre mit der Aufhebung des Daseyns dieses Leibes auch das Wollen aufgehoben. Daher können wir annehmen, daß wenn in einem Individuo nicht etwa nur die Kraft, sondern das Wollen selbst nicht weiter geht als bis zur Erhaltung des Leibes durch seine Arbeit, also das Individuum freiwillig seine Zwecke beschränkt auf die Erhaltung des Leibes durch die Arbeit eben dieses Leibes, dann mit dem Leibe auch das Wollen sich aufhebt, also durch den Tod des Leibes auch der Wille erloschen seyn wird der in ihm erschien. Wie der Mensch dazu kommen kann, sein Wollen freiwillig soweit einzuschränken, werden wir später untersuchen. Jetzt aber vom Hinausgehn über diesen Punkt. Von der Bejahung des Willens über das Daseyn des Leibes hinaus. Diese nämlich ist die Befriedigung des Geschlechtstriebes. Dieser Trieb ist zwar durch das Daseyn und Beschaffenheit des Leibes auch schon gesetzt. Aber seine Befriedigung ist nicht das bloße Wollen des Daseyns, der Erhaltung des eignen Leibes; sondern ein Wollen der Wollust, also Bejahung des Willens zum Leben in einem viel höhern Grad: die Befriedigung zeigt sich als eine höhere Potenz der Behaglichkeit des Lebensgefühls; Wollust. Die Bejahung des Willens beschränkt sich hier also nicht auf die Erhaltung des Leibes: sondern der Wille zum Leben wird überhaupt bejaht; er bejaht sich über die Existenz des Individuums, welche eine so kurze Zeit ausfüllt, hinaus: das Leben als solches wird in erhöhter Potenz bejaht, über den Tod des eignen Individuums hinaus in ganz unbestimmte Zeit. Die innere Bedeutung des Zeugungsaktes ist also Bejahung des Lebens schlechthin, nicht bloß Bejahung des eignen Individuums. Die Natur, immer wahr und konsequent, hier sogar naiv, legt ganz offen die innere Bedeutung des Zeugungsakts vor uns dar, spricht sie anschaulich aus. Nämlich so: das eigene Bewußtsein, die Heftigkeit des Triebes, der Genuß in seiner Befriedigung, lehrt uns, daß in diesem Akt sich die entschiedenste Bejahung des Willens ausspricht, rein und ohne weitern Zusaz, etwa von Verneinung fremder Individuen (Unrecht): und nun die Natur legt dasselbe anschaulich dar, für die Vorstellung: was dabei im Wesen an sich, im Willen, vorgeht, zeigt sie in der Welt als Vorstellung, als dem Bilde jenes Wesens an sich: nämlich in der Zeit und Kausalreihe, erscheint als Folge des Zeugungs-Akts ein neues Leben, ein neues Individuum: die Wiederholung der Lebenserscheinung. Vor den Erzeuger stellt sich der Erzeugte, in der Erscheinung sind sie von einander verschieden, aber an sich (als Wille), oder der Idee nach (als Mensch), identisch. Die Zeugung ist, in Beziehung auf den Erzeuger, nur der Ausdruck, das Symptom, seiner entschiednen Bejahung des Willens zum Leben überhaupt: in der Beziehung auf den Erzeugten ist sie nicht etwa der Grund, die Ursach, des Willens der in ihm erscheint, da der Wille an sich weder Grund noch Folge kennt; sondern sie ist, wie alle Ursache, nur Gelegenheitsursache der Erscheinung dieses Willens zu dieser Zeit, an diesem Ort. Der nämliche Wille als Ding an sich der in dem Erzeuger sich so schlechthin bejahte, stellt sich wieder dar in dem Erzeugten, als der Erscheinung dieses Willens. Als Ding an sich ist der Wille des Erzeugers und der des Erzeugten nicht verschieden: denn nur die Erscheinung, nicht das Ding an sich ist dem *principio individuationis* [Zeit und Raum] unterworfen. Durch den Zeugungsakt, als den höchsten Ausdruck der Bejahung des Willens zum Leben, ist also das Leben überhaupt bejaht: daher stellt es sich dar als ein neues Individuum: die ganze Erscheinung beginnt von Neuem. Die Anheimfallung des Menschen an die Natur ist dadurch konsummirt: es ist gleichsam eine *erneuerte Verschreibung* an das Leben und sein Gesetz. Mit dieser Bejahung über den eigenen Leib hinaus, bis zur Darstellung eines neuen, ist nun also auch Leiden und Tod, als zur Erscheinung des Lebens gehörig, aufs Neue mit bejaht: es war aber im Erzeuger die Möglichkeit vorhanden, daß dies alles nicht geschähe, nämlich durch Entsagung, durch freiwillige Beschränkung seines Wollens auf die Erhaltung des eignen Leibes und Entsagung der Wollust. Wir werden weiterhin sehn daß dieses die Verneinung des Willens zum Leben, und die Erlösung von der Welt wäre. Diese vorhandne Möglichkeit der Erlösung (mittelst der höchsten Erkenntniß, welche in jedem Menschen da ist,) ist diesmal durch den Zeugungsakt für fruchtlos erklärt: Hier liegt der tiefe Grund der Schaam über das Zeugungsgeschäft. Diese Schaam drückt eigentlich alles bisher über die Zeugung gesagte aus. Warum begleitet tiefe Schaam und gleichsam Bewußtseyn der Schuld den Zeugungsakt? – Eben wegen des Gesagten. Es ist die Schaam über das erneuerte Anheimgefallenseyn dem Leben, über die Bejahung desselben hinaus über die eigne Existenz. – Diese Ansicht ist mythisch dargestellt in dem

Dogma der Christlichen Glaubenslehre vom *Sündenfalle Adams*. Mit diesem Sündenfall ist offenbar die Befriedigung der Geschlechtslust gemeynt. Wir Alle nun sollen schon durch die Geburt dieses Sündenfalls theilhaftig und dadurch des Leidens und des Todes schuldig seyn. Dieses christliche Dogma ist tiefsinnig: es geht hinaus über die gemeine Betrachtungsweise nach dem Satz vom Grund und dem *principio individuationis:* es erkennt die Idee des Menschen, in der wir alle verstanden sind, und deren Einheit zwar für die Erkenntniß gemäß dem Satz vom Grund zerfällt in unzählige Individuen, jedoch auch da wieder hergestellt wird durch das Band der Zeugung, welches Alle zusammenhält. Jeder trägt schon durch sein Daseyn eine Schuld, nämlich die Schuld dieses Daseyns selbst, weil er selbst der Wille ist, der in diesem Daseyn erscheint. Diesem zufolge sieht das Christliche Dogma jedes Individuum an einerseits als identisch mit dem Adam, dem Symbol der Bejahung des Lebens, und insofern als anheimgefallen der Sünde (Erbsünde), dem Leiden und dem Tode: andrerseits, weil jenes Dogma die Idee der Menschheit auffaßt, sieht es auch jedes Individuum an als identisch mit dem Erlöser, dem Symbol der Verneinung des Willens zum Leben, und insofern seiner Selbstaufopferung theilhaft, durch sein Verdienst erlöst und gerettet aus den Banden der Sünde und des Todes, d. i. der Welt: (Röm. 5,12–21).

Persephone. [Vgl. WI, § 60, S. 388 [451]]

Die Befriedigung des Geschlechtstriebs ist also die entschiedenste, stärkste Bejahung des Willens zum Leben, als solche bestätigt sie sich auch dadurch, daß sie dem Thiere und auch dem rein sinnlichen Menschen der letzte Zweck, das höchste Ziel seines Lebens ist. Sein erstes Streben ist Selbsterhaltung; sobald er aber für diese gesorgt hat, strebt er nur nach Fortpflanzung des Geschlechts: mehr kann er, als rein sinnliches Wesen, nicht: Eben weil das innre Wesen der Natur der Wille zum Leben selbst ist, treibt die Natur mit ihrer ganzen Kraft den Menschen, wie das Thier, zur Fortpflanzung. Sobald das Individuum dieser gedient hat, hat die Natur mit ihm ihren Zweck erreicht und ist nun ganz gleichgültig gegen dessen Untergang, da ihr, als dem Willen zum Leben selbst, nur gelegen ist an der Erhaltung der Gattung, das Individuum ihr nichts ist. – Weil im Geschlechtstrieb das innre Wesen der Natur, der Wille zum Leben sich am stärksten ausspricht; sagten die alten Dichter und Philosophen, – Hesiod, – Parmenides, – sehr bedeutungsvoll, der *Eros* sei das Erste, das Schaffende, das Princip aus dem alle Dinge hervorgehn. *(Arist. Metaph. I,4.)* Als allegorische Darstellung hievon sieht man, auf alten Bildwerken, den Amor, oder auch Eros und Anteros die Weltkugel tragend. Auch der Maja der Inder, dessen Werk und Gewebe die ganze Scheinwelt ist, wird durch *amor* paraphrasirt; (neben *illusio). Die Genitalien* sind viel mehr als irgend ein andres äußeres Glied des Leibes bloß dem Willen und gar nicht der Erkenntniß dienend (nicht der Willkür, sondern dem blinden Willen *(illustr.)*): ja der Wille zeigt sich hier fast so unabhängig von der Erkenntniß als in den Theilen, welche bloß dem vegetativen Leben, der Reproduktion dienen, und in welchen der Wille so blind wirkt, wie in der erkenntnißloßen Natur. Denn die Zeugung ist nur die Reproduktion übergehend auf ein neues Individuum: sie ist gleichsam die Reproduktion auf der zweiten Potenz; wie der Tod nur die Exkretion auf der zweiten Potenz ist. So ist die Wollust die höhere Potenz der Behaglichkeit des Lebensgefühls welche die bloße Ernährung giebt. Diesem allen zufolge sind die Genitalien der eigentliche *Brennpunkt des Willens* und daher der entgegengesetzte Pol des Gehirns, welches der Repräsentant der Erkenntniß ist, der andern Seite der Welt, der Welt als Vorstellung. Der Trieb zur Wollust brennt fortwährend in uns, weil er die Aeußerung der Basis unsers Lebens, des Radikalen unsers Daseyns ist, des Willens: er muß fortwährend durch die Vorstellung unterdrückt und verdrängt werden, wenn wir nur im Zustand des klaren Bewußtseyns bleiben wollen, d. h. des dem Wollen entgegengesetzten Zustandes der Erkenntniß: jener Trieb ergreift aber jede Gelegenheit um hervorzutreten: wie ein wildes Thier stets aus dem Käfig hervorzubrechen bestrebt ist. Die Genitalien sind das lebenerhaltende, der Zeit endloses Leben zusichernde Princip: die Erkenntniß dagegen giebt die Möglichkeit der Aufhebung des Wollens, der Erlösung durch Freiheit, der Vernichtung der Welt.

Oben, am Ende des 2ten Kapitels, erklärte ich die Bejahung des Willens zum Leben allgemein und abstrakt: ich sagte: *der Wille bejaht sich*, heißt, indem, in seiner Objektität, d. i. der Welt, oder dem Leben, sein eignes Wesen ihm als Vorstellung vollständig und deutlich gegeben wird, so hemmt diese Erkenntniß sein Wollen keineswegs; sondern eben dieses so erkannte Leben wird auch als solches von ihm gewollt; wie bis dahin ohne Erkenntniß, als blinder Drang, so jetzt mit Erkenntniß, bewußt und besonnen.

Ich habe Ihnen nunmehr gezeigt, wie die *Bejahung des Willens zum Leben* sich ausspricht, welche Handlungsweise ihr Ausdruck ist. Daß der Tod dieser Bejahung das Leben nicht entreißt, sondern dem Willen zum Leben das Leben stets gewiß ist, habe ich Ihnen schon im 2ten Kapitel auseinandergesetzt. Ich zeigte Ihnen dort, welches Verhältniß der Wille in seiner Bejahung zum Tode habe, wie der Tod ihn nicht anficht, weil dieser dasteht als schon selbst zum Leben gehörig und darin begriffen: sein Gegensatz, die Zeugung, hält ihm völlig das Gleichgewicht und verbürgt und sichert, trotz dem Tode des Individuums, dem Willen zum Leben das Leben auf unendliche Zeit. Dieserhalb hat Schiwa den Lingam. Auch habe ich Ihnen ausgeführt, wie der mit vollkommner Besonnenheit auf dem Standpunkt entschiedener Bejahung des Lebens Stehende dem Tode furchtlos entgegensieht. Er sieht ihm zwar ohne *Furcht*, aber auch ohne *Hoffnung* entgegen. Denn er weiß daß der Tod ihm das Leben und die Genüsse desselben nicht entreißt; aber auch ihn den Leiden des Lebens nicht entrücken kann. Also hier nichts mehr davon. Ohne klare Besonnenheit stehn die meisten Menschen auf diesem Standpunkt; ihr Wille bejaht fortdauernd das Leben. Als Spiegel oder Ausdruck dieser Bejahung steht die Welt da, mit unzähligen Individuen, in endloser Zeit und endlosem Raum und endlosen Leiden, zwischen Zeugung und Tod ohne Ende. – Hierüber ist jedoch von keiner Seite weiter eine Klage zu erheben. Denn der Wille führt das große Trauer- und Lustspiel auf eigene Kosten auf, und ist auch sein eigner Zuschauer. Die Welt ist grade eine solche, weil der Wille, dessen Erscheinung sie ist, ein solcher ist, weil er so will. Für die Leiden ist die Rechtfertigung die, daß der Wille auch auf diese Erscheinung sich selbst bejaht: und diese Bejahung ist gerechtfertigt und ausgeglichen dadurch, daß er die Leiden trägt. Hier eröfnet sich uns schon ein

Blick auf die *ewige Gerechtigkeit* im Ganzen: weiterhin werden wir sie näher und deutlicher auch im Einzelnen erkennen. So viel von der Bejahung des Willens zum Leben. Ich zeigte früher wie diese Bejahung sich beschränken könne auf das Daseyn des eignen Leibes, d. h. es dem Menschen möglich sei im Wollen nicht weiter zu gehn, als eben das Daseyn seines Leibes erfordre: – sodann sagte ich daß es hiebei selten bleibe, sondern, *auf zwei Wegen*, der Mensch den Willen zum Leben bejahe über das Daseyn seines Leibes hinaus: nämlich einmal durch die Befriedigung des Geschlechtstriebes, welches die über das Daseyn des eignen Individuums sich hinauserstreckende Bejahung des Willens zum Leben ist: der zweite Weg auf welchem der Mensch hinausgeht über die Bejahung des eignen Leibes, ist der daß seine Bejahung des eignen Willens *zur Verneinung* des in andern Individuen erscheinenden Willens wird: dies ist *das Unrecht:* Indem nämlich der Mensch sein Daseyn will und seine Zwecke verfolgt, stellt sich ihm das Wollen und die Zwecke andrer Individuen in den Weg: dann sucht er oft das Wollen und das Daseyn dieser andern Individuen zu zerstören, um sein eignes Wollen ungehindert durchzusetzen: seine Bejahung des eignen Willens wird zur Verneinung eben des Willens zum Leben sofern dieser sich in andern Individuen darstellt. Dieser Vorgang ist *das Unrecht*, welches wir nunmehr in einem eignen Kapitel betrachten werden. Aus dem *Unrecht* wird eben auch sein Korrelat, das *Recht* völlig verständlich: daher wird der Inhalt dieses Kapitels zugleich die Rechts-Lehre seyn. Ich werde Ihnen also jetzt eine leichte und klare Einsicht in das ganze Wesen der *Rechtslehre* geben, Ihnen das ganze Fundament derselben, alle wesentlichen und Grundsätze derselben, vorlegen. Den Weg hiezu einschlagend werde ich zuvörderst Ihnen das Wesen des *Egoismus* deutlich machen und ableiten: denn er ist die Quelle des Streites der Individuen, aus welchem Streit die Frage nach Recht und Unrecht entsteht.

CAP. 6.
Vom Unrecht und Recht: oder philosophische Rechtslehre.

Ableitung des Egoismus.

Erinnern Sie sich zuvörderst aus der Metaphysik, wie wir in der ganzen Natur, auf allen Stufen der Objektivation des Willens einen beständigen Kampf zwischen den Individuen aller Gattungen nothwendig hervorgehn sahen, durch welchen Kampf sich eigentlich ein innrer Widerstreit des Willens zum Leben mit sich selbst offenbart. Auf der höchsten Stufe der Objektität zeigt sich alles in erhöhter Deutlichkeit, also auch jenes Phänomen: daher wird es sich hier weiter entziffern lassen. Darum wollen wir zuerst dem *Egoismus* in seiner Quelle nachspüren: denn er ist der Ausgangspunkt alles Kampfes.

Zeit und Raum haben wir genannt das *principium individuationis*, weil nur durch sie und in ihnen die Vielheit des Gleichartigen möglich ist. Sie sind die wesentlichen Formen der natürlichen, d. h. dem Willen entsprossenen Erkenntniß. Daher wird überall der Wille sich in der Vielheit der Individuen erscheinen. Jedes Individuum ist, an sich betrachtet, der ganze Wille zum Leben, der hier auf einer bestimmten Stufe der Deutlichkeit erscheint und daher sein ganzes Wesen, in dem Grade als er hier sichtbar werden kann, mit seiner ganzen Energie und Heftigkeit äußert. Zu dieser Aeußerung bedarf jedes Individuum unmittelbar nur sich selbst, nicht der andern außer ihm. Hiezu kommt endlich bei den erkennenden Wesen das Besondre, daß das Individuum zugleich das erkennende Subjekt und als solches Träger der ganzen objektiven Welt ist: d. h. die ganze Natur und alle Individuen außer ihm existiren zunächst und unmittelbar nur in seiner Vorstellung: es ist sich ihrer stets zunächst nur als seiner Vorstellung bewußt: also ist sich ihrer bewußt als von etwas das von seinem Wesen und Daseyn abhängig ist, da mit dem Untergange seines Bewußtseyns ihm nothwendig auch die Welt untergienge, d. h. ihr Seyn und Nichtseyn gleichbedeutend und ununterscheidbar würde. Jedes Individuum ist also in Wahrheit und findet sich als den ganzen Willen zum Leben, oder das Ansich der Welt selbst, und zugleich auch als die ergänzende Bedingung der Welt als Vorstellung; folglich als einen Mikrokosmos der dem Makrokosmos gleich zu schätzen ist. Die Natur selbst, immer und überall wahr, giebt ihm diese Erkenntniß schon ursprünglich und ohne alle Reflexion, ganz einfach und unmittelbar gewiß. Aus den angegebenen beiden nothwendigen Bestimmungen des Bewußtseins eines Jeden ist nun etwas erklärlich, worüber man wenn man es deutlich faßt sich nicht genug verwundern kann: nämlich in der in Raum und Zeit gränzenlosen Welt, in der Unzählbaren Menge von Individuen die zugleich dasind und im Strom der Zeugung und Vernichtung unaufhörlich kommen und vergehn, verschwindet das einzelne Ich, das Individuum jeder Art ganz und gar, wird völlig zu nichts verkleinert, gegen eine unendliche Zahl und Größe: dennoch aber macht jedes einzelne Individuum sich zum Mittelpunkt der Welt, es berücksichtigt seine eigne Existenz und Wohlseyn vor allem Andern, und ist sogar, auf dem natürlichen Standpunkte, bereit, alles andre dieser aufzuopfern, ist bereit die Welt zu vernichten, um nur sein eignes Individuum, diesen Tropfen im Meer, etwas länger zu erhalten. Diese Gesinnung ist der *Egoismus* der jedem Dinge in der Natur wesentlich ist. Eben er aber ist es, wodurch der innere Widerstreit des Willens mit sich selbst zur fürchterlichen Offenbarung gelangt. Denn dieser Egoismus, der ganz natürlich ist, hat seinen Bestand in dem Gegensatz des Mikrokosmos und Makrokosmos, oder darin, daß die Objektivation des Willens das *principium individuationis* zur Form hat, vermöge welches der Wille in unzähligen Individuen sich auf gleiche Weise erscheint und zwar in jedem derselben ganz und vollständig nach beiden Seiten, Wille und Vorstellung: während nun jeder sich selbst als der ganze Wille und die ganze Vorstellung unmittelbar gegeben ist, sind die übrigen ihm zunächst nur als seine Vorstellungen gegeben: denn er allein ist sich selbst das erkennende Subjekt, die Bedingung der ganzen erscheinenden

Welt, und den Willen kennt er unmittelbar nur in sich selbst: daher nun geht ihm sein eignes Wesen und dessen Erhaltung allen andern zusammen vor. In dem auf den höchsten Grad gesteigerten Bewußtseyn, dem menschlichen, muß, wie die Erkenntniß, der Schmerz, die Freude, so auch der Egoismus den höchsten Grad erreicht haben und nun der durch ihn bedingte Widerstreit der Individuen auf das entsetzlichste hervortreten. Dies sehn wir überall vor Augen, im Kleinen und im Großen: wir sehn es bald von der schrecklichen Seite, im Leben großer Tyrannen und Bösewichter und in weltverheerenden Kriegen; bald von der lächerlichen Seite, wo es das Thema des Lustspiels ist; als lächerlich tritt es ganz besonders hervor im Eigendünkel und in der Eitelkeit. *(Rochefoucauld; Hobbes.)* Wir sehn es in der Weltgeschichte und in der eigenen Erfahrung. Aber am deutlichsten tritt es hervor, sobald irgend ein Haufe Menschen von allem Gesetz und Ordnung entbunden ist: da zeigt sich sogleich aufs deutlichste das *bellum omnium contra omnes* [Krieg aller gegen alle] welches Hobbes im 1sten Capitel *de Cive* [I,12; Leviathan, I,13] vortrefflich geschildert hat. Es zeigt sich wie nicht nur Jeder dem Andern zu entreißen sucht, was er selbst haben will; sondern sogar oft Einer, um sein eignes Wohlseyn durch einen unbedeutenden Zuwachs zu vermehren, das ganze Glück oder Leben des Andern zerstört. Dies ist der höchste Ausdruck des Egoismus. Und doch ist der Egoismus noch nicht das Aergste im Menschen, seine Erscheinungen werden in dieser Hinsicht noch übertroffen von denen der eigentlichen *Bosheit*, die, ganz uneigennützig, den Schmerz oder Schaden Andrer sucht ohne allen eignen Vortheil: davon bald.

Oben haben wir das Leiden allem Leben wesentlich und unvermeidlich gefunden: eine Hauptquelle dieses Leidens, sobald es wirklich und in bestimmter Gestalt eintritt, ist nun eben jene *Eris*, der aus dem Egoismus hervorgehende Kampf aller Individuen, der Ausdruck des Widerspruchs, mit welchem der Wille zum Leben in seinem Innern behaftet ist. Hier liegt eine unversiegbare Quelle des Leidens, trotz allen Vorkehrungen, welche man dagegen getroffen, und die wir nun sogleich näher betrachten werden: (Staat).

Ich habe bereits auseinandergesetzt, wie die erste und einfache Bejahung des Willens zum Leben nur die Bejahung des eignen Leibes ist, d. h. Darstellung durch Akte in der Zeit des Willens soweit als schon der Leib, in seiner Form und Zweckmäßigkeit, Ausdruck des Willens im Raum ist, und nicht weiter. Diese Bejahung zeigt sich als Erhaltung des Leibes mittelst Anwendung von dessen eignen Kräften. An sie knüpft sich unmittelbar die Befriedigung des Geschlechtstriebes: diese gehört noch gewissermaaßen zu ihr, sofern die Genitalien zum Leibe gehören. Doch wissen wir daß sie in anderm Sinn die Bejahung des Lebens über das Daseyn des Leibes hinaus ist; *in indefinitum*. Wie [»Wie« bis »jedes andre« Korrektur für: Weil aber doch schon der Leib in seinem Daseyn durch Genitalien den Geschlechtstrieb ausspricht ...] dem aber auch sei, die Befriedigung des Geschlechtstriebes ist an sich bloße Bejahung des Willens zum Leben in einem Individuo; sie ist nicht zugleich Verneinung des in andern Individuen sich darstellenden Willens, Unrecht: (wenigstens nicht wesentlich und unmittelbar; sie kann es werden, wie jedes andre). Daher [Vor »Daher« mit Bleistift eine Klammer und die Notiz: kann wegfallen (offenbar bis Absatzende)] ist *freiwillige* Entsagung der Befriedigung jenes Triebes, die aber dann durch gar kein *Motiv* begründet seyn muß, schon ein Grad von *Verneinung* des Willens zum Leben, eine freiwillige Selbstaufhebung desselben, welche nur erfolgen konnte auf eine als *Quietiv* des Willens wirkende Erkenntniß: solche Verneinung des eigenen Leibes erscheint daher schon als ein Widerspruch des Willens gegen seine eigne Erscheinung. Denn, obgleich der Leib auch hier, in den Genitalien, den Willen zur Fortpflanzung objektivirt, wird dennoch diese nicht gewollt. Eine solche Entsagung ist, eben deshalb, immer eine schmerzliche Selbstüberwindung, nämlich weil sie Verneinung oder Aufhebung des Willens ist: *(suo loco)*. –

Indem nun aber der Wille jene *Selbstbejahung* des eigenen Leibes in unzähligen Individuen nebeneinander darstellt, denen allen der Egoismus eigenthümlich ist, geht sehr leicht der Wille in Jedem über diese Bejahung hinaus bis zur *Verneinung* desselben im andern Individuo erscheinenden Willens. Dann bricht der Wille des erstern Individuums ein in die Gränze der fremden Willensbejahung, indem jenes Individuum entweder den fremden Leib selbst zerstört oder verletzt, oder aber auch indem es die Kräfte jenes fremden Leibes zwingt *seinem* Willen zu dienen, statt dem Willen sofern er in jenem fremden Leibe selbst erscheint: also in solchem Fall entzieht das eine Individuum dem als fremder Leib erscheinenden Willen die Kräfte dieses Leibes und vermehrt dadurch die *seinem* Willen dienende Kraft über die Kraft seines eigenen Leibes hinaus: es bejaht folglich seinen eignen Willen über seinen eignen Leib hinaus, mittelst Verneinung des in einem fremden Leib erscheinenden Willens. – Dieser Einbruch in die Gränze fremder Willensbejahung ist von jeher deutlich erkannt und man hat den Begriff desselben bezeichnet durch das Wort *Unrecht*. Denn beide darin komplicirte Theile erkennen augenblicklich die Sache; zwar nicht, wie wir hier, in der deutlichen Abstraktion; sondern eben als Gefühl. 1) Der *Unrecht-Leidende* fühlt den Einbruch in die Sphäre der Bejahung seines eigenen Leibes durch Verneinung derselben von einem fremden Individuo, als einen unmittelbaren und *geistigen* Schmerz, welcher ganz getrennt und verschieden ist von dem daneben empfundenen *physischen* Leiden durch die That, oder vom Verdruß durch den Verlust. 2) Der *Unrecht-Ausübende* andrerseits, fühlt auch einen Schmerz der mehr oder weniger den Genuß stört, welchen ihm die Befriedigung seines Egoismus verschafft: diesen Schmerz nennt man *Gewissensbiß* oder näher für diesen Fall, Gefühl des *ausgeübten Unrechts*: was er so nur als Gefühl in sich wahrnimmt, was ist das? es ist, wenn man es zur Deutlichkeit abstrakter Begriffe erhebt, die Erkenntniß, daß er, als Ding an sich und abgesehn von der Erscheinung *derselbe* Wille ist, der in jenem fremden Leibe erscheint (nicht derselben Art, sondern unmittelbar jener selbst) und daß dieser Wille, sich in der Erscheinung, die er, sein Individuum ist, mit solcher Vehemenz bejaht, daß diese Bejahung, die Gränze des eignen Leibes und der Kräfte desselben überschreitend, zur Verneinung eben dieses Willens in der andern Erscheinung wird; folglich er, betrachtet als Wille an sich, eben durch seine Vehemenz gegen sich selbst streitet, gleichsam sich selbst zerfleischt. –

Sechs Rubriken des Unrechts.

Hiemit habe ich Ihnen das Wesen des *Unrechts* in der Allgemeinsten Abstraktion dargestellt: das eigentlich Wesentliche des Begriffs desselben dargelegt. Nun wollen wir zur Belegung der Erklärung *in abstracto* die Handlungen dadurch das Unrecht in der Wirklichkeit sich darstellt durchgehn, aber ganz im Allgemeinen nur gewisse Rubriken derselben anführen. Ich will von den höchsten Graden anfangen, weil sie die deutlichsten sind. Der höchstmöglichste Grad des Unrechts, der Fall der *in concreto* am eigentlichsten, am vollendetesten und handgreiflichsten ausdrückt, was wir als Definition des Unrechts aufstellten, ist der *Kannibalismus*, Anthropophagismus: dieser kann gleichsam als Symbol des Unrechts zuerst aufgestellt werden, ist sein deutlichster und augenscheinlichster Typus, das entsetzliche Bild des größten Widerstreites des Willens gegen sich selbst, auf der höchsten Stufe seiner Objektivation, welche der Mensch ist. *(Illustr.)* Nächst diesem zeigt es sich am stärksten im *Morde:* der wäre also der zweite Grad des Unrechts *(illustr.)*: der Gewissensbiß, dessen Bedeutung ich Ihnen soeben abstrakt und trocken angab, tritt, nach verübtem Morde augenblicklich mit furchtbarer Deutlichkeit ein und schlägt der Ruhe des Geistes eine auf die ganze Lebenszeit unheilbare Wunde. (Uebrigens werde ich weiterhin jenes Gefühl das die Ausübung des Unrechts und des Bösen begleitet, also die *Gewissensangst*, noch ausführlicher zergliedern und zur Deutlichkeit des Begriffs erheben.) Wesentlich mit dem Morde gleichartig und nur im Grade von ihm verschieden, ist die absichtliche Verstümmelung oder nur Verletzung des fremden Leibes, ja eigentlich schon jeder Schlag, dritter Grad: wiewohl hier der Unterschied des Grades sehr stark ist. Das wäre also der dritte Grad. – Nun weiter stellt sich das Unrecht dar in Unterjochung des fremden Individuums, im Zwang desselben zur Sklaverei, vierter Grad: und endlich im Angriff des fremden *Eigenthums*, fünfter Grad.

Unter eine dieser fünf Rubriken wird sich wohl jedes Unrecht bringen lassen: doch kann es oft gemischter Art seyn und unter mehrere Rubriken zugleich gehören. Die zuletzt genannte Rubrik, Angriff des Eigenthums, begreift die mannigfaltigsten Fälle: jeder Betrug, jeder gebrochne Vertrag u. s. w. gehört hieher. Als eine besondre Rubrik des Unrechts könnte man die Verletzung der aus den *Sexualverhältnissen* hervorgehenden Verbindlichkeiten ansehn. Die Natur hat durchweg eine große Vorliebe für das männliche Geschlecht gezeigt: sie gab ihm Vorzug der Geisteskraft, der Körperkraft, der Größe, auch der Schönheit, Dauer der Schönheit und Kraft. (Beweis hievon.) (Bei den Thieren eben so.) Endlich zeigte die Natur ihre Vorliebe für das männliche Geschlecht auch darin, daß sie bei der Geschlechtbefriedigung auf die Seite des Mannes bloß den Genuß, auf die Seite des Weibes aber alle Last und Nachtheil der Sache legte: Schwangerschaft, Geburtsschmerzen, Säugung des Kindes, das dadurch der Mutter verbunden bleibt, und ihr zur Last fällt, während der Mann davon gehn kann. Wenn nun der Mann von dieser Partheilichkeit der Natur Vortheil ziehn will; so ist das Weib das unglücklichste Wesen von der Welt: ihm ist sie das Werkzeug eines vorübergehenden Genusses: dann hat sie Last, Schmerz der Schwangerschaft und Geburt, Sorge für das Kind, bei schwachen Kräften, und sehr kurze Dauer ihrer Blüthe. Ihre natürliche Herrschaft über das männliche Geschlecht durch den Reiz der Befriedigung dauert etwa 16 Jahre. Nachher bliebe sie, bei geringen Geistes- und Körperkräften, hülflos und hätte noch die Sorge für die Kinder, die sie geboren. Also ist offenbar, daß wenn der Mann die Vorzüge welche die Natur so partheiisch auf seine Seite warf, geltend machen wollte und nicht freiwillig solche kompensiren wollte dadurch daß er für das Weib und die Kinder die Sorge auf sich nimmt, er in der Befriedigung seines Geschlechtstriebes seinen Willen zum Leben bejahte (und zwar eigentlich über sein individuelles Daseyn hinaus) und dabei zugleich den Willen, der als das weibliche Individuum erscheint, *verneinte*, also *Unrecht* ausübte. Hier ist also eine besondre und sechste Rubrik des Unrechts. Will der Mann bei seiner Geschlechtsbefriedigung nicht Unrecht begehn; so muß er dem Weibe, welches während der so kurzen Periode ihres Reizes (etwa vom 16ten bis zum 30, 35ten Jahr, nachdem das Klima) sich seiner Befriedigung hingiebt dafür versprechen sie nie zu verlassen und für ihren Unterhalt so lange sie lebt die Sorge mit ihr zu theilen, daß sie nicht hülflos bleibe, wenn es ihr an Reiz gebricht Männer anzuziehn: er muß ferner die Sorge für die Kinder, nachdem die Periode der Säugung vorüber, auf sich nehmen, weil er die größte Kraft hat. Jede Geschlechtsbefriedigung ohne Uebernahme dieser Verbindlichkeit ist Unrecht, d. h. ist Bejahung des eignen Willens mittelst Verneinung des fremden, im weiblichen Individuo erscheinenden Willens. Aus dieser Verbindlichkeit des Mannes geht nothwendig die Verbindlichkeit des Weibes hervor ihm *treu* zu seyn, d. h. keinen andern Mann zu befriedigen, da sonst die Kinder nicht gewiß die seinen wären: da nun aber das Weib einen Geschlechtstrieb hat, so gut als der Mann; so geht wieder aus der Verbindlichkeit des Weibes ihm treu zu seyn auch die Verbindlichkeit des Mannes hervor ihr treu zu seyn, d. h. seine Fähigkeit den weiblichen Geschlechtstrieb zu befriedigen auf *ein* Weib zu beschränken; also auch von seiner Seite das Ehepactum nicht zu brechen. Dies alles geht aus dem Natur-Recht hervor. Jedoch ist dies noch keine Feststellung der Monogamie: die ist aus dem Naturrecht nicht abzuleiten; sondern bloß positiven Ursprungs. Aus dem Natur-Recht folgt nämlich bloß die Verbindlichkeit des Mannes nur *ein* Weib zu haben; so lange diese im Stande ist seinen Trieb zu befriedigen und selbst einen gleichen Trieb hat. Bleibend ist bloß die Verbindlichkeit der Sorge für das Weib so lange sie lebt und für die Kinder bis sie erwachsen. Der Trieb und die Fähigkeit zur Geschlechtsbefriedigung dauert beim Mann mehr als doppelt so lange als beim Weib: von 24–60. – Sie ist meistens schon mit 35, gewiß mit 40 zur Geschlechtsbefriedigung und zum Gebären untauglich. Da ist nun aus dem Natur-Recht keine Verbindlichkeit abzuleiten daß der Mann seine noch gebliebene Zeugungskraft und Zeugungstrieb dem zu beiden jetzt unfähigen Weibe opfern sollte. Hat er sie gehabt von seinem 24sten bis 40sten Jahr; und sie ist nicht mehr tauglich: so thut er ihr kein Unrecht wenn er ein zweites jüngeres Weib nimmt, sobald er dann im Stande ist zwei Weiber zu unterhalten, so lange beide leben, und für alle Kinder zu sorgen. Ich zeige Ihnen was aus dem Natur-Recht folgt: die positiven Satzungen unsrer christlichen Staaten auf alle Weise zu Gesetzen des Natur-Rechts zu machen liegt mir nicht ob. Dieses natürliche Recht auf zwei successive Weiber, oder auf mehrere wenn sie etwa durch Krankheit unfähig werden den Mann zu befriedigen, mag in den wenigsten Fällen zur Gültigkeit gelangen: theils weil, bei unsrer Einrichtung des Lebens, der Mann selten schon mit 24 Jahren ein Weib übernehmen kann; theils auch weil meistens, nachdem das Weib 36 oder 40 Jahre alt ist, sein Vermögen nicht ausreicht die Sorge für noch ein Weib und noch mehr Kinder zu übernehmen. Aber sobald die Bedingungen dazu, wie ich sie aufgezeigt, sich vorfinden, so liegt kein Unrecht in der Sache. Uebrigens ist die häufige Nothwendigkeit der späten Ehe des Mannes die Quelle der Hurerei. – Wenn der Mann in seinem Verhältniß gegen das Weib sich zu hüten hat daß er nicht Unrecht thue; so hat das Weib sich zu hüten daß sie nicht *unklug* sei. Statt aller der Vorzüge des männlichen Geschlechts hat das weibliche nur den des Reizes für die Männer auf wenige Jahre: mit dieser ihrer einzigen Ausstattung der Natur muß sie klug wirthschaften: d. h. sich keinem Manne hingeben als bis sie den gefunden der dafür die Sorge für sie, auf Lebenszeit, und die Sorge für die Kinder übernommen. Die Unklugheit der Weiber ist die zweite Quelle der Hurerei und des Elends daraus. Wer diese Unklugheit benutzt, begeht offenbar ein sehr großes Unrecht; seinem augenblicklichen Genuß opfert er die ganze Glückseligkeit des Weibes: ein gefallnes Weib nimmt keiner zur Ehe; weil er ihr keine Treue zutrauen kann; da sie ihre Schwäche gezeigt hat. Der Verführer macht sie also unglücklich; bejaht seinen Willen mittelst Verneinung des Willens des Weibes: begeht ein großes Unrecht. Dies Unrecht war also die sechste Rubrik: *(Recapitulatio)*. – Die fünfte Rubrik war Verletzung des Eigenthums: *was ist Eigenthum? (Illustr.)*

Ableitung des Eigenthums.

Eigentliches *Eigenthum*, d. h. solches, welches, *ohne Unrecht*, dem Menschen nicht genommen, hingegen *ohne Unrecht* aufs Aeußerste von ihm vertheidigt werden kann, das kann, unsrer Ableitung des Unrechts zufolge, nur dasjenige seyn, *was durch seine Kräfte bearbeitet ist*, durch Entziehung dessen man daher die darauf verwendeten Kräfte seines Leibes, dem in diesem Leibe sich objektivirenden Willen entzieht, um solche Kräfte dem in einem andern Leibe objektivirten Willen dienen zu lassen. Denn nur so bricht der Ausüber des Unrechts, durch einen Angriff der nicht auf den fremden Leib, sondern auf eine leblose und von diesem ganz verschiedne Sache gerichtet ist, doch in die Sphäre der fremden Willensbejahung ein, weil mit dieser Sache die Kräfte, die Arbeit des fremden Leibes gleichsam verwachsen und identifizirt sind. Hieraus folgt, daß sich alles ächte, d. h. ethische (nicht willkürlich angenommne) *Eigenthumsrecht* ursprünglich einzig und allein gründet auf *Bearbeitung:* vor Kant nahm man dies auch ziemlich allgemein an. Schon das älteste aller Gesetzbücher, das des Menu sagt schön und deutlich: »Weise, welche die Vorzeit kennen, erklären, daß ein bebautes Feld dessen Eigenthum ist, welcher das Holz ausrottete, es reinigte und pflügte; wie eine Antelope dem ersten Jäger gehört, welcher sie tödtlich verwundete.« [Mānava – Dharmaśāstra, IX, 44] – Kant hat diesen natürlichen und einfachen Begriff des Eigenthumsrechts verrückt, und will es begründen durch *Besitzergreifung* und *Erklärung* derselben. Wie soll doch die bloße Erklärung meines *Willens*, Andre vom Gebrauch einer Sache auszuschließen, auch sofort mir ein *Recht* hiezu geben? Offenbar *bedarf* solche Erklärung selbst erst eines *Rechtsgrundes* ihrer Gültigkeit; statt daß Kant annimmt, sie *sei* einer. Und wie sollte doch derjenige, an sich, d. h. ethisch, Unrecht handeln, der jene Ansprüche auf den Alleinbesitz einer Sache, die sich auf nichts gründen als eben auf ihre eigne Erklärung, nicht achtete? Wie sollte sein Gewissen ihn darüber beunruhigen? es ist vielmehr ganz klar und leicht einzusehn, daß es ganz und gar keine *rechtliche Besitzergreifung* geben kann, sondern ganz allein eine rechtliche *Aneignung*, *Besitzerwerbung* einer Sache, *durch Verwen-*

dung ursprünglich eigner Kräfte auf sie. Wo nämlich eine Sache durch irgend eine fremde Mühe bearbeitet, verbessert, vor Unfällen geschützt, bewahrt ist; da entzieht der Angreifer solcher Sache offenbar dem Andern den Erfolg seiner darauf verwendeten Kraft, läßt also den Leib jenes Andern, statt dem eignen Willen desselben, *seinem* Willen dienen; er *verneint* also den im fremden Leibe erscheinenden Willen, indem er seinen eignen Willen über dessen Erscheinung, seinen Leib und dessen Kräfte, *hinaus bejaht:* d.h. thut *Unrecht*. Dieses gilt, *so klein auch* die Mühe seyn mag, welche der Andre an die Sache gewendet hat, sogar wenn es das bloße Abpflücken oder vom Boden aufheben einer wildgewachsenen Frucht ist. Man hat dieses letztere *Detention* genannt, die Bearbeitung aber *Formation*, und beide aufgestellt als zwei verschiedene ursprüngliche Rechtsgründe. Das ist überflüssig. Es ist hauptsächlich daher gekommen, weil man den Namen *Formation* gewählt hatte, der aber nicht paßt: denn jede Mühe die auf eine Sache verwendet worden, sei es Bearbeitung oder Sicherstellung, ist ja nicht immer eine Formgebung. Also das *ethische Eigenthumsrecht* wird immer ursprünglich begründet durch *Arbeit* oder *Mühe* die an die Sache *verwendet* worden. – Hingegen *bloßer Genuß* einer Sache, ohne alle Bearbeitung oder Sicherstellung derselben gegen Zerstörung, giebt eben so wenig ein *Recht* darauf, als die bloße *Erklärung seines Willens* zum Alleinbesitz. Daher, wenn etwa eine Familie ein Jahrhundert hindurch auf einem Revier allein gejagt hat, ohne jedoch etwas zu dessen Verbesserung gethan zu haben; so kann sie einem fremden Ankömmling, der jetzt eben dort jagen will, es ohne *ethisches Unrecht* gar nicht wehren. Also das sogenannte *Präokkupations-Recht*, dem zufolge man für den bloßen gehabten Genuß einer Sache noch obendrein Belohnung fordert, nämlich ausschließliches Recht auf den ferneren Genuß, ist ethisch ganz grundlos, ist gar kein Recht. Dem, der sich bloß auf dieses Recht stützt, könnte der neue Ankömmling mit viel besserm Rechte entgegnen: »eben weil Du schon so lange genossen hast, ist es Recht, daß jetzt auch Andre genießen.« Von jeder Sache die durchaus *keiner Bearbeitung fähig* ist, durch Verbesserung oder Sicherstellung vor Unfällen, giebt es keinen ethisch begründeten Alleinbesitz: das Wild im Walde, die Fische in der See, im Strom,

Teich: der Bernstein am Ufer; Lapislazuli in Tibet; Topase im Felsen im Voigtland u. dgl. Es müßte denn seyn durch *freiwillige Abtretung* von Seiten aller Andern, etwa zur Belohnung anderweitiger Dienste, gehört etwa zur Belohnung des Königs, ist Regal: das setzt aber schon ein durch Konvention geregeltes Gemeinwesen, den Staat voraus. Ohne Konvention darüber, ist die Mühe des Fangens oder Einsammelns Begründung des Besitzrechts. – Das ethisch begründete Eigenthumsrecht, wie ich es abgeleitet habe, giebt seiner Natur nach, dem Besitzer eine eben so *uneingeschränkte Macht* über die Sache, als die ist, welche er über seinen eignen Leib hat: daraus folgt, daß er, durch *Tausch* oder *Schenkung*, sein Eigenthum Andern *übertragen* kann, welche alsdann mit demselben ethischen Recht als er, die Sache besitzen. (Erb-Recht?) Und offenbar kann Einer, sobald er ein solches vollkommnes Eigenthumsrecht an eine Sache hat, die als die Frucht seiner Arbeit betrachtet wird, sie auch einem Andern unter *jeder* Bedingung schenken, auch unter der Bedingung daß er selbst nicht mehr lebte; eben weil sein Recht unbeschränkt ist: woraus das *Recht* des *Vermächtnisses* hervorgeht. Daß die Kinder erben, geschieht weil man eine solche Schenkung stillschweigend voraussetzt.

Ich habe also gezeigt was *Eigenthum* sei: diese Erörterung gehörte zur Erläuterung der fünften Rubrik von Unrecht die in Verletzung des Eigenthums besteht. Also haben wir jetzt gesehn was Unrecht *sei*. Jetzt fragen wir: wie wird *das Unrecht ausgeübt?*

Zwei Arten der Ausübung des Unrechts.

Die *Ausübung des Unrechts* überhaupt betreffend, so geschieht sie auf zwei Wegen: entweder durch *Gewalt* oder durch *List:* in Hinsicht auf das ethisch Wesentliche ist dies einerlei. Mord und Verletzung vertilgen oder verstümmeln das fremde Individuum; gleichviel ob durch gewaltsamen Todtschlag, oder durch listige Vergiftung. In allen übrigen Fällen, also überall wo ich Unrecht thue, ohne den Leib des fremden Individuums zu zerstören oder zu verletzen, besteht das Wesentliche des Unrechts immer darin, daß ich, als Unrecht ausübend, das fremde Individuum zwinge *meinem* Willen zu dienen, statt *seinem* eignen, nach *meinem* Willen zu handeln, statt nach *seinem* eignen. Also ihn zwinge, durch sein Thun, seine Arbeit, *meinen* Zwecken zu dienen statt *seinen.* Dies erreiche ich nun auf dem Wege der *Gewalt*, physisch, durch *Kausalität: – (illustr.).*

Die Lüge.

Auf dem Wege der *List* erreiche ichs durch *Motivation*, welches die durch das Erkennen hindurchgegangene Kausalität ist: folglich dadurch, daß ich seinem Willen *Scheinmotive* vorschiebe, vermöge welcher er vermeinend zu thun was *er* will, thut was *ich* will. Da das Medium der Motive die *Erkenntniß* ist; so kann ich jenes Vorschieben eines falschen Motivs nur bewerkstelligen, durch Verfälschung seiner Erkenntniß: und das ist *die Lüge.* Sie bezweckt allemal Einwirkung auf den fremden *Willen*, nicht auf seine *Erkenntniß* allein, für sich und als solche; sondern auf diese nur als Mittel, nämlich sofern sie seinen *Willen* bestimmt. Ich verfälsche seine Erkenntniß niemals ihrer selbst wegen; sondern immer nur um dadurch sein Wollen anders zu lenken, nach meinen Zwecken. Denn *mein Lügen* selbst, da es von meinem Willen ausgeht, bedarf eines *Motivs:* und ein solches kann nur seyn der fremde *Wille*, nicht die fremde *Erkenntniß an und für sich:* denn diese als solche kann nie einen Einfluß auf mich haben, kann daher nie meinen Willen bewegen, nie ein Motiv seiner Zwecke seyn: sondern dies kann nur das fremde *Wollen und Thun;* und dadurch, folglich nur mittelbar, die fremde Erkenntniß. Dies gilt nicht nur von allen Lügen, die aus offenbarem *Eigennutz* entspringen, sondern auch von denen, welche hervorgehn aus reiner *Bosheit*, die sich weiden will an den schmerzlichen Folgen des von ihr veranlaßten fremden Irrthums. Sogar die bloße *Windbeutelei*, welche zunächst nur darauf ausgeht sich bei andern in höhere Meinung und größre Achtung zu setzen, bezweckt zuletzt eben dadurch einen größern oder leichtern Einfluß auf ihr Wollen und Thun. Also jede Lüge ist ein Einwirken auf den fremden Willen mittelst der fremden Erkenntniß;

hat allemal die Absicht den fremden Willen nach meinen Zwekken zu leiten. Das bloße Verweigern einer Wahrheit, d. h. einer Aussage überhaupt, ist an sich kein Unrecht, wohl aber das Aufheften einer jeden Lüge. Wer dem verirrten Wandrer den rechten Weg zu zeigen verweigert, thut ihm kein Unrecht; wohl aber der welcher ihn auf den falschen hinweist. – Aus dem Gesagten folgt, daß jede *Lüge* eben so *Unrecht* ist, wie jede Gewaltthätigkeit: beide unterscheiden sich nur durch die Wahl der Mittel: die Lüge hat, wie die Gewalt, den Zweck die Herrschaft meines Willens auszudehnen auf fremde Individuen, also meinen Willen zu bejahen durch Verneinung des ihrigen. Hieraus ist klar daß die Quelle der Lüge allemal ist die Absicht, die Herrschaft seines Willens auszudehnen über fremde Individuen, den Willen dieser zu verneinen, um seinen eignen desto besser zu bejahen, folglich geht die Lüge als solche aus von Ungerechtigkeit, Uebelwollen, Bosheit. Daher nun kommt es daß Wahrhaftigkeit, Aufrichtigkeit, Offenheit, Gradheit unmittelbar als lobenswerthe und edle Gemüthseigenschaften erkannt und geschätzt werden, weil wir voraussetzen, daß derjenige welcher diese Eigenschaften offenbart, keine Ungerechtigkeit, keine Bosheit der Gesinnung hege, und eben daher keiner Verstellung bedarf. Wer offen ist, hegt kein Arges. – Die förmlichste und dadurch vollkommenste Lüge ist der *gebrochne Vertrag:* denn hier sind alle angeführten Bestimmungen der Lüge vollständig, deutlich und ausdrücklich beisammen. Nämlich indem ich einen Vertrag eingehe, ist die fremde mir verheißene Leistung unmittelbar und eingeständlich das Motiv zur meinigen nunmehr erfolgenden. Die Versprechen werden mit Bedacht und förmlich gewechselt. Die darin gemachte Aussage wahr zu machen, steht, der Annahme zufolge, in der Macht eines jeden der beiden Kontrahenten. Bricht der Andre den Vertrag, leistet nicht das Verheißene; so hat er mich getäuscht und hat durch Unterschieben bloßer Scheinmotive in meine Erkenntniß, meinen Willen nach seiner Absicht gelenkt: er hat also mittelst einer recht planmäßigen Lüge die Herrschaft seines Willens ausgedehnt über das fremde Individuum, also ein vollkommnes Unrecht begangen. Hierauf gründet sich die ethische Rechtmäßigkeit und Gültigkeit der *Verträge.* Jede *Lüge* ist, nach der gegebnen Darstellung Unrecht, grade wie jede Gewaltthätigkeit; der *gebrochene Vertrag* ist aber die vollkommenste planmäßigste ausdrücklichste Lüge, ist eine *feierliche Lüge.*

Unrecht durch Gewalt ist für den Ausüber nicht so *schimpflich* als Unrecht durch List: weil jenes wenigstens von physischer Kraft zeugt, dieses, durch den Gebrauch des Umwegs, von Schwäche und also den Thäter als physisches und moralisches Wesen zugleich herabsetzt: zudem weil Lug und Betrug, nur dadurch gelingen kann, daß, der sie ausübt, zugleich selbst Abscheu und Verachtung dagegen äußern muß, um Zutrauen zu gewinnen. (Sehr [»Sehr« bis »Werth« mit Bleistift durchgestrichen] große Verschmitztheit ist minder schändlich als gemeiner, plumper Betrug, durch den intellektuellen Werth.)

Begriff des Rechts.

Als *Inhalt des Begriffs Unrecht* ergiebt sich also, daß es ist die Beschaffenheit der Handlung eines Individuums, in welcher dieses die Bejahung des in seiner Person erscheinenden Willens so weit ausdehnt, daß solche zur Verneinung des in fremden Personen erscheinenden Willens wird. Ich habe auch an ganz allgemeinen Beispielen die Gränze nachgewiesen, wo das Gebiet des Unrechts anfängt, indem ich zugleich seine Abstufungen vom höchsten Grad zu den niedrigsten durch wenige Hauptbegriffe bestimmte. Diesemzufolge ist der Begriff Unrecht der *ursprüngliche* und *positive:* der ihm entgegengesetzte Begriff Recht ist der *abgeleitete* und *negative.* Denn wir müssen uns nicht an die Worte halten, sondern an die Begriffe. In der That würde nie von Recht geredet worden seyn, gäbe es kein Unrecht. Der Begriff Recht enthält nämlich bloß die Negation des Unrechts und durch ihn wird jede Handlung gedacht, welche *nicht* Ueberschreitung der oben angegebnen Gränze ist, d. h. *nicht* Verneinung des fremden Willens zur stärkeren Bejahung des eignen ist. Jene Gränze theilt daher, in Hinsicht auf eine bloß und rein *ethische* Bestimmung, das ganze Gebiet möglicher Handlungen in solche die Unrecht oder Recht sind. Sobald eine Handlung nicht, auf die oben auseinandergesetzte Weise, eingreift in die

Sphäre fremder Willensbejahung, solche verneinend, ist sie nicht Unrecht. – Daher ist z. B. das *Versagen der Hülfe* bei dringender fremder Noth, etwa *Nicht*-beispringen wenn einer in Lebensgefahr um Hülfe ruft, die wir ohne eigne Lebensgefahr leisten könnten, das ruhige Zuschauen fremden Hungertodes bei eigenem Ueberfluß, zwar grausam und teuflisch, aber nicht Unrecht. Nur läßt sich mit völliger Gewißheit sagen, daß wer fähig ist die Lieblosigkeit und Härte bis zu einem solchen Grade zu treiben, auch ganz gewiß jedes Unrecht ausüben wird, sobald seine Wünsche es fordern und kein Zwang es wehrt. – Also Recht ist bloße Negation von Unrecht: eine Handlung ist *recht*, heißt bloß, sie ist nicht Unrecht, d. i. durch sie bejaht der Handelnde seinen Willen, ohne zugleich den Willen eines Andern, sofern dieser Wille schon ausgedrückt ist durch das Daseyn und die Beschaffenheit des Leibes, zu verneinen.

Zwangsrecht.

Der *Begriff des Rechts* als der Negation des Unrechts, hat aber seine hauptsächliche *Anwendung*, und ohne Zweifel auch seine *erste Entstehung* gefunden, in den Fällen, wo das von einer Seite *versuchte Unrecht*, von der andern mit Gewalt *abgewehrt* wird, welche *Abwehrung* nicht selbst wieder Unrecht seyn kann, folglich *Recht* ist. Eine solche Handlung erschiene außer dem Zusammenhange gesehn als Unrecht, aber sie ist Recht durch ihre Beziehung auf eine Handlung eines andern Individuums welche wirklich Unrecht ist. Die dabei verübte *Gewaltthätigkeit, bloß an sich und abgerissen betrachtet*, wäre Unrecht: aber hier ist sie durch den Anlaß, das Motiv *gerechtfertigt*, d. h. *zum Recht geworden*. Wenn ein Individuum in der Bejahung seines Willens so weit geht, daß es dadurch in die Sphäre der *meiner* Person als solcher wesentlichen Willensbejahung *eindringt* und dadurch diese verneint; so ist mein *Abwehren* dieses Eindringens nur die *Verneinung jener Verneinung*, und insofern von meiner Seite nichts mehr als die *Bejahung* des Willens der in meinem Leibe wesentlich und ursprünglich erscheint und daher durch das Daseyn meines Leibes schon *implicite* ausgedrückt ist: folglich ist jenes Abwehren nicht Unrecht, daher heißt es *Recht.* Dies heißt: ich habe sodann ein *Recht*, jene fremde Verneinung mit der zu ihrer Aufhebung nöthigen Kraft zu verneinen: dieses kann, wie leicht einzusehn ist, bis zur Tödtung des fremden Individuums gehn: denn die Beeinträchtigung, da sie eine eindringende äußere Gewalt ist, muß mit einer sie etwas *überwiegenden Gegenwirkung* abgewehrt werden, und dies geschieht ohne alles Unrecht, folglich mit Recht: denn alles, was von meiner Seite dabei geschieht, liegt immer nur *in der Sphäre, der meiner Person* als solcher wesentlichen und schon durch diese ausgedrückten Willensbejahung: diese bleibt der *Schauplaz* des Kampfes: und was ich so thue, dringt nicht in die Sphäre fremder Willensbejahung ein, ist folglich nur *Negation der Negation*, also *Affirmation*, nicht selbst Negation. Wenn also mein Wille, wie dieser erscheint in meinem Leibe und in der Verwendung der Kräfte dieses Leibes zu dessen Erhaltung, von einem fremden Willen verneint wird; so kann ich, ohne Unrecht, diesen fremden Willen zwingen, von solcher Verneinung abzustehn: d. h. ich habe soweit ein *Zwangsrecht.* Dieselbe Handlung von meiner Seite, die außerdem Unrecht wäre, ist nunmehr Recht.

Recht zur Lüge. [Dazu die Bleistiftnotiz: *Paradoxon.*]

In allen Fällen nun, wo ich ein solches *Zwangsrecht* habe, d. h. ein vollkommnes Recht habe *Gewalt* gegen Andre zu gebrauchen, da kann ich, wenn diese Gewalt mir fehlt, zum selben Zwecke auch die *List* gebrauchen, kann den fremden Willen, welcher meinen Willen zu verneinen strebt, auch durch Schein-Motive die ich in seine Erkenntniß bringe, von seinem Ziel ablenken, eben so gut als ich ihm ohne Unrecht Gewalt entgegenstellen könnte, wenn ich sie hätte: ich kann also, ohne Unrecht, der fremden Gewalt List und Betrug entgegenstellen: folglich habe ich ein wirkliches *Recht zur Lüge, grade soweit als ich es zur offnen Gewalt, zum Zwange habe.* Exempel [Vgl. WI, § 62, S. 401 [465]]: Straßenräuber. – Hausräuber bei Einbruch. – Barbaresken. –
(Zwingt mich Einer, mit der Pistole auf der Brust ihm einen

Wechsel auszustellen; so hätte ich ganz Recht, wenn ich es möglich machen könnte, den Wechsel mit einer Tinte zu schreiben, die ganz und gar verblaßt und bald keine Spur nachläßt.)

Ein durch unmittelbare körperliche Gewalt *abgezwungnes Versprechen bindet nicht:* weil der solchen Zwang Erleidende ein Recht hat sich durch *Tödtung* der Gewältiger zu befreien, geschweige *durch Hintergehung.* Wer sein *geraubtes Eigenthum* nicht durch Gewalt zurücknehmen kann, begeht kein Unrecht, wenn er es sich *durch List* verschafft. *Falsche Würfel:* Kriegslist. [Vgl. WI, § 62, S. 402 [465]]

So scharf streift *die Gränze* des Rechts an die des Unrechts. Bisher hat aber noch Niemand gewagt sie so scharf zu ziehn. – Sie werden leicht einsehn daß dieses *nicht im Widerspruch* steht mit dem was ich gesagt habe über die *ursprüngliche* Unrechtmäßigkeit der Lüge wie der Gewalt. Beides ursprünglich Unrecht, wird Recht dadurch, daß es bloße Abwehr des Unrechts ist. Dieses statt der Theorien über Nothlüge!

Die Bedeutung von Recht und Unrecht ist eine ethische.

Nach allem Bisherigen sind also Unrecht und Recht bloß *ethische* Bestimmungen, d. h. Bestimmungen welche gültig sind für die Betrachtung des *Handelns* als solchen und in Beziehung auf die *innere Bedeutung an sich dieses Handelns.* Diese Bedeutung kündigt sich im Bewußtsein unmittelbar an, dadurch daß einerseits das *Unrechtthun* von einem innern *Schmerz* begleitet ist, so angenehm auch dessen Erfolg seyn mag: dieser Schmerz drückt zweierlei aus: 1. er ist das bloß Gefühlte Bewußtseyn des Unrecht-Ausübenden von der *übermäßigen Stärke* der Bejahung des Willens in ihm selbst welche den Grad erreicht, wo sie zur Verneinung der fremden Willenserscheinung wird, 2. sodann auch ist er das innere, geheime Bewußtseyn des Unrecht-Ausübenden, daß er zwar *als Erscheinung* von dem Unrechtleidenden *verschieden* ist, *an sich* aber mit diesem *identisch.* (Die weitere Auseinandersetzung dieser innern Bedeutung *aller Gewissensangst suo loco.)* Andrerseits der *Unrecht-Leidende* ist sich schmerzlich bewußt der Verneinung seines Willens, wie dieser

Wille *schon ausgedrückt ist durch seinen Leib* und dessen natürliche Bedürfnisse, zu deren Befriedigung die Natur ihn auf die Kräfte dieses Leibes verweist: und zugleich ist er sich bewußt, daß er, ohne Unrecht zu thun, jene Verneinung auf alle Weise *abwehren könnte*, wenn ihm die *Macht* nicht mangelte. Dies Gefühl des Unrechtleidens ist ein rein geistiger Schmerz, der ganz verschieden ist von dem physischen Schmerz durch das Uebel das man erduldet oder den Verdruß über den Verlust den man leidet. Diese *rein ethische Bedeutung* ist die einzige, welche Recht und Unrecht für den Menschen als Menschen haben, nicht als Staatsbürger. Diese Bedeutung von Recht und Unrecht bliebe folglich auch im *Naturzustande*, ohne alles positive Gesetz. Sie ist die Grundlage und der Gehalt alles dessen, was man deshalb *Natur-Recht* genannt hat: besser hieße es ethisches Recht: denn seine Gültigkeit erstreckt sich nicht auf das *Leiden*, auf die äußere Wirklichkeit, sondern nur auf das *Thun*, und auf die aus diesem Thun dem Menschen selbst hervorgehende Erkenntniß seines individuellen Willens, welche Erkenntniß *Gewissen* heißt. Im *Naturzustande* aber kann diese rein ethische Bestimmung des Handelns sich nicht in jedem Fall auch *nach Außen*, auf andre Individuen *geltend* machen und verhindern, daß nicht Gewalt, statt des Rechts, herrsche. Im Natur-Zustande hängt es nämlich von Jedem bloß ab, in jedem Falle nicht Unrecht zu *thun*, nicht aber in jedem Falle nicht Unrecht zu *leiden:* dies hängt ab von seiner zufälligen äußeren Gewalt. Daher sind die Begriffe Recht und Unrecht zwar auch für den Naturzustand gültig und keineswegs konventionell: aber dort gelten sie bloß als *ethische* Bestimmungen zur *Selbsterkenntniß* des eigenen Willens eines Jeden. Nämlich auf der *Skala* der höchst verschiedenen Grade der Stärke mit welchen der Wille zum Leben in menschlichen Individuen sich offenbart, sind die Begriffe Recht und Unrecht ein *fester Punkt* (wie der Eispunkt auf dem Thermometer), nämlich der Punkt, wo die Bejahung des eigenen Willens zur Verneinung des fremden wird: d. h. auf diesem Punkt giebt der Wille den Grad seiner Heftigkeit, und zugleich den Grad der Befangenheit der Erkenntniß im *principio individuationis* an, durch Unrecht-Thun. Denn vermöge des *principii individuationis* (Zeit und Raum) sind die Individuen einer Art verschieden. Das *princi-*

pium individuationis aber ist eben die Form der ganz im Dienst des Willens stehenden Erkenntniß. Wenn nun aber Einer die rein ethische Betrachtung des Handelns ganz *bei Seite setzen oder verleugnen will,* und das Handeln bloß betrachten will nach dessen äußerer Wirksamkeit und deren Erfolg; so kann er allerdings, was Hobbes that, Recht und Unrecht erklären für ganz konventionelle und willkürlich angenommne Bestimmungen, die daher außer dem positiven Gesetz gar nicht vorhanden sind: denn wir können nie ihm durch äußere Erfahrung das beibringen, was nicht zur äußeren Erfahrung gehört. Derselbe Hobbes karakterisirt seine vollendet empirische Denkungsart höchst merkwürdig dadurch, daß er, in seinem Buche *de principiis [et ratiocinatione] Geometrarum* [London 1661], die ganz eigentlich reine Mathematik ableugnet und hartnäckig behauptet, der Punkt habe Ausdehnung und die Linie Breite: nun können wir ihm doch nie einen Punkt ohne Ausdehnung und eine Linie ohne Breite vorzeigen, also ihm so wenig die Apriorität der Mathematik als die Apriorität des Rechts beibringen, weil er sich nun einmal jeder nichtempirischen Erkenntniß verschließt. Indessen giebt es für die Apriorität der Erkenntniß von Recht und Unrecht, und für die Unabhängigkeit derselben von aller positiven Satzung auch einen empirischen Beleg. Alle *Wilde* nämlich kennen Recht und Unrecht; zwar *in abstracto* mögen sie wenig darüber zu sagen wissen, aber unmittelbar, im Gefühl, wie man spricht, unterscheiden sie Recht und Unrecht sehr wohl, ja bisweil sehr fein und genau. Dies zeigt sich täglich bei ihrem Umgang mit der Mannschaft Europäischer Schiffe, dem Tauschhandel mit solchen, den Verträgen die darüber geschlossen werden, den Besuchen, die sie auf den Schiffen machen. Sie sind dreist und zuversichtlich wenn sie Recht haben, hingegen ängstlich, wenn das Recht nicht auf ihrer Seite ist. Bei vorkommenden Streitigkeiten lassen sie sich eine rechtliche Ausgleichung gefallen: hingegen durch eigenmächtiges, ungerechtes Verfahren reizt man sie zum Kriege.

Die *reine Rechts-Lehre* ist also ein Kapitel der *Ethik* und bezieht sich direkt bloß auf das *Thun* und nicht auf das *Leiden.* Denn nur das Thun ist Aeußerung des Willens, und den Willen allein betrachtet die Ethik. Leiden ist bloße Begebenheit: die

Ethik kann das Leiden bloß indirekt berücksichtigen, nämlich allein um nachzuweisen, daß was bloß geschieht um kein Unrecht zu leiden, kein Unrecht-Thun ist. – Die Ausführung der Rechts-Lehre, als eines Kapitels der Ethik, würde zum Inhalt haben die genaue *Bestimmung der Gränze* bis zu welcher ein Individuum gehen kann in der Bejahung seines schon in seinem Leibe objektivirten Willens, ohne daß diese Bejahung zur Verneinung eben jenes Willens werde sofern er in einem andern Individuo erscheint; sodann die Bestimmung der Handlungen, welche diese Gränze *überschreiten*, folglich Unrecht sind, und daher auch wieder ohne Unrecht abgewehrt werden können. Immer also bliebe hier das Augenmerk der Betrachtung das eigne *Thun*.

Der Staat.

In äußrer Erfahrung, als Begebenheit, erscheint nun aber das *Unrecht-Leiden*, und in ihm manifestirt sich, deutlicher als irgendwo, die Erscheinung des Widerstreits des Willens zum Leben gegen sich selbst, welche Erscheinung hervorgeht aus der Vielheit der Individuen und ihrem Egoismus, welche beide bedingt sind durch das *principium individuationis*, welches die Form der Welt als Vorstellung für die Erkenntniß des Individuums ist. An diesem *Widerstreit*, dieser Eris, eben hat ein großer Theil des dem menschlichen Leben *wesentlichen Leidens* seine stets fließende *Quelle*.

Weil allen menschlichen Individuen die *Vernunft* gemeinsam ist, und sie daher nicht, wie die Thiere, bloß den einzelnen Fall erkennen, sondern auch das Ganze im Zusammenhang überblikken; so haben sie die Quelle jenes Leidens bald erkannt und sind auf *Mittel bedacht geworden*, dasselbe zu verringern, oder wo möglich aufzuheben, und zwar durch ein gemeinschaftliches Opfer, welches jedoch überwogen wird von dem daraus hervorgehenden gemeinschaftlichen Vortheil. Dem Egoismus jedes Einzelnen ist zwar, bei vorkommenden Fällen, das Unrecht-Thun sehr angenehm: allein es hat stets ein nothwendiges Korrelat am Unrecht-Leiden eines andern Individuums, dem dieses ein großer Schmerz ist. Indem nun die Vernunft das Ganze überdenkt, tritt sie heraus aus dem einseitigen Standpunkt des Individuums, dem sie angehört und macht sich von der Anhänglichkeit an dasselbe, für den Augenblick, los. Dann sieht sie den Genuß des Unrecht-Thuns in *einem* Individuo jedesmal überwogen durch den verhältnißmäßig größern Schmerz im Unrecht-Leiden eines *andern:* ferner findet sie, daß weil hier alles dem Zufall überlassen bleibt, Jeder zu befürchten hat, daß ihm viel seltner der Genuß des gelegentlichen Unrecht-Thuns, als der Schmerz des Unrecht-Leidens zu Theil werden möchte. Hieraus erkennt nun die Vernunft, daß sowohl um das über Alle verbreitete Leiden zu mindern, als auch um es möglichst gleichförmig zu vertheilen, das beste und einzige Mittel sei, daß Alle dem durch das Unrecht-Thun zu erlangenden Genuß entsagen, wodurch dann auch Allen der Schmerz des Unrecht-Leidens erspart wird. Dieses Mittel also, welches der durch den Gebrauch der Vernunft methodisch verfahrende und dabei seinen einseitigen Standpunkt verlassende Egoismus leicht ersonnen und allmälig vervollkommnet hat, ist der *Staatsvertrag* oder das *Gesetz*. Wie ich hier seinen Ursprung angebe, stellt ihn schon Plato in der Republik dar. In der That ist dieser Ursprung der wesentlich einzige und durch die Natur der Sache gesetzte. Auch kann der Staat, in keinem Lande, je einen andern gehabt haben: denn erst diese Entstehungsart, dieser Zweck, macht ihn zum Staat. Dabei ist es aber gleichviel ob der Zustand welcher in jedem bestimmten Volk dem Eintritt des Staats vorhergieng, der Zustand eines Haufens von einander unabhängiger Wilden war, Anarchie, oder der eines Haufens Sklaven, die der stärkere nach Willkühr beherrschte, Despotie. In beiden Fällen war noch kein Staat da: dieser entsteht erst durch jene gemeinsame Uebereinkunft: und je nachdem diese Uebereinkunft mehr oder weniger vermischt ist mit Anarchie oder Despotie, ist der Staat vollkommner oder unvollkommner.

Die *Ethik* gieng ausschließlich auf das Recht- oder Unrecht-*Thun:* daher konnte sie dem, welcher etwa entschlossen wäre, kein Unrecht zu thun, die Gränze seines Handelns genau bezeichnen. Sie frägt: was hat ein Mensch zu *thun*, um *gerecht* zu seyn? Die *Staatslehre* aber, die Lehre von der Gesetzgebung, geht umgekehrt ganz allein auf das Unrecht-*Leiden*, sie frägt: »was braucht Einer sich nicht gefallen zu lassen, wenn er nicht *Unrecht leiden* soll?« und sie würde sich nie um das Unrecht-Thun bekümmern, wenn es nicht wäre, wegen seines allemal nothwendigen Korrelats, des Unrecht-*Leidens*, welches *ihr* Augenmerk ist, als der Feind, dem sie entgegen arbeitet. Ja, wenn sich ein Unrechtthun denken ließe, mit welchem kein Unrecht-Leiden von einer andern Seite verknüpft wäre; so würde, konsequent, der Staat es keineswegs verbieten. – Ferner, in der *Ethik* ist der Gegenstand der Betrachtung und das allein Reale *der Wille*, die Gesinnung: daher gilt ihr der feste Wille zum zu verübenden Unrecht, den allein die äußere Macht zurückhält und unwirksam macht, dem wirklich verübten Unrecht ganz gleich, und der solches Wollende ist sofort vor ihrem Richterstuhl als Ungerecht verdammt. Eben so gilt der feste Entschluß und der mißlingende Versuch zur guten That, dessen Wirkung eine äußere Gewalt hemmt, ganz gleich der ausgeführten guten That. Es kommt der Ethik bloß an auf das was *gewollt* wird, nicht auf das was *geschieht:* mit dem Erfolg der That mögen nachher Zufall und Irrthum spielen, in deren Reich die bloße Begebenheit als solche liegt: das ändert nichts am ethischen Werth der That. Für die Ethik hat die Außenwelt und ihre Begebenheiten bloß insofern Realität, als sie Zeichen des Willens sind, der durch sie bestimmt wurde: außerdem sind sie ihr nichtig, und diese ihre Nichtigkeit, in Hinsicht auf den Standpunkt des eigentlich Wesentlichen wird eben dadurch bestätigt daß die Begebenheiten als solche im Reiche des Zufalls und des Irrthums liegen: dies eben zeigt, daß es vom höchsten Standpunkt aus gar nicht ankommt auf das, was *geschieht*, sondern auf das, was *gewollt* wird. Hingegen den *Staat* kümmern Wille und Gesinnung, bloß als solche, ganz und gar nicht; sondern allein die wirkliche Begebenheit, die *That;* sie sei nun bloß versucht oder ausgeführt: die ungerechte That kümmert ihn wegen ihres Korrelats des Unrecht-Leidens von der andern Seite. Dem Staat ist also die That, die Begebenheit, das allein Reale: Die Gesinnung, die Absicht, kann bloß von ihm erforscht werden, weil er die Bedeutung der That, daraus erkennen will, d. h. *die eigentliche That* im wahren Lichte sehn will. *(Illustr.)* Deshalb wird der Staat Niemandem verbieten

Mord und Gift gegen einen Andern beständig in Gedanken zu tragen; sobald er nur gewiß weiß, daß die Furcht vor Rad und Schwert die Wirkungen jenes Wollens beständig hemmen werden. Der Staat hat auch keineswegs den thörichten Plan, *die Neigung* zum Unrecht-Thun, die *böse Gesinnung*, zu vertilgen. Sondern er will bloß jedem möglichen Motiv zum Unrecht-Thun, immer ein überwiegendes Motiv zur Unterlassung desselben, in der unausbleiblichen Strafe, zum voraus entgegenstellen. Zu diesem Zweck wird nun die Staatslehre, oder die Gesetzgebung von der Ethik jenes Kapitel borgen, welches die Rechtslehre ist, und welches neben der innern Bedeutung des Rechts und Unrechts, die genaue Gränze zwischen beiden bestimmt: aber sie borgt es einzig und allein, um dessen *Kehrseite* zu benutzen und alle die Gränzen, welche die Ethik als unüberschreitbar, wenn man nicht Unrecht *thun* will, angiebt, von der andern Seite zu betrachten, als Gränzen, deren Ueberschrittenwerden vom Andern man nicht dulden darf, wenn man nicht Unrecht *leiden* will, und von welchen man Andre zurückzutreiben deshalb ein *Recht* hat: diese Gränzen nun werden daher von der möglicherweise passiven Seite aus *verbollwerkt*, durch Gesetze. Der *Jurist* und der *Moralist* haben das nämliche Thema, das Handeln der Menschen gegen einander: aber sie haben einen umgekehrten Gesichtspunkt: der *Moralist* geht vom *Thun* aus, von der *aktiven* Seite; der *Jurist* vom *Leiden*, von der *passiven* Seite. Z. B. Ein Schuldner und ein Gläubiger streiten, indem jener die Schuld leugnet. Dabei sind gegenwärtig ein Moralist und ein Jurist. Beide werden lebhaften Antheil an der Sache nehmen, auch beide den nämlichen Ausgang der Sache wünschen, obgleich beide einen entgegengesetzten Gesichtspunkt und jeder ganz andre Absicht hat. Der Jurist wird sagen: »ich will daß dieser Mann das Seinige wiedererhalte.« Der Moralist: »ich will daß jener Mann thue was gerecht ist.« – Es ist die nämliche Linie von entgegengesetzten Richtungen aus gezogen. Hieraus ergiebt sich daß der Rechtslehrer eigentlich der umgekehrte Moralist ist, wie man recht witzig den Geschichtschreiber einen umgewandten Propheten genannt hat. Die Rechts-Lehre im eigentlichen Sinn, d. h. die Lehre von den *Rechten*, welche man *behaupten* darf, ist die umgewandte Moral, in dem Kapitel, wo diese von den Rechten handelt, welche man *nicht verletzen* darf. Der Begriff des Unrechts und seiner Negation des Rechts ist ursprünglich *ethisch*, wird aber *juridisch*, durch Verlegung des Ausgangspunkts von der aktiven auf die passive Seite, also durch *Umkehrung*. Dieses, so lange man es nicht deutlich einsah, und sodann die Rechtslehre Kants, welche aus seinem kategorischen Imperativ die Errichtung des Staats als moralische Pflicht ableitet, hat in der neuern Zeit ziemlich häufig den sehr *sonderbaren Irrthum* veranlaßt, der Staat sei eine Anstalt zur *Beförderung der Moralität*, gehe aus dem Streben nach Moralität hervor und sei demnach gegen den Egoismus gerichtet. Als ob die innre Gesinnung, welcher allein Moralität oder Immoralität zukommt, der ewig freie Wille sich von Außen modifiziren und durch Einwirkung ändern ließe! Noch verkehrter ist das Theorem, der Staat sei die Bedingung der Freiheit im ethischen Sinn und dadurch der Moralität: da doch die Freiheit jenseit der Erscheinung liegt, geschweige jenseit menschlicher Einrichtungen. Der Staat ist, wie gesagt, so wenig gegen den Egoismus überhaupt und als solchen gerichtet; daß er umgekehrt grade hervorgegangen ist aus dem sich wohlverstehenden und methodisch verfahrenden Egoismus, indem dieser aus dem einseitigen Standpunkt auf den allgemeinen getreten ist und so durch Aufsummirung als gemeinschaftlicher Egoismus Aller dasteht: diesem zu dienen ist der Staat allein da und ist errichtet unter der richtigen Voraussetzung, daß reine Moralität, d. h. Rechthandeln aus ethischen Gründen nicht zu erwarten ist: außerdem wäre er ja überflüssig. Der Staat ist also keineswegs gegen den *Egoismus* gerichtet, sondern allein *gegen die Nachtheiligen Folgen des Egoismus*, welche aus der *Vielheit* egoistischer Individuen diesen allen wechselseitig hervorgehn und ihr Wohlseyn stören: dieses *Wohlseyn* also eben bezweckt der Staat. Diesen Ursprung und Zweck des Staats hat schon Hobbes ganz richtig und vortrefflich auseinandergesetzt. – Wenn der Staat seinen Zweck vollkommen erreicht, wird er dieselbe Erscheinung hervorbringen, als wenn vollkommne Gerechtigkeit der Gesinnung allgemein herrschte. Das innre Wesen und der Ursprung beider Erscheinungen wird aber der umgekehrte seyn. Nämlich im letztern Fall wäre es dieser, daß Niemand Unrecht *thun* wollte; im erstern aber dieser, daß Niemand Unrecht *leiden* wollte und die gehörigen Mittel zu diesem Zweck vollkommen angewandt wären. So läßt sich dieselbe Linie aus entgegengesetzten Richtungen beschreiben und ein Raubthier mit einem Maulkorb ist so unschädlich als ein grasfressendes Thier. – Weiter aber als bis zu diesem Punkt kann der Staat es nicht bringen: er kann also nicht eine Erscheinung zeigen, gleich der, welche aus allgemeinem wechselseitigen Wohlwollen und Liebe entsprungen wäre. Denn, wie wir vorhin fanden, daß der Staat, seiner Natur zufolge, ein Unrechtthun, dem gar kein Unrecht-Leiden von der andern Seite korrespondirte, gar nicht verbieten würde oder könnte, und bloß weil dies unmöglich ist, jedes Unrechtthun verwehrt; so würde er umgekehrt, in folge seiner auf das Wohlseyn aller gerichteten Tendenz, sehr gern dafür sorgen, daß Jeder Wohlwollen und Werke der Menschenliebe aller Art *erführe;* hätten nicht auch diese ein unumgängliches Korrelat im *Leisten* von Wohlthaten und Liebeswerken, wobei nun aber jeder Bürger des Staats die passive Rolle würde übernehmen wollen und keiner sich zur aktiven fände, welche letztere auch aus keinem Grunde dem Einen vor dem Andern zuzumuthen wäre. Demnach läßt sich nur das Negative *erzwingen*, welches eben das Recht ist, nicht das Positive, welches man unter dem Namen der Liebespflichten oder unvollkommnen Pflichten verstanden hat.

Wir sahen also, daß die Gesetzgebung *die Rechtslehre*, oder die Lehre vom Wesen und den Gränzen des Rechts und Unrechts *von der Ethik entlehnt*, um dieselbe nun zu ihren, der Ethik fremden Zwecken anzuwenden, was von der Kehrseite geschieht, und sodann danach die *positive Gesetzgebung* und das Mittel zur Aufrechthaltung derselben, d. i. den *Staat*, zu errichten. Diese Anwendung der Rechts-Lehre kann mit Rücksicht auf die eigenthümlichen Verhältnisse und Umstände eines bestimmten Volks geschehn. Aber nur, wenn die positive Gesetzgebung im Wesentlichen durchgängig nach Anleitung der *reinen Rechtslehre* bestimmt ist und für jede ihrer Satzungen ein Grund in der *reinen Rechtslehre* sich nachweisen läßt, nur dann ist die entstandne Gesetzgebung eigentlich ein *positives Recht* und der Staat ein rechtlicher Verein, *Staat*, im eigentlichen Sinn des Worts, eine ethisch zulässige, nicht unmoralische Anstalt. Widrigenfalls ist hingegen die positive Gesezgebung die Begründung eines *positiven Unrechts*, ist selbst ein öffentlich zugestandnes, erzwungnes Unrecht. Dergleichen ist jede Despotie, die Verfassung fast aller muhamedanischen Reiche: dahin gehört sogar mancher Theil vieler Verfassungen, z. B. Leibeigenschaft, Frohn, angeborne Privilegien einzelner Unterthanen u. dgl. m. – Die reine Rechtslehre, oder das Natur-Recht, besser ethisches Recht, liegt, obwohl immer durch Umkehrung, jeder rechtlich positiven Gesetzgebung so zum Grunde, wie die reine Mathematik jedem Zweige der angewandten. Die wichtigsten Punkte der reinen Rechts-Lehre, wie, zu jenem Zweck, die Philosophie sie der Gesetzgebung zu überliefern hat, sind folgende fünf: 1) Erklärung der innern und eigentlichen Bedeutung, wie auch des Ursprungs der Begriffe Unrecht und Recht, und ihrer Anwendung und Stelle in der Ethik. – 2) Die Ableitung des Eigenthumsrechts. – 3) Die Ableitung der ethischen Gültigkeit der *Verträge*, da diese die ethische Grundlage des Staatsvertrags ist. – 4) Die Erklärung der Entstehung und des Zwecks des *Staats*, des Verhältnisses dieses Zwecks zur Ethik und der in Folge dieses Verhältnisses zweckmäßigen Uebertragung der ethischen Rechts-Lehre, durch Umkehrung, auf die Gesetzgebung. – 5) Die Ableitung des Straf-Rechts. – Der übrige Inhalt der Rechts-Lehre ist bloße Anwendung jener Principien, nähere Bestimmung der Gränzen des Rechts und Unrechts für alle möglichen Verhältnisse des Lebens, welche deshalb unter gewisse Gesichtspunkte und Titel vereinigt und abgetheilt werden. (Z. B. das Recht zwischen Regierung und Unterthanen, zwischen Käufer und Verkäufer, Pächter und Besitzer, zwischen Eheleuten, Eltern und Kindern, Herren und Diener, Beamten und Regierung, Gesellschafts-Recht zwischen Associés, Vormundschafts-Recht, Verlags-Recht, Büchernachdruck u. dgl. m.) In diesen besondern Lehren stimmen die Lehrbücher des reinen Rechts alle ziemlich überein: nur in den obersten Principien lauten sie sehr verschieden, weil solche immer mit irgend einem philosophischen System zusammenhängen. Ich habe nun (in Gemäßheit des unsrigen) die vier ersten jener Hauptpunkte, kurz und allgemein, jedoch bestimmt und deutlich erörtert, so daß nur noch vom *Strafrecht* eben so zu reden ist. [Eine Bleistiftnotiz deutet darauf hin, daß Schopenhauer bei seinem Vortrag den nächsten Abschnitt »Ueber Kants Rechtslehre« *ad libitum* auslassen wollte.]

Ueber Kants Rechtslehre.

Zuvörderst eine Bemerkung: Kants Rechts-Lehre ist ein sehr schlechtes Buch: es gehört zu seinen spätesten Schriften und ist mir nur erklärlich aus seiner Altersschwäche, die bald darauf in die zweite Kindheit übergieng. Seine Rechts-Lehre ist durch und durch eine sonderbare Verflechtung einander herbeiziehender Irrthümer. Er will die Rechts-Lehre von der Ethik scharf trennen, dennoch aber die Rechts-Lehre nicht abhängen lassen von bloßer Konvention, von positiver Gesetzgebung, d. h. von willkürlichem Zwange; sondern *der Begriff des Rechts soll rein und apriori bestehn.* Aber das ist nicht möglich: denn das Handeln kann nur nach zwei Bedeutungen betrachtet werden: nämlich nach seiner ethischen Bedeutsamkeit, und nach seiner physischen Beziehung auf Andre und dadurch auf äußern Zwang. Eine dritte Ansicht des Handelns ist gar nicht möglich. Folglich wenn Kant sagt: Rechtspflicht ist die, welche erzwungen werden *kann;* so ist dieses *Kann* entweder physisch zu verstehn: dann ist alles Recht positiv und willkürlich, und wieder auch alle Willkühr, die sich durchsetzen läßt, ist Recht: – oder das *Kann* ist *ethisch* zu verstehn, und wir sind wieder auf dem Gebiet der Ethik. Bei Kant schwebt folglich der Begriff des Rechts zwischen Himmel und Erde, und hat keinen Boden auf dem er fußen kann: bei mir gehört er in die Ethik. – Zweitens ist Kants Bestimmung des Rechts ganz negativ und dadurch ungenügend. Wenn ich gleich sage der Begriff Recht ist ein negativer, im Gegensatz des Begriffs Unrecht, welcher der positive Ausgangspunkt ist; so darf deshalb doch nicht die Erklärung dieser Begriffe durch und durch negativ seyn. Das ist sie aber bei Kant, da er sagt: »Recht ist das, was sich mit dem Zusammenbestehn der Freiheiten der Individuen neben einander, nach einem allgemeinen Gesetze, verträgt.« [Wörtlich: Eine jede Handlung ist recht, die oder nach deren Maxime die Freiheit der Willkühr eines Jeden mit Jedermanns Freiheit nach einem allgemeinen Gesetze zusammen bestehen kann. (Metaphysik der Sitten, Einl. in die Rechtslehre, § C)] – Freiheit bedeutet hier die empirische, d. i. physische, nicht die ethische Freiheit des Willens: Diese empirische oder physische Freiheit ist aber das bloße Nicht-gehindert-seyn, also eine bloße Negation: ganz dieselbe Bedeutung hat wieder das Zusammenbestehn: wir bleiben also bei lauter Negationen und erhalten keinen positiven Begriff: ja, wir erfahren gar nicht, wovon die Rede ist, wenn wir es nicht schon anderweitig wissen. Das sind Kants zwei Hauptfehler. Nun in der Ausführung entwickeln sich die verkehrtesten Ansichten, wie die daß es im natürlichen Zustande, d. h. außer dem Staat, gar kein Recht auf Eigenthum gebe, welches eigentlich heißt daß alles Recht positiv sei, so daß nun das Natur-Recht auf das positive gestützt wird, statt daß es umgekehrt seyn sollte: sodann soll die rechtliche Erwerbung begründet werden durch Besitzergreifung; dann soll es zur Errichtung des Staats eine ethische Verpflichtung geben, nach dem kategorischen Imperativ: – der Grund des Strafrechts (wovon gleich) soll seyn Vergeltung, um zu vergelten. – Was ich aber hier von der Kantischen Rechts-Lehre sage, trifft die meisten der unzähligen seit Kant erschienenen Lehrbücher des Natur-Rechts: seine Irrthümer haben den nachtheiligsten Einfluß gehabt: längst erkannte und ausgesprochne Wahrheiten sind wieder verwirrt und verdunkelt worden: seltsame Theorien sind gemacht, und haben viel Streitens und Schreibens veranlaßt. Von Bestand kann das freilich nicht seyn: die Wahrheit und gesunde Vernunft macht sich immer wieder Bahn: das Gepräge dieser letzteren trägt besonders *I. C. F. Meisters* Natur-Recht [Lehrbuch des Natur-Rechtes, Frankfurt/O. 1809], im Gegensatz so mancher verschrobnen Theorien: von allen mir bekannten Lehrbüchern ist es das vorzüglichste, obgleich es noch keineswegs als Muster erreichter Vollkommenheit angesehn werden kann.

Vom Straf-Recht.

Also vom *Straf-Recht.* Zu Kants grundfalschen Behauptungen gehört, wie gesagt, auch die, daß es außer dem Staate kein vollkommnes *Eigenthums-Recht* gebe. Ich habe Ihnen abgeleitet, wie es auch im Naturzustand vollkommnes Eigenthum giebt, d. h. solches, welches mit vollkommnem natürlichen d. h. ethischen Recht besessen wird, daher ohne Unrecht nicht verletzt, aber ohne Unrecht aufs Aeußerste vertheidigt werden kann. Hingegen Straf-Recht giebt es außer dem Staat eigentlich gar nicht. [Fußnote: NB dies ist vielleicht doch zu limitiren. Im Naturzustande kann ich dem der mir einmal das Obst im Garten aufgegessen hat androhen, daß wenn er es nochmals thut, ich ihn prügeln werde, und dies dann vollziehn, ohne Unrecht. So ein besondrer Fall ist aber doch nur eine Ausnahme, welche es besser ist als solche aufzustellen, als ihrethalben die Regel nicht festzusetzen.] Denn der Begriff der *Strafe* ist: Auflegung eines Uebels in Folge einer That, für welche *ein Gesetz* jenes Uebel androhte. Strafe setzt also *Gesetz* voraus. Alles Recht zu strafen ist allein durch das positive Gesez begründet [Fußnote: Das gilt auch bei der angeführten Ausnahme: die bloß deshalb als solche eintritt, weil in jenem Fall ein positives Gesetz von einer Seite aufgestellt wird, ohne daß es von der andern angenommen worden, d. h. ohne daß man sich zum Staat vereinigt hat: doch liegt schon hier gewissermaaßen der Anfang des Staats: denn der Droher, wird in solchem Fall bereit sein, auch von dem Andern eine gleiche Drohung anzunehmen.]: dieses bestimmt dem Vergehn, bevor solches geschehn ist, eine Strafe, um durch deren Androhung ein *Gegenmotiv* zu geben, welches alle etwanige Motive zu jenem Vergehn überwiegen soll. Dies positive Gesez ist anzusehn als von allen Bürgern des Staats sanktionirt und anerkannt. Es gründet sich also auf einem gemeinsamen Vertrage, zu dessen Erfüllung, unter allen Umständen die Glieder des Staats verpflichtet sind, also von der einen Seite zur Vollziehung der Strafe, und von der andern zur Duldung derselben: daher ist diese Duldung ohne Unrecht, also mit Recht erzwingbar. Folglich ist der unmittelbare *Zweck der Strafe*, im einzelnen Fall, *Erfüllung des Gesetzes als eines Vertrags*. Der einzige Zweck des *Gesetzes* aber ist *Abschreckung* von Beeinträchtigung fremder Rechte. Denn eben damit Jeder vor Unrechtleiden geschützt sei, hat man sich zum Staate vereinigt, hat dem Unrechtthun entsagt und die Lasten der Erhaltung des Staats auf sich genommen. Das Gesetz also und die Vollziehung desselben, die Strafe, sind wesentlich auf die *Zu-*

kunft gerichtet, nicht auf die *Vergangenheit.* Dies eben unterscheidet *Strafe* von *Rache*, die nicht nur sehr unedel, sondern auch gradezu *unrecht* ist: letztere ist lediglich motivirt durch das Geschehene, also das Vergangene als solches. Alle Vergeltung des Unrechts durch Zufügung eines Schmerzes, ohne Zweck für die Zukunft, ist *Rache* und kann keinen andern Zweck haben, als durch den Anblick des fremden Leidens, das man verursacht hat, sich über das selbst-erlittene zu trösten. Solches ist Bosheit und Grausamkeit, und ethisch nicht zu rechtfertigen. Unrecht, das mir Jemand zugefügt, befugt mich keineswegs ihm Unrecht zuzufügen; sondern das Uebel das ich ihm zufüge, bleibt darum doch Unrecht. Vergeltung des Bösen mit Bösem, ohne weitere Absicht, ist weder ethisch, noch sonst durch irgend einen vernünftigen Grund zu rechtfertigen, und das *jus talionis* [das Recht der Wiedervergeltung], als selbständiges, letztes Princip des Straf-Rechts aufgestellt, ist sinnleer. Daher ist Kants Theorie der Strafe als bloßer Vergeltung, um der Vergeltung Willen, eine völlig grundlose und verkehrte Ansicht. Was Strafe von Rache unterscheidet ist Zweck für die Zukunft: diesen hat die Strafe aber nur dann, wann sie zur *Erfüllung eines Gesetzes* vollzogen wird: denn nur durch diese jedesmalige Vollziehung bleibt die Strafe auch für jeden künftigen Fall als unausbleiblich angekündigt und erhält so dem Gesetz die Kraft abzuschrecken, welches eben sein Zweck ist. – Hier würde nun ein Kantianer unfehlbar einwenden, daß ja, nach dieser Ansicht, der gestrafte Verbrecher bloß *als Mittel* gebraucht würde. Kant hat nämlich als Ausspruch seines kategorischen Imperativs auch diesen Satz aufgestellt: »man solle den Menschen immer nur als Zweck und nie als Mittel behandeln« [Vgl. Kritik d. prakt. Vernunft, 1. Teil, 1. Buch, 3. Hauptstück]; und diesen Satz nachzusprechen werden die Kantianer nicht müde: denn die Leute haben überhaupt gern so stehende Sätze, die sie alles ferneren Denkens überheben. Der Satz klingt nun zwar sehr bedeutend und ist auch im Ganzen genommen wahr und gut. Allein näher betrachtet, drückt er die Regel für unser Benehmen gegen Andre doch nur sehr *indirekt* aus, hat viel *vages und unbestimmtes* und wenn man ihn anwenden will, müssen immer noch besondre Erklärungen, Modifikationen und Bestimmungen für den gegebenen Fall hinzukommen: so allgemein genommen ist er ungenügend und noch dazu dem Zweifel ausgesetzt. Denn grade hier in unserm Fall muß der dem Gesetze gemäß der Todesstrafe anheimgefallne Mörder jetzt allerdings und mit vollem Recht *als bloßes Mittel* gebraucht werden. Nämlich durch ihn ist die öffentliche Sicherheit, der Hauptzweck des Staats gestört, ja sie ist aufgehoben, wenn das Gesetz jetzt unerfüllt bleibt. Daher muß jetzt *er*, sein Leben, seine Person als *Mittel* dienen zur Erfüllung des Gesetzes und zur Wiederherstellung der öffentlichen Sicherheit: er wird also jetzt zu diesem *Mittel* gemacht mit allem Recht, zur Vollziehung des Staatsvertrags, welcher auch von ihm, sofern er Staatsbürger war, eingegangen war: er hatte dadurch, um *Sicherheit* für sein *Leben, Freiheit und Eigenthum* zu genießen, auch der Sicherheit aller Andern sein Leben, Freiheit und Eigenthum zum Pfande gesetzt: und dieses Pfand ist jetzt verfallen. Man kann den Verbrecher, welcher der Todesstrafe anheimgefallen, sich denken unter dem Bilde eines Gliedes, das vom Krebs oder dem Kalten Brand ergriffen worden und daher abgenommen werden muß, wenn nicht das Uebel sich über den ganzen Leib erstrecken soll: denn wie Krebs und Kalter Brand durch *contagium* [Ansteckung (durch Berührung)] jeden nächsten Theil sich ähnlich machen; so wirkt ein Verbrechen wenn es ungestraft hingeht unfehlbar neue Verbrechen durch sein Beispiel. Diese Wirkung kann nur die Erfüllung des Gesetzes, also die Todesstrafe, aufheben; wie das Verbreiten des Kalten Brandes oder Krebses nur die Abnehmung des Gliedes.

Diese Theorie der Strafe ist, im Wesentlichen, dieselbe, welche vor Kant allgemein galt und erst nachdem durch neue Irrthümer verdrängt wurde. Sie können das Wesentliche derselben schon finden im Puffendorf *de officiis hominis et civis, Lib. 2, c. 13.* [1673] – Auch stimmt mit ihr zusammen was Hobbes lehrt im *Leviathan, c. 15 [et] 28* [London 1651]. In unsern Tagen hat sie von Neuem aufgestellt, deutlich auseinandergesetzt und verfochten *Feuerbach* in seinem Anti-Hobbes [Erfurt 1798, 7. Kap.] *p 201–226.* – Ja sie findet sich schon in den Aussprüchen der Philosophen des Alterthums: Platon legt sie deutlich dar im Protagoras *p 114* [323 d–324 b]; Gorgias *p 168* [525 a–c]. *De Legibus* 11tes Buch *p 165* [934 a–c]. – Seneka spricht Platons Meinung und die Theorie aller Strafe vollkommen aus in den kurzen Worten: *Nemo prudens punit, quia peccatum est, sed ne peccetur* [Kein weiser Mann straft, weil gefehlt worden ist, sondern damit nicht gefehlt werde.]. *De Ira, I, 16* [genau: I, 19,7]. *Zwischen den Strafen und den Vergehen* muß offenbar ein gewisses *Verhältniß* seyn. Der Maasstab dieses Verhältnisses ist aber nicht der *Grad der Immoralität* des Vergehns: denn der Staat hat keinen ethischen Zweck, geht nicht aus auf Begründung der *Moralität*, sondern der *Sicherheit*. Der Maasstab jenes Verhältnisses ist *die Größe des Schadens* den das Vergehn dem Benachtheiligten bringt. Wenn um einen kleinen Schaden zu verhüten eine schwere Strafe angedroht wird, etwa der Tod für Störung der nächtlichen Ruhe; so sichert der Staat unsern Schlaf durch die Lebensgefahr Andrer: dann ist er eine unmoralische Anstalt, ein sanktionirtes Unrecht: dies ist freilich eine ethische Rücksicht; aber eine negative. Der Staat ist kein Mittel zur Moralität: aber er darf nicht selbst ein ethisches Unrecht seyn, wenn er aus rechtlichen Leuten bestehn will. Also der Maasstab ist *die Größe des zu verhütenden Schadens.* Darum steht mit Recht Todesstrafe auf Mord: weil wir rechtlicher Weise zur Sicherheit für unser Leben, das Leben Andrer zum Pfande verlangen können. Auf bloßen Diebstahl kann mit Recht, ebendeshalb der Tod nicht stehn. *(Illustr.)* Aber nun ist auch wieder die Leichtigkeit des Vergehns und die Schwierigkeit seiner Entdeckung zu berücksichtigen: je größer beide, desto schärfer die Strafe: denn, wenn der Verbrecher hoffen darf unentdeckt zu bleiben, so muß er Ursach haben, für den Fall der Entdeckung sich desto mehr zu fürchten: darum kann vielleicht mit Recht der Tod auf Verfertigung falscher Münze oder Zettel, oder Wechsel wegen der Leichtigkeit stehn. Darum steht schwere Strafe auf Verletzung der Bäume, weil der Thäter so schwer entdeckt wird. Auf das bloße Rauchen im Walde bei Potzdam steht Karrenstrafe, mit Recht, nicht wegen der Immoralität, die ist nicht der Maasstab; sondern wegen der Größe des Schadens beim Waldbrand. Auf Verletzung der Quarantaine-Pflicht stehn mit Recht sehr schwere Strafen, wegen der ungeheuren Größe des Schadens und der Leichtigkeit des Vergehns. Die geringste Verletzung wird mit mehrjähriger Galeerenstrafe belegt, an Fremden wie an Einheimischen: offenbarer

Bruch der Quarantaine meistens mit Todesstrafe. Was mir zu Marseille auf der Quarantaine erzählt. – In Frankreich stand der Tod auf persönliches Wehren gegen einen *Gensd'armes;* mit Unrecht: der Zweck war im Nothfall eine ganze Rotte von Unruhstiftern oder Dieben durch einen einzigen *Gensd'armes* arrettiren zu können; weil jeder Wehrer das Leben verwirkte. Der Staat wollte also hier durch Motivation ausrichten, was eigentlich durch physische Kausalität auszurichten war und wollte die Ersparniß der Zahl der *Gensd'armes* bewirken auf Kosten der Lebensgefahr der Unterthanen. Unrecht. *Beccaria dei dellitti e delle pene* [Harlem [5]1764].

Ich habe gesagt: dem Leben ist das Leiden wesentlich, und eine Hauptquelle desselben die Eris. – *Der Staat* ist also das Mittel, wodurch der mit Vernunft ausgerüstete Egoismus, seinen eignen schlimmen Folgen, die sich gegen ihn selbst wenden, auszuweichen sucht, besonders der Eris, und nun Jeder das Wohl Aller befördert, weil er sein eignes mit darin begriffen sieht. Da im Staat nicht nur ein Jeder gesichert ist vor Kränkung seines Rechts durch Andre, sondern auch Vertheilung der Gewerbe, die im Staat nun vereinigten Menschenkräfte die übrige Natur mehr und mehr dienstbar machen und die vereinten Kräfte für Alle den Nutzen befördern, den jeder Einzelne sich nicht verschaffen könnte, so würden, wenn der Staat seinen Zweck vollkommen erreichte, nach und nach alle Uebel weggeschafft werden, und so allmälig ein gemeinsames Wohlseyn zu Stande kommen, das sich in etwas dem Schlaraffenlande näherte. Allein, theils ist der Staat noch immer weit hinter diesem Zweck zurückgeblieben; theils giebt es auch noch immer unzählige Uebel, die dem Leben durchaus wesentlich sind und die es stets im Leiden erhalten; und würden sie auch wirklich weggeschafft, so ist noch immer die Langeweile da, welche jede von allen andern Uebeln verlaßne Stelle, sogleich zu occupiren bereit ist. Endlich kann auch selbst den Zwist der Individuen der Staat nie ganz heben: denn wenn er auch im Großen verpönt ist; so neckt er doch noch im Kleinen. Und nun zuletzt, wenn auch die Eris aus dem Innern glücklich vertrieben ist, kommt sie von Außen wieder: Als Streit der Individuen durch die Staatseinrichtung verbannt, kommt sie von

Außen als Krieg der Völker wieder und fordert nun im Großen und mit einem Male, als aufgehäufte Schuld, die blutigen Opfer ein, welche man ihr, durch kluge Vorkehrung im Einzelnen entzogen hatte. – So weit die Rechts-Lehre.

CAP. 7.
Von der ewigen Gerechtigkeit.

Rufen wir uns das Frühere zurück um den Faden des Zusammenhangs der ganzen Darstellung der Metaphysik der Sitten zu behalten. – Ich hatte gezeigt was Bejahung des Willens zum Leben sei: ich sagte, die bloße Bejahung des Daseyns des eignen Leibes, ist eine so schwache Bejahung des Willens zum Leben, daß, wie sie durch den Leib bedingt ist, so hier mit dem Tode des Leibes auch der Wille als erloschen anzunehmen ist. Diese bloße Bejahung des eignen Leibes wird aber auf eine zwiefache Weise überschritten: einmal durch Bejahung des Willens zum Leben über die individuelle Existenz hinaus, durch Befriedigung des Geschlechtstriebes: sodann zweitens durch das Begehn des Unrechts, welches darin besteht, daß das Individuum in der Bejahung des eignen Willens soweit geht daß es zugleich den in andern Individuen erscheinenden Willen verneint. Hieran knüpfte sich die Lehre vom Wesen des Unrechts und des Rechts, oder die philosophische Rechts-Lehre und an diese die Lehre vom Staat.

Jetzt kommen wir zur Darlegung der eigentlich innern ethischen Bedeutsamkeit des menschlichen Handelns; sie ist eine transscendentale d.h. über die Erfahrung und deren Gesetze hinausgehende. Hiezu eröffnet uns den Weg die Betrachtung der *ewigen Gerechtigkeit*, deren ich schon früher erwähnt habe. Nur wer das Wesen dieser ewigen Gerechtigkeit faßt, kann nachher die ethische Bedeutsamkeit der Handlungen, also das Wesen der Tugend und des Lasters begreifen und erkennen. – Nämlich als wir den Begriff und das Wesen des Staates erörterten, lernten wir die in diesem bezweckte *zeitliche Gerechtigkeit* kennen, von welcher *die ewige Gerechtigkeit* sehr weit verschieden ist. Jene hatte ihren Sitz im Staat und war vergeltend oder strafend. Dieses Vergelten und Strafen wurde nur durch die Rücksicht auf die

Zukunft zur Gerechtigkeit: denn ohne solche Rücksicht bliebe jedes Strafen und Vergelten eines Frevels bloße Rache und daher ohne Rechtfertigung: es wäre ein bloßes Hinzufügen eines zweiten Uebels zum schon vorhandnen, ohne Sinn und Bedeutung. Ganz anders aber verhält es sich mit der *ewigen Gerechtigkeit:* diese beherrscht nicht den Staat, sondern die Welt: sie ist nicht abhängig von menschlichen Einrichtungen, nicht dem Zufall und der Täuschung unterworfen, nicht unsicher, schwankend und irrend, sondern unfehlbar, fest und sicher. – Der *Begriff der Vergeltung schließt schon die Zeit in sich:* daher kann die *ewige Gerechtigkeit* keine vergeltende seyn, kann daher nicht, wie die zeitliche oder vergeltende Gerechtigkeit, Aufschub und Frist gestatten und, nur mittelst *der Zeit* die schlimme That kompensirend durch die schlimme Folge, *der Zeit* bedürfen, um zu existiren. Wo eine ewige Gerechtigkeit waltet, da muß mit dem Vergehn die Strafe so verbunden seyn, daß beide Eins sind. – Daß nun eine solche *ewige Gerechtigkeit* wirklich im Wesen der Welt liege, kann ich dem, der die bisherige Darstellung gefaßt hat, leicht vollkommen einleuchtend machen. Aber auch nur dem: denn in dieser Betrachtung verlassen wir das Gebiet der bloßen Erscheinung, oder der Erfahrung: Gegenstand der Erfahrung kann die ewige Gerechtigkeit nicht seyn, da sie, wie eben gezeigt, grade nicht in der Zeit seyn darf, alle Erfahrung aber in der Zeit liegt. Ihre Betrachtung ist daher eine *transscendentale:* d. h. nicht etwa daß sie die ganze vorhandne Welt überfliegt und ihre Zuflucht nimmt zu einer andern irgendwie erschlossenen oder fingirten oder postulirten Welt: sondern es heißt, daß sie nicht stehn bleibt bei der bloßen Erscheinung, welche eben die Erfahrung ist, sondern das in dieser Erscheinung Erscheinende, das Ding an sich, welches wir in der Metaphysik der Natur kennen gelernt haben, in Betrachtung nimmt und aus dem Wesen dieses Dinges an sich die ewige Gerechtigkeit ableitet. Das innre Wesen der Welt, das Ding an sich ist der Wille, der Wille zum Leben: als solcher hat er drei metaphysische Eigenschaften: Einheit, Grundlosigkeit, Erkenntnißlosigkeit.

Die Erscheinung, die Objektität des einen Willens zum Leben ist *die Welt,* in aller Vielheit der Individuen und Mannigfaltigkeit der Gestalten. Daher das *Daseyn* selbst und die *Art* des Daseyns, in der Gesammtheit und in jedem Theil, ist allein *aus dem Willen*. Er ist frei, ist allmächtig. In jeglichem Dinge erscheint der Wille grade so, wie er sich selbst an sich und außer aller Zeit bestimmt; wie er ist, ohne daß davon eine Rechenschaft zu fordern, weil der Satz vom Grund nicht auf Dinge an sich geht. Die Welt ist nur der Spiegel dieses Wollens, dieses Selbstbestimmens des Willens: und alle Endlichkeit des Daseyns, alle Leiden, alle Quaalen desselben, gehn eben hervor aus der Objektivation des Willens, aus der Manifestation seines Wesens, gehören zum Ausdruck dieses Wesens, sind so, weil er so will. Daher nun ist offenbar, erstlich daß dem Ganzen der Welt durch ihre Beschaffenheit kein Unrecht widerfährt: sie kann keine beßre seyn als sie ist, weil der Wille dessen Erscheinung sie ist kein beßrer ist. Was der Wille will, ist eben diese Welt: sie giebt ihm, für die Erkenntniß, sein eignes Wesen wieder, spiegelt es ab, ist nichts als dessen Erscheinung. Er bejaht sein Wesen auf diese Erscheinung, und die Welt fährt fort zu seyn: sie kann keine andre seyn, so lange der Wille kein andrer ist. Das Schicksal des Willens im Ganzen also, auf dieser seiner selbsteignen Welt ist vollkommen gerecht. Zweitens aber erstreckt sich dieses auch auf die einzelnen Wesen, in denen der Wille, durch das Medium der Individuation, sich erscheint: jedes Wesen trägt mit dem strengsten Recht das Daseyn überhaupt, sodann das Daseyn seiner Art und seiner eigenthümlichen Individualität, ganz wie sie ist und unter Umgebungen, wie sie sind, in einer Welt, so wie sie ist, vom Zufall und vom Irrthum beherrscht, zeitlich, vergänglich, stets leidend: denn das Alles ist nur die Erscheinung seines eignen Wollens, an sich ist es eben nur Wille. Daher in allem was einem Wesen widerfährt, ja nur ihm auf dieser Welt widerfahren kann, geschieht ihm immer Recht. Denn sein ist der Wille; und wie der Wille ist, so ist die Welt. Dies ist unser Resultat. Die Welt selbst ist das Weltgericht.

Aber freilich *der* Erkenntniß, so wie sie, aus dem Willen entsprossen und seinem Dienste bestimmt, dem Individuo als solchen sofort wird, d. h. eben der natürlichen Erkenntniß, stellt sich die Welt nicht so dar, wie sie unsern Forschungen zuletzt sich aufklärt, als die Objektität des *einen* und alleinigen Willens zum Leben, der wir selbst sind. Sondern das rohe Individuum hat eine sehr unvollkommne [Erkenntnis. – Bogen 301 der Handschrift schließt mit dem Wort »unvollkommne« ohne Punkt ab. – Schopenhauer hat die Darstellung der ewigen Gerechtigkeit ursprünglich nicht in der ab hier folgenden Form gegeben. Die ehemaligen Bogen 302 und 304 sind verschwunden, sowie das zweite Blatt des ehemaligen Bogens 303. Offenbar enthielten sie eine Textfassung, die sich eng an die der »Welt als Wille und Vorstellung«, Bd. 1, anschloß.] Um nun aber die im Wesen der Welt liegende ewige Gerechtigkeit vollständig und bis auf das Einzelne herab zu erkennen, müssen wir den Unterschied zwischen der Erscheinung und dem Ding an sich fortwährend im Auge behalten. Denn bleiben wir bei der bloßen Erscheinung, und das ist die Erfahrung, stehn; so scheint uns die Welt [viel mehr] der Schauplaz der größten *Ungerechtigkeit* zu seyn als einer ewigen Gerechtigkeit, und der Lauf der Welt (in der Zeit) trägt keine Spur von Gerechtigkeit. Die Leiden sind sehr ungleichmäßig vertheilt und die Genüsse eben so: zugleich sind die Karaktere höchst verschieden: unter dieser Menschengestalt laufen die verschiedenartigsten Wesen umher: der Eine voll Egoismus, Bosheit, ja Grausamkeit; der Andre gerecht, gutmüthig, voll Menschenliebe, sich anstrengend für das Wohlseyn Andrer, wie für sein eignes. Ein allgemein bekanntes Beispiel hievon, das zugleich die Sache im Großen und daher deutlich zeigt, giebt uns die Römische Kaisergeschichte: da sitzen auf demselben Thron in bunter Reihe Teufel wie Tiberius, Caligula, Nero, Domitian, Commodus, Caracalla und dazwischen halbe Heilige, wie Titus, *deliciae generis humani* [Lieblinge des Menschengeschlechts (Sueton, Titus, 1)], Hadrian, Antoninus Pius, Mark Aurel: dieselbe ungeheure Verschiedenheit der Karaktere ist überall unter den Menschen, Jeder wird sie mehr oder weniger in seiner eignen Erfahrung nach und nach antreffen und bald die Bosheit, bald die Güte über allen Glauben finden, nur daß in der engen Sphäre des Privat-Lebens beide sich nicht mit so großen Zügen zeigen können wie bei der unbeschränkten Macht auf dem Römischen Kaiserthron. Das Schicksal der Menschen ist eben so verschieden wie die Karaktere: der eine hat Gesundheit, Schönheit, Jugend, Reichthum, Macht und Ehre; der Andre schleppt ein sieches Leben unter beständigem Schmerz, ist krank, arm, ein Krüppel, alt und verlassen zugleich: der eine schwelgt im Ueberfluß und in ausgesuchten Wollüsten, während vor seiner Thüre ein Andrer vor Mangel und Kälte stirbt. – So große Verschiedenheiten sind in beiden, im Schicksal und in der Gemüthsbeschaffenheit der Menschen. Nun aber würden wir uns sehr irren, wenn wir erwarteten zwischen beiden irgend einen Parallelismus oder Proportion anzutreffen; so daß der Beßre auch der Glücklichere, der Schlechtere der Unglücklichere wäre: keine Spur davon! Meistens ist schon bei der Geburt des Menschen sein äußeres Schicksal und auch seine Gesundheit bestimmt: *(illustr.)*: – dem Fähigsten werden bei der Geburt Schwierigkeiten in den Weg gelegt, gegen die seine ganze Kraft sich nachher zeitlebens vergebens anstrengt. Und so auch im Fortgang des Lebens bestimmt das blindeste Ungefähr Glück und Unglück, Gesundheit und Krankheit. Ueberhaupt beherrschen das Menschenleben und den Weltlauf Zufall und Irrthum: wie sollte da die Gerechtigkeit Raum finden? Die besten Menschen sind oft durch einen siechen Körper zeitlebens unglücklich; die Edelsten, welche bereit seyn würden Jedem zu helfen und das Meiste für Andre zu thun, sind in einer so niedrigen Lage geboren, leben unter so ungünstigen Verhältnissen, daß sie ihr Leben lang mit dem äußersten Mangel zu kämpfen haben, ohne Macht und ohne Ansehn. Dagegen haben oft die größten Schurken Macht und Ansehn, Gesundheit und Reichthum. Es ist keine Ausgleichung, Vermittelung und Vergeltung zwischen dem Werth der Menschen und ihrem Schicksal. Ein Bösewicht begeht ungestraft Unthaten und Grausamkeiten aller Art, lebt in Freuden und Ehren, und geht unangefochten aus der Welt. Der Unterdrückte schleppt ein Leben voll Leiden und Elend bis zu Ende, und es tritt kein Rächer und Vergelter für ihn auf. – Also in der Erfahrung ist die ewige Gerechtigkeit nicht zu finden. Wir müssen, um sie zu erkennen, den transscendentalen Standpunkt nehmen und von der Erfahrung, d. i. der bloßen Erscheinung uns erheben zum Wesen an sich das darin erscheint. Sobald wir dies thun, verschwindet uns Zeit, Raum, Kausalität und dadurch auch alle Vielheit und Verschiedenheit der Individuen, und alle Nähe und Ferne in Raum und Zeit fällt zusammen. Wir erkennen in allen Dingen nur Eines und dasselbe Wesen, den Willen zum Leben der das Ansich aller Erscheinungen ist, einer und derselbe in allen den unzähligen und höchst verschiednen Gestalten. Wie Raum und Zeit, das *principium individuationis*, nur Form der Erscheinung sind, so gehört auch die Verschiedenheit der Individuen zur bloßen Erscheinung: an sich ist es ein und dasselbe Wesen, das in ihnen allen lebt und in dieser Form der Individuation und des Nebeneinander und Nacheinander sich selber erscheint. In dieser Form erkennt es sich selbst nicht wieder: es macht sich in ihm die Scheidung zwischen Mikrokosmos und Makrokosmos und dadurch der Egoismus, wie früher auseinandergesetzt. Jedes Individuum, mit seinem eignen Innern Wesen so unbekannt als mit dem Wesen des Andern, hält das fremde Individuum für ein von ihm ganz gesondertes. Um daher das Wohlseyn seiner eignen Person zu erhöhen, verhängt es Leiden über die fremde Person. Also um dem Uebel zu entgehn greift es zum Bösen. Aber dies *principium individuationis* welches die Basis alles Egoismus ist; ist bloße Form der Erscheinung, im Verhältniß zum Wesen an sich der Welt, ist es eine bloße Täuschung, durch deren Dazwischenkunft der Wille zum Leben seine Heftigkeit gegen sich selbst wendet, und in allem Bösen was er verübt immer nur sich selbst verletzt, ohne es zu wissen, gleichsam die Zähne in sein eigenes Fleisch schlägt, wie ein Rasender in der Wuth und Gefühllosigkeit seines Anfalls. Wenn in einem Individuo die Heftigkeit des Wollens so hoch steigt, daß um ihr zu genügen er Unglück und Quaal über Andre verhängt; so ist dies nur, weil sein Bewußtseyn ganz befangen ist in der Form der bloßen Erscheinung, und er weit davon entfernt ist zu erkennen daß das unbekannte Wesen das in ihm lebt und treibt, dasselbe, nicht der Art nach, sondern unmittelbar dasselbe ist mit dem unbekannten Wesen was vor ihm steht als fremdes Individuum. – Eben so der Andre, der hülflos ertragen muß was Bosheit und Grausamkeit des Ersteren über ihn verhängt, hebt vergeblich die Hände zum Himmel über das Leiden was ohne seine Schuld auf ihn geworfen wird: er weiß nicht, daß das, wovon sein Leiden ausgeht, eben sein eigenes Wesen ist, der Wille zum Leben, dessen Erscheinung auch er ist und der sich ihm in seiner ganzen Heftigkeit darstellt im fremden Individuo dem der Zufall die Macht über ihn gab. Bloß in der Erscheinung sind das

Böse und das Uebel, der Quäler und der Gequälte verschieden; bloß durch die Form der Individuation besteht der Unterschied zwischen dem, der das Leiden verhängt, und dem, der es dulden muß. Das Wesen an sich in beiden ist Eines, ganz unmittelbar dasselbe, ist der Wille zum Leben, der sich in dieser Form erscheint um dadurch sich selber zu erkennen und den Widerstreit zu erfahren, den er in seinem Innern trägt. Die Erkenntniß wurzelt auf dem Individuo und ist auch nur zum Dienste des Individuums entsprungen: sie zeigt bloße Phänomene, Erscheinungen, nicht Dinge an sich: und in Beziehung auf den Willen als Ding an sich ist was sie zeigt eine bloße Täuschung: durch diese Täuschung allein aber wird es möglich daß der Wille seine Heftigkeit gegen sich selbst richtet, ein Mensch sein Wohlseyn auf Kosten eines Andern sucht und Einer kaltblütig der Peiniger und Quäler, oder der Mörder des Andern wird. Könnte diese Form der Erkenntniß, das *principium individuationis* ihnen verschwinden, oder wie die Hindu sagen, der Schleier des Maja aufgehoben werden; so würde der, welcher zur Befriedigung seines Willens den Andern unglücklich macht, sehn, daß er sich selbst, sein eignes Wesen verletzt (eine dunkle Ahndung hievon spricht eben im Gewissensbiß): aber noch mehr, er würde sehn, daß während er hier für sein Individuum Erleichterung sucht durch fremdes Leiden, er selbst, sein wahres Ich, es ist, das in Allem lebt was auf der weiten Welt Quaal leidet oder je litt, und was, wenn es mit Vernunft begabt ist, vergebens nachsinnt, warum es zu so großem Leiden, ohne alle Verschuldung ins Daseyn gerufen ward: und auch andrerseits der von jenem Gequälte würde, wenn die Täuschung des *principii individuationis* verschwände, einsehn, daß wenn auch seine Person unschuldig ist, sein Wesen dennoch der Schuld theilhaft ist, daß nämlich alles Böse, was auf der weiten Welt verübt wird oder je ward, ausgeht von dem Willen der eben auch *sein* Wesen ausmacht, von seinem wahren Ich, das nicht in *einer* Erscheinung sondern in zahllosen sich darstellt und sich nach den Umständen äußert: er würde daher erkennen, daß in allem Leiden was ihn trifft ihm Recht geschieht: denn er selbst ist der Wille zum Leben von dem das Alles ausgeht und dessen Erscheinung diese Dinge mit sich bringt: schon durch seine Existenz und die Bejahung dieses Willens bei hinzugetretener Erkenntniß, hat er die Leiden auf sich genommen, welche aus der Erscheinung des Willens hervorgehn. Und eben so würde auch Jeder dem die Natur selbst oder der Zufall schweres Leiden zu tragen giebt, und der vergeblich nachsinnt warum er zu beständiger Quaal ins Dasein gerufen ist, ohne sich einer Schuld bewußt zu seyn, erkennen, daß er dadurch daß er der Wille zum Leben ist, alle Leiden auf sich genommen hat, die aus der Erscheinung dieses Willens entspringen, und Schuld hat an allem Bösen was aus diesem Willen hervorgeht, wo die Umstände es veranlassen: daher auch ihm Recht widerfährt. Diese Erkenntniß ist der wahre Sinn des Dogma's von der Erbsünde, wonach der Mensch schon durch seine Geburt schuldig ist, und daher der Mühe, dem Leiden und dem Tode mit Recht anheimgefallen: daher sagt in diesem Sinne Calderone:

Pues el delito mayor
Del hombre es haber nacido.
Denn des Menschen erste Sünde
Ist, daß er geboren ward.
[Das Leben ein Traum, I,2]

Also nur wenn die Täuschung welche aus der Form der natürlichen Erkenntniß, Zeit und Raum, *principio individuationis*, hervorgeht, die Individuen sondert und in Zeit und Raum weit auseinander stellt, gehoben würde, würde die ewige Gerechtigkeit jedem Menschen offenbar werden. So aber kann sie nur fassen, wer durch Hülfe der Spekulation sich bis zu diesem Standpunkt erhoben hat, welches der transscendentale ist, wo man die Erfahrung als bloße Erscheinung erkennt und von ihr übergehend zum Wesen an sich das darin erscheint, den Aufschluß erhält über die Räthsel welche die Erfahrung aufgiebt, aber nie lösen kann, auch nicht wenn man ihren Faden ins Unendliche ausspinnen wollte. Nur wer in den ganzen Sinn meiner Darstellung eingedrungen ist, wird dieses fassen, und die ewige Gerechtigkeit verstehn, und nur dadurch wird er weiterhin die Einsicht erhalten können in die eigentliche ethische Bedeutsamkeit des Handelns, in das Wesen der Tugend und des Lasters. Wer hingegen Sophismen gegen diese Darstellung aufbringen will der kann es leicht: z. B. so: »wenn in der Welt eigentlich Keinem Unrecht widerfährt, so begeht auch keiner Unrecht.« Dies wäre eine Amphibolie des Begriffes Unrecht, indem er einmal im transscendentalen Sinn genommen würde, einmal im empirischen. – Ferner entsteht die Frage, wie bei der Theilhaftigkeit aller Menschen an der Schuld dennoch die große ethische Verschiedenheit der Karaktere ihre Bedeutsamkeit für alle Ewigkeit behält und das Gewissen nicht täuscht, welches den einen anklagt und dem Andern Ruhe verleiht? Dies wird sich weiterhin aufklären: wenn wir sehn werden wie der Böse der Welt so fest verbunden ist und der Tugendhafte dem letzten Schritt nahe kommt, welcher zur Erlösung von der Welt und ihrer Quaal führt. (Uebrigens bemerke ich bei Zeiten, daß ich mich nicht anheischig mache jede mögliche Aufgabe zu lösen und jeder möglichen Frage zu genügen: wir müssen der Spur der Wahrheit nachgehn so weit wir können: und wenn auch durch die Auflösung vieler Probleme einige neue entstehn die ungelöst blieben; so hebt dies nicht den Vortheil auf, den wir durch tiefere Einsicht erlangt haben. Andre werden dereinst noch tiefer eindringen: *multi pertransibunt et augebitur scientia.*) [Viele werden es durchforschen und das Wissen wird wachsen. (Richtiger: *plurimi pertransibunt, et multiplex erit scientia.* Sehr viele werden darüber gehen, und das Wissen wird vielfältig sein.) Vulgata, Daniel, 12,4]

Also, auf dem Befangenseyn in der Form der Erscheinung, dem *principio individuationis*, beruht das Verkennen der ewigen Gerechtigkeit, der Egoismus, und die daraus hervorgehende Ungerechtigkeit, Lieblosigkeit, Bosheit. Auf demselben Befangenseyn des Bewußtseyns beruht zugleich das Acquiesciren auf dem Schicksal der eignen Person und die Gleichgültigkeit über das Schicksal Andrer und die unzählbaren Leiden einer ganzen Welt. Jeder ist nur darauf bedacht seine Person sicher zu stellen und dann sieht er die Leiden aller übrigen gleichgültig an: eben weil ihn der Wahn befangen, den das *principium individuationis* herbeiführt, es gäbe eine absolute Scheidewand zwischen seiner Person und allen andern: weil er die Individuation für Eigenschaft des Dinges an sich und überhaupt bloße Erscheinungen für Dinge an sich hält. Darum, so lange es ihm nur wohl geht, verbindet er sich dem Leben immer fester, durch stete Bejahung desselben, in stets erneuten Akten des immer heftiger werdenden Willens. (Wäre er nicht getäuscht durch seine Befangenheit im *principio individuationis,* so müßte er inne werden, daß, indem er die Genüsse des Lebens und die Wollust, so heftig ergreift, er, durch eben diesen Akt seines Willens, auch die Schmerzen und Quaalen des Lebens, die er sosehr flieht, ja deren Anblick er schaudernd vermeidet, eben auch ergreift und gleichsam fest an sich drückt; indem er sich durch heftige Willensakte dem Leben mehr und mehr verbindet: denn, wenn man das *principium individuationis* vor seinem Blick hinwegnehmen könnte, so würde er sehn, daß Wollust und Quaal auf gleiche Weise zur Erscheinung des Willens zum Leben gehören, und, daß sie sich als zwei weit verschiedne Dinge darstellen, nur Phänomen ist, herbeigeführt durch die Form der Erscheinung.) Wenn er auch die Leiden unzähliger Andrer um sich sieht; so geht ihn das nicht an, ist ihm völlig fremd: er denkt nicht daran, daß er ein Mensch ist, sondern nur daß er dieser oder jener Mensch ist: für ihn hat eigentliche Realität bloß seine Person: nur ihr Wohl berücksichtigt er, und wird es daher auch auf Kosten Andrer erhalten wollen. Dies alles eben beruht auf dem *principio individuationis* und dem Befangenseyn des Bewußtseyns in demselben. Erheben wir uns auf den transcendentalen Standpunkt, so sehn wir nur Ein Wesen, das in allen Individuen erscheint: alle Leiden, wie alle Freuden, wie sie auch an die Individuen vertheilt seyn mögen, treffen immer dieses selbe Wesen, das sich im fremden Individuo nicht wiedererkennt, hingegen auch im eigenen Individuo sich nicht kennt und eingeständlich sich selber fremd ist: von diesem geht das Böse aus, aber auch das Uebel kann nur dieses Wesen treffen: in der Erscheinung freilich ist etwas Uebeles erdulden und etwas Böses thun, sehr zweierlei, daher man oft das zweite ergreift um dem ersten zu entgehn: hingegen an sich, oder vom transscendentalen Standpunkt aus gesehn, ist beides gleich: denn eben das Wesen das das Böse thut, erduldet auch das Uebel. Der Wille zum Leben hat es immer nur mit sich selbst zu thun: darauf beruht die ewige Gerechtigkeit. Wer dieses faßt, muß einsehn, daß, da der Unterschied der Individuen bloße Erscheinung ist, es eine bloße Verblendung ist, wenn mitten in den Leiden einer ganzen Welt, die endlose Zeit und endlosen Raum füllt, Einer sich getröstet des glücklichen Zustandes der seiner Person zu Theil geworden, durch Zufall oder Klugheit: er muß einsehn, daß auch dies bloße Illusion ist, wie wenn ein Bettler träumt, er sei ein König: dem wahren Wesen der Dinge nach, ist das Schicksal der Menschheit unmittelbar sein eignes: und er hat alle Leiden welche Andre tragen, oder getragen haben, oder tragen werden, anzusehn als seine eignen; so lange nämlich, als er der feste Wille zum Leben ist, d. h. das Leben mit ganzem Herzen bejaht und will: die Verschiedenheit des Individuums und seiner Lage gehört zur bloßen Erscheinung, wie sie denn auch in der Zeit ist, wo alles in stetem Fluß ist. Daher denn ruht alles zeitliche Glück und wandelt alle Klugheit auf untergrabenem Boden. Sie bereiten der Person ein glückliches Loos; aber die ganze Person und ihr Gesondertseyn von andern Individuen und den Leiden die diese tragen ist bloße Erscheinung herbeigeführt durch das *principium individuationis.*

So sehr nun aber auch das Bewußtseyn befangen ist durch die Form der Erscheinung und daher Jeder acquiescirt auf dem Schicksal der eigenen Person, unbekümmert um die Leiden Andrer; so liegt dennoch im Bewußtseyn eines jeden eine dunkle Ahndung von der bloßen Scheinbarkeit dieser ganzen Ordnung der Dinge: diese Ahndung tritt hervor im Gewissen, wie weiterhin deutlich werden wird. Als ein andres Phänomen dieser dunklen Ahndung sehe ich an das *Grausen*, die Scheu vor dem Nicht-Natürlichen. Diesem Grausen, dieser sonderbaren Scheu ist durchaus jeder Mensch unterworfen, ja selbst die klügern Thiere. Es entsteht jedesmal beim Schein einer Unterbrechung der formellen Gesetzmäßigkeit der Natur. Ihm liegt eben die Ahndung zum Grunde, daß die Scheidewand zwischen unserm selbst und allen andern Wesen, welche die Stütze unsers Egoismus und seiner Ruhe ist, doch keine absolute seyn möchte, daß uns die übrigen Wesen doch wohl eigentlich nicht so fremd seyn möchten als die Erscheinung aussagt, sondern einen Zusammenhang mit uns haben könnten, vor dem das *principium individuationis* nicht schützt. Denn das Grausen zeigt sich, sobald wir, durch irgend einen Zufall einmal *irre werden am principio individuationis* und den übrigen Formen der Erscheinung, indem nämlich einmal der *Satz vom Grund* in irgend einer seiner Gestalten *eine Ausnahme zu leiden scheint:* also z. B. wenn etwa irgend eine Veränderung ohne Ursach vor sich zu gehn scheint; ein lebloser Körper sich von selbst bewegt; oder eine offenbare Ursach ohne Wirkung bliebe, z. B. indem Einer in der Sonne keinen Schatten würfe; oder sein Bild im Spiegel nicht erblickte: oder wenn dasselbe Individuum an zwei Orten zugleich wäre; Jemand sich selbst wiedersähe; oder wenn das Vergangene wieder gegenwärtig würde, indem die Zeit zurückgienge, ein Verstorbner wieder da wäre; u. dgl. m. Das ungeheure Entsetzen, das jeder Mensch bei so etwas empfindet, gründet sich zuletzt denn doch wohl darauf, daß wir dann plötzlich *irre werden am principio individuationis*, an den Erkenntnißformen der Erscheinung, welche allein unser eignes Individuum *gesondert* halten von der übrigen Welt. So auch erregen die Erscheinungen des magnetischen Somnambulismus Grausen: wenn die Somnambule dem Magnetiseur etwas sagt, das er allein wissen kann. Z. B. Herr v. Strombeck, ein Magnetiseur, hatte gewisse Verordnungen seiner Somnambule sich aufgeschrieben. In einer spätern Krise befrägt er sie um die nämlichen Verordnungen: sie sagt: Sie haben sie ja schon aufgeschrieben: das Papier liegt oben auf Ihrer Stube. Er frägt: wo da? – In Ihrem Pult. – Er frägt: wie viele Zeilen die Schrift hat: – Sie sagt: 16 Zeilen. – Wie er nachher auf sein Zimmer kommt, öffnet er das Pult, zählt die Zeilen und wie er gerade 16 findet, ergreift ihn jenes besondre Grausen: eben weil er irre wird am *principio individuationis.*

Ich habe Ihnen nun das Wesen der ewigen Gerechtigkeit dargelegt. Sie sehn, daß die wirkliche und lebendige Erkenntniß davon eine ganz transscendentale Ansicht der Dinge erfordert, ein völliges Erheben über die Erscheinung und ihre Formen. Auf der nämlichen Einsicht beruht aber auch die mit ihr verwandte reine und deutliche Erkenntniß der wahren ethischen Bedeutsamkeit des Handelns, oder des wahren Wesens der Tugend und des Lasters; zu der wir jetzt kommen werden. Es ist offenbar daß eine so metaphysische, so tiefe, so schwer zu fassende Erkenntniß durchaus nicht geeignet ist für die Fassungskraft und die Bildung des großen Haufens: daß sie vielmehr der Mehrzahl der Menschen stets unzugänglich bleiben muß. (Es muß daher der Unterschied zwischen *esoterischer und exoterischer Lehre* auch bei uns gelten; wie er bei allen alten Völkern galt: Aegyptiern; –

Griechen, Volksreligion und Mysterien; Indern. Denn wie Plato sagt: φιλοσοφον πληϑος αδυνατον ειναι [(Also, sagte ich,) ist es unmöglich, daß die Menge philosophisch sei.]. *Plato. Resp. VI, p 89.* [Politeia, 494 a3] Da nun aber diese doch eines Leitsterns bedarf zu ihrem ethischen Verhalten gegen Andre, da sie doch das, was im Gewissen als dunkles Gefühl spricht, sich irgendwie in Begriffen auslegen und zu einer gewissen Deutlichkeit erheben muß; so sind positive Religionen nothwendig, als ein Surrogat der philosophischen Erkenntniß, die nur Wenigen zugänglich ist; als öffentliche Standarte des Rechts und der Tugend. Jede positive Religion giebt also einen Mythos, der die Einkleidung jener philosophischen Wahrheiten, oder vielmehr ihr Surrogat ist, in Hinsicht auf das Praktische ganz dasselbe leistend und der gewöhnlichen Fassungskraft angemessen. Dieser Mythos wird nicht auf Beweise gestützt; sondern auf Offenbarung, als schlechthin anzunehmendes und bei Verlust der ewigen Seeligkeit zu glaubendes Dogma. Aber kein Mythos dieser Art schließt, meiner Meinung nach, sich so eng an die philosophische Wahrheit an, als der welcher der älteste ist, auch ohne Vergleich die größte Anzahl der Bekenner gehabt hat: der *Mythos der Hindu.* Er war bloß für das Volk, die drei untern Kasten. Die Braminen haben seit mehr als 4000 Jahren statt seiner eine esoterische Weisheit, die Vedas: darin sind die philosophischen Wahrheiten direkt ausgesprochen, übereinstimmend mit unsrer Ansicht, jedoch in einer orientalischen, noch immer bildlichen und rhapsodischen Darstellungsweise. [Ab hier Fortsetzung der ursprünglichen Fassung] Aber die Vedas darf allein der Bramine lesen. Für das Volk war eine exoterische, mythische Glaubenslehre. Die Vedas, die Frucht der höchsten menschlichen Erkenntniß und Weisheit, deren Kern uns in den Upanischaden endlich zugekommen ist, geben nun die direkte Darstellung auf mancherlei Weise: besonders *Oupnek'hat Vol. I, p 60 seqq.* [Gemeint ist in Anquetil Duperron, Oupnek'hat, Argentorati 1801, Bd. 1, XVII] werden vor dem Lehrlinge alle Wesen der Welt, lebende und leblose, der Reihe nach, vorübergeführt, und über jedes derselben wird jenes zur Formel gewordne Wort ausgesprochen: Tatoumes: oder *Tutwa* [= Sanskritsatz: tat twam asi]: »dies Lebende bist Du.« – Dem Volk nun aber mußte jene Wahrheit, welche rein und an sich durchaus nicht eingehn kann in die Erkenntnißweise, welche dem Satz vom Grunde folgt, ja dieser gradezu widerspricht, nun doch eben in diese dem Satz vom Grunde folgende Erkenntnißweise übersetzt werden, d. h. eben mythisch dargestellt werden, damit es an solchem Mythos ein Surrogat jener Wahrheit hätte, welches, in Kants Sprache zu reden, ihm dienen sollte als Regulativ für das Handeln, und dazu hinreichend war, indem es die ethische Bedeutsamkeit des Handelns faßlich machte in einer dem Satz vom Grunde angepaßten Darstellung derselben, also bildlich, weil diese Erkenntnißweise jener Wahrheit ewig fremd bleibt. In Kants Sprache könnte man solchen Mythos ein Postulat der praktischen Vernunft nennen: und als solches ließe sich von diesem Postulate rühmen, daß es gar keine andre Elemente enthält als solche, die im Reiche der Wirklichkeit vor unsern Augen liegen und daher alle seine Begriffe mit Anschauungen belegen kann. Dieses Surrogat der Wahrheit für das Volk ist der *Mythos von der Seelenwandrung*. Er lehrt, daß alle Leiden, welche man im Leben über andre Wesen verhängt, abgebüßt werden müssen in einem folgenden Leben auf eben dieser Welt, genau durch dieselben Leiden. *(Illustr.)* Dies geht so weit, daß wer nur ein Thier tödtet, einst in der unendlichen Zeit auch als eben dieses Thier geboren werden und denselben Tod leiden muß. Böser Wandel zieht ein künftiges Leben nach sich, auf eben dieser Welt, in leidenden und verachteten Wesen: demgemäß wird man wiedergeboren in niedrigeren Kasten, oder als Weib, oder als Thier, als Paria oder Tschandala, als Aussätziger, als Krokodil u. s. w. – Alle Quaalen, die der Mythos droht, belegt er mit Anschauungen aus der wirklichen Welt, durch leidende Wesen, welche auch nicht wissen, wie sie ihre Quaal verschuldet haben: und er braucht keine andre Hölle zu Hülfe zu nehmen. Dagegen verheißt er als Belohnung, Wiedergeburt in bessern, edlern Gestalten, als Bramin, als Weiser, als Heiliger. Sie sehn, daß die Form der *Zeit* hinzugenommen ist, um die ewige Gerechtigkeit faßlich zu machen, deren wahres Wesen aber außer der Zeit begriffen werden muß. Die höchste Belohnung aber kann der Mythos in der Sprache dieser Welt nur negativ ausdrücken, durch die so oft vorkommende Verheißung, gar nicht mehr wiedergeboren zu werden: *non adsumes iterum existentiam apparentem* [Du wirst nicht wieder die erscheinende Existenz annehmen. (Oupnek'hat, XX, Schluß; vgl. Chândogya-Upanishad 8,15)]. Diese Belohnung erlangt man nur durch die edelsten Thaten und die völligste Resignation, ein büßendes Einsiedlerleben:

auch das Weib ----

und der Mensch ---. [Vgl. WI, § 63, S. 421 [486]]

Die Buddhaisten, welche weder Veda noch Kasten haben, drücken jene Belohnung schon sinnlicher aus: Du sollst Nieban [Nirwana] haben: d. h. einen Zustand, in welchem es vier Dinge nicht giebt: Schwere, Alter, Krankheit und Tod. –

Die philosophische Wahrheit ist Wenigen zugänglich. Enger an sie anschließen kann sich aber kein Mythos als diese uralten Lehren des edelsten, ältesten, mündigsten Volks: so entartet dieses Volk auch jetzt in vielen Stücken ist, so herrscht doch noch jener Mythos als allgemeiner Volksglaube, und hat entschiedenen Einfluß auf das Leben, heute so gut als vor 4000 Jahren. Daher haben schon Pythagoras und Plato jenes *non plus ultra* mythischer Darstellung mit Bewundrung aufgefaßt, von Indien herübergenommen, verehrt, angewandt, und, wir wissen nicht wie weit, selbst geglaubt.

Wenn Sie die nicht mythische, sondern philosophische Darstellung der *ewigen Gerechtigkeit* gefaßt haben, so wird Ihnen dadurch, wie auch durch die früher vorangeschickten ethischen Erörterungen, die jetzt folgende Untersuchung der *eigentlich ethischen Bedeutsamkeit des Handelns und des Gewissens*, welches die Gefühlte Erkenntniß davon ist, sehr erleichtert seyn. Denn diese im engsten Sinn ethischen Untersuchungen sind der gegebnen Darstellung der ewigen Gerechtigkeit sehr nahe verwandt und ihre Resultate gehn unmittelbar daraus hervor.

(Hier beliebig einzuschalten über zwei menschliche Eigenthümlichkeiten: Wunsch der Entgeltung; und Rache.) [Vgl. WI, § 64, S. 422–424 [487–490]]

CAP. 8.

Von der ethischen Bedeutsamkeit des Handelns; oder: vom Wesen der Tugend und des Lasters.

Unter der *ethischen Bedeutsamkeit des Handelns* verstehe ich die Bedeutung derjenigen Beschaffenheit unsrer Thaten welche man durch die Worte *gut* und *böse* bezeichnet, und sich im Leben dadurch vollkommen verständigt: Uns kommt es aber darauf an, das was dabei gedacht wird zu abstrakter und philosophischer Deutlichkeit zu erheben, es bis auf den letzten und eigentlichen Grund davon einzusehn, es zu begreifen im Zusammenhang unsers ganzen bisherigen Gedankenganges und sogar es als das praktische Resultat desselben aufzustellen, da für den Menschen das Praktische bei Allem immer als das Resultat betrachtet wird, weil er selbst ein Praktisches Wesen ist.

Ueber die Begriffe »Gut und Böse«.

Zuvörderst will ich nun *die Begriffe Gut und Böse* auf ihre eigentliche, wesentliche *klare Bedeutung zurückführen;* damit Sie nicht etwa in einem *undeutlichen Wahn* befangen bleiben mögen, daß diese Begriffe mehr enthalten als wirklich darin liegt; oder daß sie schon für sich alles hier Nöthige sagten und keiner Erklärung bedürften; oder daß der Inhalt dieser Begriffe etwas ganz Unaussprechliches wäre, das keine Erklärung erreichen könnte. Das thun selbst *manche Ethiker* und gebrauchen die Worte Gut und Böse fast wie Zauberformeln, durch die sich alles Mögliche ausrichten läßt. Eigentlich suchen sie hinter den Worten Gut und Böse ein Versteck ihrer Flachheit und legen ihren ethischen Ableitungen das als ausgemacht und bekannt zum Grunde, was erst selbst das Problem ist. Zum *Guten* fügen sie das *Schöne* und das *Wahre* und treiben dann ein Spiel mit diesen drei Begriffen, die sie Ideen nennen damit es vornehmer klingt, indem sie sich und Andre glauben machen, sie hätten schon die tiefste Weisheit ausgesprochen, wenn sie nur mit der Miene eines begeisterten Schaafes das Gute, das Schöne und das Wahre aussprechen. Dies sind aber nichts als drei sehr weite und abstrakte, folglich gar nicht inhaltsreiche Begriffe, welche sehr verschiedenen Ursprung und Bedeutung haben.

Die Erklärung des Begriffs *Wahr* ist in der Logik gegeben. *(Repet.)* Was das *Schöne* sei, haben wir in der Aesthetik untersucht. Jetzt wollen wir den Begriff *Gut* auf seine eigentliche Bedeutung zurückführen, was mit sehr Wenigem gethan seyn wird. Dieser Begriff ist wesentlich relativ und bezeichnet *die Angemessenheit eines Objekts zu irgend einer bestimmten Bestrebung des Willens.* Also durch den Begriff *Gut* denken wir Alles, was dem Willen, in irgend einer seiner Aeußerungen zusagt, seinen Zweck erfüllt, im Uebrigen mag es nun so verschieden seyn als es will. Darum sagen wir »gutes Essen, gute Wege, gutes Wetter, gute Waffen, gute Vorbedeutung« u. s. f. kurz, wir nennen alles *gut*, was grade so ist, wie wir es eben wollen: daher kann auch dem Einen *gut* seyn; was dem Andern grade das Gegentheil davon ist. Der Begriff des Guten zerfällt in zwei Unterarten: nämlich das *Angenehme* und das *Nützliche:* d. h. die unmittelbar gegenwärtige Befriedigung des jedesmaligen Willens; und die nur mittelbare, auf die Zukunft gehende Befriedigung des Willens. – Den *Begriff des Gegentheils* des Guten drückt, so lange von nicht erkennenden Wesen die Rede ist, das Wort *schlecht* aus; seltner und abstrakter das Wort *Uebel:* beide bezeichnen also das dem jedesmaligen Streben des Willens nicht Zusagende. Wie man *alle Wesen* die in Beziehung zum Willen treten können, *gut* oder *schlecht* nannte; so hat man dieses ganz eben so auch bei *Menschen* gethan: Menschen die den jedesmal grade gewollten Zwekken günstig, förderlich, befreundet waren, hat man *gut* genannt, in derselben Bedeutung und immer mit Beibehaltung des *Relativen:* letzteres zeigt sich besonders in solchen Redensarten: »dieser ist *mir* gut, dir aber nicht.« Diejenigen aber, deren Karakter es mit sich brachte überhaupt die fremden Willensbestrebungen als solche nicht zu hindern, vielmehr zu befördern, die also durchgängig hülfreich, wohlwollend, freundlich, wohlthätig waren, sind, wegen dieser Relation ihrer Handlungsweise zum Willen Andrer überhaupt, *gute* Menschen genannt worden. Den entgegengesetzten Begriff bezeichnet man im Teutschen bei erkennenden Wesen (Thieren, Menschen) durch ein andres Wort als bei erkenntnißlosen, nämlich durch *böse:* dasselbe thut man auch im Französischen, *méchant;* aber erst seit etwa hundert Jahren. – In fast allen andern Sprachen findet dieser Unterschied nicht Statt: das Gegentheil von Gut wird bei Menschen durch das selbe Wort bezeichnet wie bei leblosen Dingen, κακος, *malus, cattivo, bad;* und dadurch alles bezeichnet was den jedesmaligen Zwecken eines bestimmten individuellen Willens entgegen ist. Die Begriffe *Gut* und *Schlecht oder bös* wurden also gebildet indem man ausgieng von dem *passiven* Theil: *dem* etwas gut ist: der legte diese Namen den Wesen bei, nach ihrem Verhältniß zu ihm. Erst später konnte die Betrachtung übergehn zum *aktiven* Theil, der einem Andern gut ist, sich *gut* bezeigt gegen einen Andern, nämlich so daß man anfieng die *Handlungsweise* des Menschen den man *gut* nannte zu betrachten nicht mehr in Bezug auf *Andre*, sondern *auf ihn selbst:* da kam man dann bald auf die Frage, warum doch eben die Handlungsweise welche in Bezug auf Andre *gut* heißt im Zuschauer derselben eine besondre Rührung hervorbringt, sodann eine reine und objektive *Hochachtung* gegen den so Handelnden erregt; warum sogar die Erzählung irgend einer sehr guten That (was man edle That nennt) jeden auf eine ganz besondre Weise rührt, ja ihn begeistert, daß er eben so handeln möchte: was er aber oft nachher doch nicht kann, weil andre Motive zuviel Gewalt über ihn haben: aber den Wunsch so handeln zu können, fühlt Jeder bei Erzählung einer edlen That. Warum ferner in dem der sehr gut gegen Andre gehandelt hat, dies eine eigenthümliche *Zufriedenheit* hervorbringt, die beträchtlich seyn muß, da er sie sogar oft mit großen *Opfern* andrer Art erkauft; ferner auch warum, im Gegentheil, *die böse Handlungsweise,* dem, von dem sie ausgeht, ungeachtet sie ihm viele Vortheile bringt, doch einen innern Schmerz erregt, in den Zeugen oder Hörern aber einen besondern Abscheu und Verachtung: obwohl sie dies oft verhehlen müssen. Diese Fragen sind eigentlich der Anlaß gewesen aller *ethischen Systeme*, sowohl der philosophischen, als der auf Glaubenslehren gestützten. Eigentlich haben beide Arten immer gesucht, die Tugend irgendwie mit der *Glückseligkeit* in Verein zu setzen: die philosophischen Ethiken entweder durch den Satz vom Widerspruch, oder durch den Satz des Grundes: also die Tugend entweder als Identisch mit der Glückseligkeit aufzuweisen, oder als den Grund, dessen Folge die Glückseligkeit ist; beides immer sophistisch. Die auf *Glaubenslehren* gestützten Ethiken machten auch die Glückseligkeit zur Folge der Tugend, aber nur mittelst Behauptung andrer Welten, als die der *Erfahrung*, oder dem eigentlichen *Wissen* möglicherweise bekannt seyn können.

Unsre Betrachtung wird hingegen ergeben, daß das innre Wesen der Tugend dem Streben nach Glückseligkeit d.h. nach Wohlseyn und Leben gewissermaaßen ganz entgegengesetzt ist. [Eine Randnotiz mit Bleistift deutet darauf hin, daß Schopenhauer bei seinem Vortrag den nächsten Absatz *ad libitum*, nach Belieben, weglassen wollte.]

Bei Erwähnung der auf Glaubenslehren gestützten Ethiken, bemerke ich beiläufig, daß das, was jeder positiven Glaubenslehre ihre große Kraft giebt, der Anhaltspunkt, durch welchen sie die Gemüther fest in Besitz nimmt, durchaus ihre ethische Seite ist, jedoch nicht unmittelbar, sondern indem ihre Ethischen Sätze mit dem der jedesmaligen Glaubenslehre eigenthümlichen mythischen Dogma fest verwebt und verknüpft sind und allein durch dasselbe erklärbar erscheinen: dies ist so sehr der Fall, daß, obgleich die ethische Bedeutung der Handlungen gar nicht dem Satz des Grundes gemäß erklärbar ist, jeder Mythos aber diesem Satze folgt, dennoch die Gläubigen die ethische Bedeutsamkeit des Handelns und ihren Mythos für ganz unzertrennlich und schlechthin Eins halten, daher sie dann jeden Angriff auf ihren Mythos ansehn als einen Angriff auf Recht und Tugend. Durch diese Association der Begriffe allein konnte jenes furchtbare Ungeheuer, der Fanatismus, entstehn und nicht etwa nur einzelne, ausgezeichnet verkehrte oder böse Individuen beherrschen sondern ganze Völker und zuletzt: – – – [Vgl. WI, § 65, S. 427, Fußnote [493].]

Unsrer Erklärung des Begriffs *Gut* gemäß ist jedes Gute wesentlich *relativ:* denn es hat sein Wesen nur in seinem Verhältniß zu einem begehrenden Willen. Demnach ist *absolutes Gut* ein

Widerspruch: höchstes Gut, *summum bonum*, bedeutet dasselbe, nämlich eigentlich eine finale Befriedigung des Willens, nach welcher kein neues Wollen einträte, ein letztes Motiv, dessen Erreichung ein unzerstörbares Genüge des Willens gäbe. Nach allen unsern bisherigen Betrachtungen über das Wesen des Willens ist dergleichen unmöglich, und undenkbar. Der Wille kann so wenig durch irgend eine Befriedigung aufhören stets wieder von Neuem zu wollen, als die Zeit enden oder anfangen kann: eine Erfüllung die sein Streben auf immer befriedigte giebt es für ihn nicht. Er ist das Faß der Danaiden: darum giebt es für ihn kein höchstes Gut, kein absolutes Gut, sondern immer nur ein einstweiliges und relatives. Weil indessen höchstes Gut, *summum bonum* ein alter, hergebrachter Ausdruck ist, den man nicht gern ganz abschaffen und bei dem man doch gern etwas denken möchte, so kann man ihm, gleichsam als *emeritus* ein Ehrenamt geben: man könnte nämlich, aber nur bildlicher Weise und tropisch, durch höchstes Gut bezeichnen die gänzliche Selbstaufhebung und Verneinung des Willens, die wahre Willenslosigkeit, von der ich bald reden werde: denn sie allein (oder die Resignation) ist es die den Willen auf immer stillt und beschwichtigt, sie allein kann jene Zufriedenheit, jenes Genüge geben, das durch nichts entrissen oder gestört werden kann: diese Resignation mag man das *summum bonum* nennen, indem man sie ansieht als das einzige *radikale Heilmittel* der Krankheit, gegen welche alle andern Güter, nämlich alle erfüllten Wünsche und alles erlangte Glück, nur *Palliativmittel*, nur *Anodyna* sind. Soviel über die Begriffe und Worte Gut und Böse. Jetzt komme ich zur *eigentlichen Erklärung der ethischen Bedeutung* des Handelns.

Der böse Karakter.

Wenn ein Mensch, sobald Veranlassung dazu da ist und ihn keine äußere Macht abhält, stets geneigt ist *Unrecht* zu thun, nennen wir ihn *böse*. Nach unsrer Erklärung des Unrechts heißt dies, daß ein solcher Mensch nicht allein den Willen zum Leben, wie er in seinem Leibe erscheint, bejaht; sondern in dieser Bejahung so weit geht, daß er den in andern Individuen erscheinenden Willen verneint: dies zeigt sich dann darin, daß er ihre Kräfte zum Dienst seines Willens verlangt, sie zu solchem Dienst mit List oder Gewalt zu zwingen sucht, ihr Eigenthum angreift, was dasselbe ist, und auch da wo die Bestrebungen Andrer seinem Willen entgegen stehn, diese zu vertilgen sucht. Die Letzte Quelle hievon ist ein hoher Grad des Egoismus, dessen Wesen ich Ihnen auseinander gesetzt habe. Hier ist nun sogleich zweierlei offenbar: 1) daß in einem solchen Menschen ein überaus heftiger Wille zum Leben sich ausspricht, der weit hinausgeht über die bloße Bejahung seines eignen Leibes: und 2) daß seine Erkenntniß ganz dem Satz vom Grund hingegeben ist, ganz im *principio individuationis* befangen ist und daher fest stehn bleibt bei dem durch dieses *principium individuationis* herbeigeführten Unterschied zwischen seiner eigenen Person und allen andern: daher eben sucht er ganz allein sein eignes Wohlseyn und ist vollkommen gleichgültig gegen das aller Andern: das Wesen der Andern ist ihm vielmehr völlig fremd, von seinem eignen Wesen durch eine weite Kluft geschieden, ja eigentlich sieht er die Andern an wie bloße Larven, ohne alle Realität. – Diese zwei Eigenschaften sind die Grundelemente des bösen Karakters.

Aus diesen zwei Grundelementen entstehn zweierlei Quaalen, die den bösen Karakter begleiten.

[Erstlich] ist schon jene große Heftigkeit des Wollens an und für sich und unmittelbar eine stete Quelle des Leidens. Dies aus zweierlei Ursachen. Erstlich weil alles Wollen, schon als solches, aus dem Mangel, folglich aus dem Leiden entspringt. Daher eben ist, wie Sie sich aus der Aesthetik erinnern, das augenblickliche Schweigen alles Wollens, welches eintritt, sobald wir als reines, willenloses Subjekt des Erkennens (Korrelat der Idee) der ästhetischen Betrachtung hingegeben sind, eben schon ein Hauptbestandtheil der Freude am Schönen. – Zweitens ist das heftige Wollen schon deshalb mit Leiden nothwendig verknüpft, weil, durch den kausalen Zusammenhang der Dinge, die *meisten Begehrungen unerfüllt* bleiben müssen und daher der Wille viel öfter durchkreuzt als befriedigt wird: folglich bringt auch dieserhalb vieles und heftiges Wollen stets heftiges und vieles Leiden mit sich. Denn alles Leiden ist durchaus nichts andres, als unerfülltes und durchkreuztes Wollen: sogar der Schmerz des Leibes, wenn dieser verletzt oder zerstört wird, ist als solcher allein dadurch möglich, daß der Leib nichts andres ist als der Objekt gewordne Wille selbst, der Wille *in concreto.* – Weil nun dieserhalb vieles und heftiges Leiden unzertrennlich ist von vielem und heftigem Wollen, so trägt auch schon der *Gesichtsausdruck* sehr böser Menschen das Gepräge des innern Leidens: selbst wenn sie alles äußre Glück erlangt haben, sehn sie stets unglücklich aus, sobald sie nicht im augenblicklichen Jubel begriffen sind, oder sich verstellen.

Grausamkeit.

Aus dieser ihnen unmittelbar wesentlichen innern Quaal geht nun sogar zuletzt etwas hervor, was der bloße Egoismus für sich gar nicht hervorbringen kann, nämlich die ganz *uneigennützige Freude* am Leiden Andrer, welche *Grausamkeit* heißt. Dieser ist nicht mehr, wie dem Egoismus, das fremde Leiden ein bloßes Mittel zur Erlangung der Zwecke des eignen Willens; sondern der Grausamkeit ist es Zweck an sich. Die nähere Erklärung dieses Phänomens der Grausamkeit ist folgende. Weil der Mensch die Erscheinung des Willens ist von Erkenntniß beleuchtet, die bis zur Besonnenheit der Ueberlegung geht; so mißt er die wirkliche und gefühlte Befriedigung seines Willens stets ab gegen die bloß mögliche, welche ihm die Erkenntniß vorhält. Hieraus entspringt der *Neid:* jede Entbehrung wird unendlich gesteigert durch fremden Genuß; und sie wird erleichtert durch das Wissen, daß auch Andre dieselbe Entbehrung dulden. Daher betrüben wir uns nicht sonderlich über die Uebel, welche Allen gemeinsam und vom Menschenleben unzertrennlich sind: auch nicht über die welche dem Klima, dem ganzen Lande angehören. Die Erinnerung und Vorstellung größrer Leiden als die unsrigen sind, stillt ihren Schmerz: der Anblick fremder Leiden lindert die eignen. Wenn nun ein Mensch von einem überaus heftigen Willensdrange erfüllt ist, mit brennender Gier alles zusammenfassen möchte, um den Durst des Egoismus zu kühlen, und nun dabei, wie es nothwendig ist, erfahren muß, daß alle Befriedigung nur scheinbar ist, daß das Erlangte nie leistet, was das Begehrte versprach, nämlich endliche Stillung des grimmigen Willensdranges; sondern daß durch die Erfüllung der Wunsch nur seine Gestalt ändert und jetzt unter einer andern Gestalt von Neuem quält, ja wenn nun endlich alle Objekte des Begehrens erschöpft sind, der Willensdrang selbst bleibt, selbst ohne erkanntes Motiv gefühlt wird, sich als Gefühl der entsetzlichsten Oede und Leere mit heilloser Quaal kund giebt; so wird aus diesem Allen, was bei den gewöhnlichen Graden des Wollens nur in geringerm Maaße empfunden wird und dann auch nur den gewöhnlichen Grad trüber Stimmung hervorbringt, bei jenem Menschen, dessen Wille eine ungewöhnliche Heftigkeit hat und daher die Erscheinung der Bosheit hervorbringt, daraus nothwendig eine übermäßige innre Quaal erwachsen, eine ewige Unruhe, ein unheilbarer Schmerz: dadurch getrieben sucht er nun indirekt die Linderung deren er direkt nicht fähig ist: er sucht nämlich durch den *Anblick des fremden Leidens*, das er zugleich als eine Aeußerung seiner Macht erkennt, das eigene Leiden zu mildern. Fremdes Leiden wird ihm jetzt Zweck an sich, ist ihm ein Anblick an dem er sich weidet. So also entsteht die Erscheinung der eigentlichen *Grausamkeit*, des *Blutdurstes*, welche die Geschichte so oft sehn läßt, in den Neronen und Domitianen, in den Afrikanischen Deis, im Robespierre u. s. w.

Mit der Grausamkeit verwandt ist schon die *Rachsucht:* sie vergilt das Böse mit Bösem, nicht aus Rücksicht auf die Zukunft, welches der Karakter der Strafe ist, sondern bloß, wegen des Geschehenen, Vergangenen, als solchen, also uneigennützig, nicht als Mittel, sondern als Zweck, um an der *Quaal* des Beleidigers, die man selbst verursacht, sich zu weiden. Was die Rache von der eigentlichen Grausamkeit unterscheidet und in etwas entschuldigt, ist ein Schein des Rechts: sofern nämlich derselbe Akt, der jetzt Rache ist, wenn er gesetzlich verfügt würde, d. h. nach einer vorher bestimmten und bekannten und von einem Verein angenommenen Regel, Strafe wäre, mithin Recht.

[Zweitens:] Ich sagte daß den bösen Karakter *zwei* Quaalen begleiten. Nämlich außer dem beschriebenen Leiden, welches mit der Bosheit *aus einer Wurzel* entsprießt, nämlich aus dem sehr heftigen Willen, und daher ganz unmittelbar aus ihr hervorgeht und ganz unzertrennlich davon ist, – außer diesem unmittelbaren Leiden, ist der Bosheit noch eine ganz andre Pein beigesellt, die besondrer Art und von jener verschieden ist: sie wird bei jeder bösen Handlung, diese sei nun bloße Ungerechtigkeit aus Egoismus oder reine Grausamkeit, fühlbar, sie heißt *Gewissenspein* und je nachdem ihre Dauer kürzer oder länger ist, *Gewissensbiß* oder *Gewissensangst.*

Gewissensqual.

Ich werde nun die Bedeutung dieser *Gewissenspein* in *abstracto* Ihnen darlegen und sie in ihre Bestandtheile auflösen; also deutlich aussprechen, was beim Gewissensbiß selbst sich als bloßes Gefühl ankündigt. Dadurch wird die eigentlich ethische Bedeutung des Handelns offenbar: denn wir kennen diese nur durch das Gewissen: also ist dieses erklärt, so ist sie es auch. Dabei setze ich voraus daß Sie wohl gefaßt haben und Ihnen gegenwärtig sei was wir am Anfang der Ethik betrachtet haben, nämlich wie das Leben selbst das bloße Abbild und der Spiegel des Willens zum Leben ist, daß daher diesem das Leben immer gewiß ist; und sodann auch die Darstellung der ewigen Gerechtigkeit. Aus jenen Betrachtungen nämlich ergiebt sich der Inhalt und die Bedeutung des Gewissensbisses. Wir müssen in demselben zwei Theile unterscheiden, die aber doch wieder ganz zusammenfallen und als völlig vereint gedacht werden müssen.

Also der erste Theil der Erkenntniß welche sich in der Gewissensangst ausspricht ist folgender. – (Der Sinn des bösen Menschen ist vom Schleier des Maja umhüllt:) d. h. seine Erkenntniß ist gänzlich befangen im *principio individuationis:* diesem gemäß sieht er seine eigne Person an als gänzlich verschieden von jeder andern und er setzt eine weite Kluft zwischen seiner und jeder andern Person. Diese Erkenntnißweise ist seinem *Egoismus* allein gemäß, denn sie ist die *Stütze* desselben: daher *hält er sie* mit aller Gewalt *fest;* wie denn fast immer die Erkenntniß vom Willen bestochen ist. Allein, bei allem dem, regt sich doch im *Innersten seines Bewußtseyns,* die *geheime Ahndung,* daß eine solche Ordnung der Dinge doch bloße Erscheinung ist, an sich aber es sich ganz anders verhält. Nämlich die Ahndung: daß, so sehr auch Zeit und Raum ihn selbst trennen von allen andern Individuen und von den unzählbaren Quaalen, die sie leiden, ja durch ihn leiden, und so fremd das alles auch seiner Person sich darstellt; dennoch an sich und abgesehn von der Vorstellung und ihren Formen, der eine und selbe Wille zum Leben es ist, der in allen Individuen erscheint, und der indem er durch Befangenheit der Erkenntniß im *principio individuationis* als Egoismus auftritt, sich selbst verkennt, seine Waffen gegen sich selbst kehrt, und nun indem er in der einen seiner Erscheinungen gesteigertes Wohlseyn sucht, eben dadurch sich selbst in der andern Erscheinung das größte Leiden auflegt: demnach enthält diese im Innern des Bewußtseins liegende Erkenntniß dieses, daß eben er, das böse Individuum, der ganze Wille zum Leben selbst ist, und er folglich indem er der Peiniger und Quäler Andrer wird, doch zugleich auch, in Wahrheit, der *Gequälte* ist, indem der Unterschied der Individuen, der ihn getrennt hält von den Leiden des von ihm Gequälten, bloße Erscheinung ist, ein täuschender Traum, dessen Form Raum und Zeit ist, welche Täuschende Erscheinung aber verschwinden muß, und er, der Wahrheit nach, bei allem Leiden das er verhängt, immer auch *selbst der Leidende* ist; daß er daher immer die Wollust mit der Quaal bezahlen muß, indem er selbst, der das Leben zu genießen sucht, es auch ist der in Allem lebt was im Leben Quaal leidet, ja daß sogar alles Leiden, das er nur als möglich erkennt, ihn in Wahrheit schon trifft, weil er eben der Wille zum Leben selbst ist und das *principium individuationis* welches die Individuen trennt auch nur da ist in der Erkenntniß der Individuen, und eben daher *Möglichkeit und Wirklichkeit,* Nähe und Ferne der Zeit und des Raumes nur in der Erscheinung verschieden sind, nicht so an sich. – Diese Wahrheit eben ist es, welche im Gewande des Mythos, d. h. dem Satze vom Grund angepaßt und dadurch in die Form der Erscheinung übersetzt, das Dogma der Seelenwanderung ausdrückt, welches nämlich die Zeit zu Hülfe nimmt und das was schon jetzt ist, oder eigentlich unabhängig von der Zeit ist, die Gegenwart des Willens zum Leben in allen seinen Erscheinungen, darstellt, als etwas künftiges, als Uebergang des Individuums in ein andres, dem gleich welches jetzt von ihm gequält wird. Aber der reinste Ausdruck dieser Wahrheit, ohne fremde Beimischung, und vor ihrem Uebergang in die Begriffe der Vernunft, ist eben die *Gewissensangst* selbst, jene dunkelgefühlte, aber trostlose Quaal. – Dies war also die erste Hälfte dessen, was sich in der Gewissensangst ausdrückt. – Die zweite Hälfte ist folgende, die jedoch mit jener ersten genau zusammenhängt. Es ist die unmittelbare Erkenntniß wie fest das böse Individuum dem Willen zum Leben und dadurch dem Leben, als dessen Erscheinung, *verbunden* ist, wie sehr es dem Leben angehört. Sie sollen gleich sehn, was dies eigentlich ist, und was es auf sich hat. – Indem Einer eine sehr böse That begeht, so ist diese That eine Anzeige des hohen Grads *von Stärke* mit welcher der Thäter das Leben will, oder mit welcher im Thäter der Wille zum Leben sich bejaht; der Wille nämlich ist in ihm so heftig daß hier diese Bejahung weit *hinausgeht* über seine individuelle Erscheinung, nämlich bis zur gänzlichen *Verneinung* desselben Willens, sofern er in andern Individuen erscheint. Also das innere Entsetzen, welches ein Bösewicht über seine eigne That empfindet und vergebens sich zu verhehlen sucht, entspringt nicht allein aus jener dargestellten unmittelbaren Erkenntniß oder Ahndung der Nichtigkeit und bloßen Scheinbarkeit des *principii individuationis* und des durch dasselbe gesetzten Unterschiedes zwischen ihm und andern, wodurch, außer der Erscheinung, sein innres Selbst, das Wesen an sich sowohl des Gequälten ist als des Quälers wenn gleich als Individuum er sich nur als letzteren erkennt; sondern zugleich auch entspringt die Gewissensangst zweitens aus der Erkenntniß der Heftigkeit seines eignen Willens, der Gewalt, mit welcher er das Leben ergriffen hat, sich gleichsam daran festgesogen hat. Wir wollen sehn was dies auf sich hat. Welche schreckliche Seite das Leben habe, das bringt ihm eben seine eigne That vor Augen, indem eben er Andre unglücklich macht, quält, mordet: diese entsetzliche Begebenheit selbst aber geht grade von ihm, dem Verbrecher aus, ist eben nur ein Mittel dessen er sich bedient zur völligern, ungehindertern Bejahung des Lebens: dadurch ist das Verbrechen ein Symptom der Stärke des Willens zum Leben in ihm, also des Grades bis zu welchem er dem Leben verknüpft ist und zugleich zeigt seine That äußerlich wie entsetzlich eben dies Leben sei. Also er erkennt sich als *koncentrirte Erscheinung* des Willens zum Leben, er fühlt bis zu welchem Grade er dem Leben *anheimgefallen* ist und eben damit auch den zahllosen Leiden, die diesem wesentlich sind: denn wenn auch seine Person jetzt in einem glücklichen Zustande ist, so hat das Leben, oder die Erscheinung des Willens überhaupt, zur Form endlose Zeit und endlosen Raum, um dadurch den *Unterschied aufzuheben* zwischen *Möglichkeit* und *Wirklichkeit,* und alle von dem bösen Individuo für jetzt bloß *erkannte* Leiden in *empfundne* umzuwandeln. Wir können uns dies freilich nur dadurch vorstellig machen, daß wir ihn denken als eine individuelle Seele, die mehrere Körper durchwandert und also immer wiedergeborn wird. Dies müssen wir aber bloß darum, weil unsre ganze Erkenntniß nur Erkenntniß von Erscheinungen ist und nicht vom Ding an sich, die allgemeinste Form der Erscheinung aber die Zeit ist, von der wir uns deshalb nicht losmachen können, sobald wir einen individuellen Fall betrachten. Allein vom Standpunkt der Metaphysik aus sehn wir die Sache im Allgemeinen und begreifen daß es sich ganz anders verhält, daß nämlich die Millionen Jahre steter *Wiedergeburt* die wir uns denken müssen bloß in unserm Begriff existiren, wie überhaupt die ganze Vergangenheit und Zukunft eigentlich allein im Begriff existirt: real ist bloß die Gegenwart: die erfüllte *Zeit,* die Form der Erscheinung des Willens ist ja eigentlich allein die *Gegenwart,* wie in der Metaphysik gezeigt: daher ist für das Individuum die Zeit immer neu: es findet sich stets als neu entstanden. Denn von dem Willen zum Leben ist das Leben unzertrennlich und dessen Form allein das *Jetzt.* Das Verhältniß des Todes zum Willen zum Leben haben wir oben ausführlich betrachtet: am faßlichsten wird es durch ein schon von mir Gebrauchtes Gleichniß. Der Tod, sagte ich, verhält sich zum Ding an sich, zu unserm wahren Selbst, dem Willen, wie der Untergang der Sonne, zur Sonne selbst; es ist nur scheinbar daß die Sonne von der Nacht verschlungen wird, wirklich aber ist sie selbst Quelle alles Lichtes, brennt ohne Unterlaß ewigen Mittag, bringt stets neuen Welten neue Tage, und ist allezeit im Aufgange und allezeit im Niedergange. So auch lebt der Wille immer in seiner Erscheinung und folglich immer in der Gegenwart, nie in Zukunft oder

Vergangenheit: nur das Individuum, die einzelne Erscheinung, trifft Anfang und Ende, mittelst der Zeit, welche die Form dieser Erscheinung ist, die Form der Vorstellung. Außer der Zeit liegt allein der Wille, Kants Ding an sich. [Hier folgte ursprünglich, nachträglich mit Bleistift wieder ausgestrichen: und des Willens adäquate Objektität, Platons Idee.] – Wer dieses wohl faßt, muß zugleich einsehn, daß gegen die Leiden, welche das Leben begleiten, der *Selbstmord* keine Rettung giebt: denn er trifft eine einzelne Erscheinung, während das Wesen derselben in Millionen Erscheinungen sich unter denselben Bedingungen darstellt, und nie aufhören kann da zu seyn. Was Jeder im Innersten *will*, daß muß er *seyn:* und was Jeder ist, das ist er nur, weil er es eben will. Also auch die zweite Hälfte der Erkenntniß die sich als Gewissensangst ausspricht ist dargelegt. Nämlich neben der bloß gefühlten Erkenntniß der Scheinbarkeit und Nichtigkeit der Formen der Vorstellung, welche die Individuen von einander gesondert halten, ist es die *Selbsterkenntniß* des eigenen Willens und seines Grades, welche dem Gewissen den Stachel giebt. Noch einige Erläuterungen darüber. Der *Lebenslauf* wirkt das Bild des *empirischen Karakters*, und in diesem wieder stellt sich der *intelligibele Karakter* dar: der Böse erschrickt bei diesem Bilde: gleichviel ob es mit großen Zügen gewirkt ist, so daß die Welt seinen Abscheu theilt, oder mit so kleinen, daß er allein es sieht: gleichviel: denn nur ihn geht es unmittelbar an: Nur weil der Wille nicht der Zeit unterworfen ist, sind die Wunden des Gewissens unheilbar, werden nicht, wie andre Leiden allmälig verschmerzt: sondern die Böse That drückt das Gewissen nach vielen Jahren mit eben der Stärke als da sie frisch war. Das *Vergangne* ist an sich nichts, es ist eine verschwundne Erscheinung: daher wäre es gleichgültig und könnte nicht das Gewissen beängstigen, fühlte nicht der Karakter sich als an sich der intelligible, der Wille selbst, und daher frei von aller Zeit und durch die Zeit unveränderlich, so lange er nicht sich selbst verneint. Darum lasten längst geschehene Dinge immer noch auf dem Gewissen. Die Bitte »führe mich nicht in Versuchung«, sagt eigentlich »laß' es mich nicht sehn, wer ich bin«. – Die *Gewalt*, mit welcher der Böse *das Leben bejaht*, stellt sich ihm dar an den *Leiden* die er, eben dieser Bejahung wegen, über *Andre* verhängt: und dadurch wieder ermißt er *die Ferne*, in welcher von ihm das Aufgeben und Verneinen eben jenes seines Willens liegt, welches doch die einzig mögliche Erlösung von der Welt und ihrer Quaal ist. Er wird eben inne, *wie weit er der Welt angehört* und wie fest er ihr verbunden ist: das *erkannte* Leiden Andrer hat ihn nicht bewegen können, von seinem Wollen abzulassen: er fällt daher dem Leben und dem *empfundnen* Leiden anheim. Es bleibt dahingestellt, ob dieses je die Heftigkeit seines Willens wird brechen und überwinden können.

Ich habe Ihnen jetzt das Wesen des *Bösen in abstracto* auseinandergesetzt: die nicht abstrakte, nicht deutliche, sondern bloß *gefühlte* Erkenntniß von jenem Wesen ist eben die *Gewissensangst.* Dies Alles wird aber noch deutlicher und vollständiger von Ihnen eingesehn werden, wenn wir jetzt eben so das *Gute,* als Eigenschaft des menschlichen Wollens betrachten und die Betrachtung desselben durchführen bis zu den höchsten Graden, wo jene Güte der Gesinnung übergeht in gänzliche Resignation und Heiligkeit. Denn die Gegensätze erläutern sich immer wechselseitig. *Lux se ipsa et tenebras manifestat* [Das Licht macht sich selbst und die Finsternis offenbar.], sagt Spinoza [Ethik, II, prop. 43, schol.].

Der gute Karakter und die Tugend.

Die Tugend geht zwar aus der *Erkenntniß* hervor, aber nicht aus einer abstrakten Erkenntniß, die durch Worte ausgedrückt wird. Wäre dieses, so ließe sie sich lehren, und indem ich hier ihr Wesen und die ihr zum Grunde liegende Erkenntniß abstrakt ausspreche, hätte ich Jeden der es faßt, auch ethisch gebessert. So ist es aber keineswegs. Vielmehr kann man so wenig durch ethische Vorlesungen oder auch durch Predigten einen Tugendhaften Menschen machen, als alle Aesthetiken, von der des Aristoteles an, je einen Dichter gemacht haben. Denn der Begriff, den wir schon für die Kunst unfruchtbar fanden, ist es auch für das eigentliche und innere Wesen der Tugend: er kann auch hier nur untergeordnet als Werkzeug Dienste leisten, indem er nämlich das schon anderweitig Erkannte und Beschlossene aufbewahrt für die Zeit der Ausführung, oder die bleibende Abstrakte Erkenntniß den wechselnden Launen und Affekten entgegenhält. – Seneka: *Velle non discitur* [Wollen ist nicht zu lernen. (ep. 81,14)]. – Auf die Tugend, d. h. auf die *Güte der Gesinnung* sind die *abstrakten Dogmen* in der That ohne Einfluß: die *falschen* stören sie nicht und die *wahren* befördern sie schwerlich. Es wäre wahrlich auch sehr schlimm, wenn die Hauptsache des menschlichen Lebens, sein ethischer, für die Ewigkeit geltender Werth, von etwas abhienge, dessen Erlangung so sehr dem Zufall unterworfen ist, wie Dogmen, Glaubenslehren, Philosopheme. Die Dogmen haben für die Moralität bloß den Werth, daß der (aus anderweitiger bald zu erörternder Erkenntniß) schon Tugendhafte an ihnen ein Schema, ein Formular hat, nach welchem er seiner eigenen Vernunft von seinem Nicht-egoistischen Thun, dessen Wesen sie, d. i. er selbst, nicht *begreift,* eine Rechenschaft ablegt, die zwar meistens nur fingirt ist, bei welcher aber er seine Vernunft gewöhnt hat, sich zufrieden zu geben. Darauf beruht der Werth und die Nothwendigkeit positiver Religionen.

Die Dogmen können zwar starken Einfluß haben auf das *Handeln,* das äußere Thun, eben wie auch Gewohnheit und Beispiel solchen Einfluß haben, indem der gewöhnliche Mensch seinem eignen Urtheil, dessen Schwäche er kennt, nicht traut, sondern immer nur eigner oder fremder Erfahrung folgt. Aber jener Einfluß der Dogmen auf das *Thun*, hat deswegen die *Gesinnung* nicht geändert. Die Kirche nennt alles solches bloß in Folge eines angenommnen Dogma's vollbrachtes Handeln *opera operata* [äußerliche, ohne die rechte Gesinnung getane Werke (z. B. Augustinus, Bekenntnisse, XIII)] und sagt daß solches nichts hilft, wenn nicht die Gnade den Glauben schenkt, aus welchem die Wiedergeburt hervor geht. Sie sagt, die Gnadenwirkung des Heiligen Geistes schenke allein den Glauben der zur Seeligkeit führt. *(Suo loco.)* Wir werden sagen: nur eine dem Menschen unmittelbar aufgehende Erkenntniß die nicht mittheilbar ist, weil sie nicht *in abstracto* ist, kann zur ächten Tugend und dadurch zur Erlösung führen. – Die Sache ist diese: Alle Erkenntniß *in abstracto* kann in Absicht auf den Willen nur *Motive* geben: Motive aber können, wie oben gezeigt, bloß die *Richtung* des Willens ändern, nie ihn selbst *(illustr.)*. Alle mittheilbare Erkenntniß ist abstrakt und kann also auf den Willen nur wirken, sofern sie ihm zum *Motiv* wird: daher, wie auch die Dogmen den Willen *lenken* mögen, so ändern sie nicht das *Grundwollen* selbst, und was der Mensch eigentlich und überhaupt *will*, das bleibt dabei dasselbe: er bekommt bloß andre Gedanken über die Wege auf welchen was er eigentlich will zu erlangen ist, und dann leiten ihn imaginäre Motive gleich wirklichen. Z. B. Ich kann durch Dogmen dahin gebracht werden, große Schenkungen an Hülflose zu machen, indem ich fest überredet bin, in einem folgenden Leben alles zehnfach wiederzuerhalten: in Hinsicht auf den ethischen Werth meines Thuns ist dieses aber ganz dasselbe, als ob ich die nämliche Summe verwende auf die Verbesserung des Landguts, das zwar späte, jedoch sicherere und erklecklichere Zinsen trägt. Eben so der rechtgläubige Inquisitor, der einen Ketzer den Flammen überliefert, um künftig für sich einen Platz im Himmel dadurch zu erwerben; ist ein Mörder sogut, wie der Bandit, der für eine Summe den Mord begeht zu dem er gedungen ist. Auch, nach innern Umständen, der, welcher ins gelobte Land zieht um dort die Türken zu erwürgen, die ihm nichts gethan haben, um eben dadurch auf seinen Plaz im Himmel zu pränumeriren, ist ein Mörder, wie der Bandit um Lohn. – Denn was jene Gläubigen, alle beide, treibt ist ja nur ihr Egoismus: wegen der Absurdität der Mittel die sie dazu ergreifen, sind [»sind« bis »aber nicht besser« nachträglich mit Bleistift durchgestrichen] sie bloß dümmer als der Bandit, aber nicht besser. Dem Willen ist (wie oben gezeigt), von Außen, durch mittheilbare Erkenntniß, immer nur beizukommen sofern solche Erkenntniß ein Beweggrund, ein *Motiv* für ihn ist: aber Motive bestimmen und ändern bloß die Art wie er sich äußert, die Richtung die er nimmt; nie den Willen selbst. *Velle non discitur.* [Wollen ist nicht zu lernen.]

Inzwischen muß man sehr unterscheiden ob ein *Dogma* wirklich *Motiv* einer Handlung ist, oder bloße *Befriedigung der Vernunft*: damit man nicht guten Thaten ihren Werth abspreche. Ich meine dies: Wenn Jemand eine gute That vollbracht hat und als Grund dazu ein Dogma angiebt; so ist sehr oft dieses Dogma doch nicht die eigentliche Quelle seiner guten That, sondern ist nichts weiter, als *die scheinbare Rechenschaft* die er seiner *Vernunft* ablegt von seinem *nichtegoistischen* Thun, um solche dadurch zu befriedigen, während die That selbst aus einer ganz andern Quelle fließt, von ihm vollbracht ist, weil sein Karakter eben *gut* ist, er aber nicht eine gehörige abstrakte Erklärung *von der eigentlichen Quelle seines nichtegoistischen* Thuns zu geben versteht, weil er kein Philosoph ist und dennoch etwas dabei denken möchte, daher seine eigne Vernunft durch das Dogma befriedigt. – Solchen Unterschied aber zu finden, ist sehr schwer: denn man müßte das Innerste des Gemüths erforschen. Daher können wir fast nie das Thun Andrer mit Sicherheit ethisch richtig beurtheilen, und selten unser eignes. Soviel ist gewiß: alle *mittheilbare Erkenntniß*, also auch alle *Dogmen*, kann nur als *Motiv* auf den Willen wirken: und Motive bestimmen bloß die *Richtung* des Wollens, die *Akte* an denen es *sichtbar* wird, nie das *eigentliche Wollen* selbst, das schon bei ihrer Wirkung vorausgesetzt ist. – Die *Thaten* und *Handlungsweisen* des Einzelnen und eines Volks können sehr modifizirt werden durch *Dogmen, Beispiel und Gewohnheit*. Aber an und für sich sind alle Thaten (*opera operata* [äußerliche, ohne die rechte Gesinnung getane Werke]) *bloß leere Bilder*, die erst durch die Auslegung Bedeutung erhalten: die ethische Bedeutsamkeit liegt bloß in der *Gesinnung*, die zu jenen Thaten führt. Diese Gesinnung aber kann ganz dieselbe seyn, bei sehr verschiedner äußrer Erscheinung. Von zwei Menschen, die einen gleichen Grad von Bosheit haben, kann der Eine auf dem Rade sterben, der Andre ruhig im Schooße der Seinigen. Wir dürfen also *nicht direkt nach der äußern Erscheinung* den ethischen Werth des Thuns bestimmen. Dogmen, Gewohnheit, Beispiel bestimmen die äußere Erscheinung; aber lassen die *innre Gesinnung*, das Wollen selbst, unberührt. Es kann derselbe Grad von Bosheit seyn, der sich in *einem* Volke ausspricht in groben Zügen, in Mord und Kannibalismus; hingegen beim *andern* in Hof-Intriguen, Unterdrückungen und feinen Ränken aller Art: dort grob und in großen Zügen, hier fein und *en mignature:* aber es ist dasselbe. – Es ließe sich denken, daß ein vollkommner Staat, oder vielleicht auch ein vollkommen fest geglaubtes Dogma von Belohnungen und Strafen jenseit des Todes, jedes Verbrechen verhinderte. Dadurch wäre politisch sehr viel gewonnen; ethisch aber gar nichts: vielmehr wäre nur die Abbildung des Willens durch das Leben, gehemmt.

Ich sagte dennoch vorhin: *die Tugend geht aus von Erkenntniß;* aber nicht von abstrakter, die sich durch Worte mittheilen läßt. Die ächte Güte der Gesinnung, die uneigennützige Tugend und der reine Edelmuth gehen aus von einer *unmittelbaren und intuitiven Erkenntniß*, die nicht wegzuräsonniren und nicht anzuräsonniren ist, von einer Erkenntniß, die, eben weil sie nicht abstrakt ist, sich auch nicht mittheilen läßt; sondern *Jedem unmittelbar selbst aufgehn muß:* daher auch hat solche Erkenntniß ihren eigentlichen und *adäquaten Ausdruck* nicht in Worten, sondern ganz allein in *Thaten*, im *Handeln*, im *Lebenslauf* des Menschen. Inzwischen suchen wir hier *die Theorie der Tugend:* daher haben wir auch das Wesen der Erkenntniß, von der alle Tugend ausgeht, in *abstracto* auszudrücken: aber in diesem Ausdruck werde ich *nicht jene Erkenntniß selbst* liefern können, denn sie ist eben nicht mittheilbar; sondern bloß den *Begriff* jener Erkenntniß, das Abbild derselben *in abstracto:* im *Handeln* allein hat sie ihren *adäquaten Ausdruck*, ihre eigentliche *Sichtbarkeit:* daher muß ich immer vom Handeln ausgehn und auf dasselbe hinweisen, indem ich weiter nichts thue, als es deuten, d. h. *in abstracto* aussprechen, was eigentlich dabei vorgeht. Das ist es eben was ich zu thun habe, indem ich im Gegensatz des schon dargelegten innern Wesens der *bösen* Handlungsweise, nun auf gleiche Art das innre Wesen der eigentlichen *Güte* der Gesinnung und des Thuns darlege.

Die freie Gerechtigkeit.

Zuvörderst aber muß ich *eine Zwischenstufe* berühren, die bloße Negation des Bösen: dieses ist die *Gerechtigkeit*. Ihre Erkenntniß leitet uns eben schon hinüber zu der der eigentlichen *Güte:* – Was Recht und Unrecht sei, habe ich bereits ausführlich auseinandergesetzt. (*Recapit.*) Daher kann ich hier mit Wenigem sagen, daß derjenige, welcher jene bloß *ethische Gränze* zwischen Unrecht und Recht *freiwillig anerkennt* und sie gelten läßt, auch wo kein Staat oder sonstige *Gewalt* sie sichert, *gerecht* ist: d. h. nach der frühern Erklärung: wer in der Bejahung seines eignen Willens *nie so weit geht,* daß diese Bejahung zur Verneinung desselben Willens sofern er sich in einem andern Individuo darstellt, wird; der ist *gerecht.* Ein solcher wird also kein Leiden über Andre verhängen, um sein eignes Wohlsein zu vermehren: d. h. er wird kein Verbrechen begehn, wird die Person Andrer, ihre Rechte, und ihr Eigenthum respektiren. – Forschen wir nun nach dem innern Wesen dieser Erscheinung; so sehn wir daß einem solchen Gerechten, schon *nicht mehr das principium individuationis* eine *absolute Scheidewand* ist, die seine Person gänzlich trennt von allen andern; wie dieses der Fall war bei den Bösen: der Böse daher bejahte bloß seine eigene Willenserscheinung und verneinte alle andern, ja sah diese an als bloße Larven, deren Wesen etwas von dem seinigen ganz verschiednes war: das nun thut der Gerechte nicht; denn das *principium individuationis* setzt *nicht* für ihn eine *unermeßliche Kluft* zwischen die eigne Person und alle andern. Der Gerechte zeigt vielmehr durch seine Handlungsweise an, daß er sein eignes Wesen, nämlich den Willen zum Leben als Ding an sich, auch *wiedererkennt in der fremden Erscheinung*, die ihm bloß als Vorstellung gegeben ist; er findet sich selbst in jener wieder: dies geht in ihm bis zu einem gewissen *Grad*, nämlich bis zu dem des *Nicht-Unrechtthuns.* In eben diesem Grad *durchschaut* er das *principium individuationis* (den Schleier des Maja): er setzt *so weit* das Wesen außer sich dem eignen *gleich:* er *verletzt* es nicht. (*Illustr.* durch Beispiele.)

Indem wir auf das innerste Wesen dieser freien Gerechtigkeit sehn, finden wir daß darin schon der Vorsatz liegt, den eigenen Willen nicht über die Erscheinung des Leibes hinaus zu bejahen, dadurch, daß man, fremde Willenserscheinungen verneinend, ihre Leiber zwingen will, statt ihrem eignen Willen, seinem Willen zu dienen. Daher wird der Gerechte Andern *so viel leisten* wollen, als er *von ihnen genießt.* – Wenn [Vor »Wenn« und nach »Recht bleiben muß« eine eckige Klammer und dazu am Rand die Notiz: kann wegfallen] diese Gerechtigkeit der Gesinnung den höchsten Grad erreicht, wo sie aber immer schon mit der eigentlichen Güte, deren Karakter nicht mehr bloß negativ ist, gepaart ist; so geht sie so weit, daß man seine *Rechte* auf *ererbtes Eigenthum* in Zweifel zieht, den Leib nur durch die eigenen

Kräfte, geistige oder körperliche, erhalten will, jede fremde Dienstleistung, jeden Luxus als einen Vorwurf empfindet und zuletzt zur freiwilligen Armuth greift. Ein Phänomen dieser Art zeigen manche Hindus, sogar Rajahs, welche vielen Reichthum besitzen, solchen aber bloß verwenden zur Unterhaltung der Ihrigen, ihres Hofes, ihrer Dienerschaft und den Armen geben, dabei aber mit strenger Skrupulosität die Maxime befolgen, nichts zu essen, als was sie selbst eigenhändig gesät und geerndtet haben. Es ist immer ein merkwürdiges ethisches Phänomen. Ein gewisser Misverstand liegt dabei dennoch zum Grunde: denn der Einzelne kann, grade weil er reich und mächtig ist, dem Ganzen der menschlichen Gesellschaft so beträchtliche Dienste leisten, daß sie dem ererbten Reichthum gleichwiegen, dessen Sicherung er der Gesellschaft verdankt. Eigentlich ist jene übermäßige Gerechtigkeit solcher Hindus schon mehr als Gerechtigkeit, nämlich wirkliche Entsagung, Askesis, Verneinung des Willens zum Leben, wovon *suo loco*. Hingegen kann umgekehrt *reines Nichtsthun* und Leben durch die Kräfte Andrer, bei ererbtem Reichthum, *ohne irgend etwas zu leisten*, doch schon für ethisch *unrecht* angesehn werden, wenn es gleich nach positiven Gesetzen Recht bleiben muß. [Ende der möglichen Auslassung]

Von der Zwischen-Stufe der freiwilligen *Gerechtigkeit* gehe ich nun über zur Darstellung der eigentlichen *Güte der Gesinnung*, über welche hinaus noch eine Stufe liegt, die wir zuletzt betrachten werden.

Die Güte.

Als das innerste Wesen und den wahren Ursprung der freiwilligen Gerechtigkeit fanden wir einen gewissen Grad der Durchschauung des *principii individuationis*; während hingegen der Böse noch ganz und gar befangen blieb im *principio individuationis*. – Nun kann aber diese Durchschauung des *principii individuationis*, welche eben den Unterschied zwischen der eignen Person und der fremden ganz oder zum Theil aufhebt, nicht nur in dem Grade Statt finden, daß man sich des Unrechts gegen Andre, der Verletzung enthält; sondern sie kann einen noch höhern Grad von Deutlichkeit erreichen, wo der Unterschied zwischen der eignen und der fremden Person noch mehr verschwindet und dieses nun sich zeigt in den Phänomenen des *positiven Wohlwollens*, des *Wohlthuns*, der *Liebe*, αγαπη, *caritas*. *Der Egoismus* wird sodann aufgehoben, weil der hohe Grad der Deutlichkeit jener unmittelbaren Erkenntniß die Scheidewand wegnimmt zwischen der eignen Person und der fremden. Und zwar kann dieses geschehn, so stark und energisch auch an sich der Wille sei in dem Individuo, dem solche Erkenntniß aufgeht. Die besagte Erkenntniß kann immer dem Willen das Gegengewicht halten, kann der Versuchung zum Unrecht widerstehn lehren und selbst jeden Grad von Güte, ja von Resignation herbeiführen. Darum ist keineswegs der gute Mensch für eine ursprünglich schwächere Willenserscheinung als der böse zu halten; sondern die Erkenntniß ist es, welche in ihm den blinden Willensdrang bemeistert. Es giebt zwar Individuen, welche bloß scheinen gutmüthig zu seyn, wegen der Schwäche des in ihnen erscheinenden Willens; sie wollen nichts mit großer Heftigkeit, haben daher keine Leidenschaften, keine Affekte, keine großen Versuchungen zum Bösen: indessen wird sich ihr Egoismus doch zeigen in kleinen Zügen, und wenn einmal eine beträchtliche Selbstüberwindung von ihnen gefordert wird, um eine gute oder gerechte That auszuführen; – dann sind sie solcher nicht fähig.

Wir wollen nun die wahre *Güte der Gesinnung* näher betrachten und im Einzelnen. Weil die Erkenntniß von der sie ausgeht, keine abstrakte ist und daher ihren adäquaten Ausdruck nicht in Worten hat, sondern nur im Handeln selbst, in Thaten; so müssen wir stets uns das Handeln, als ein Schema, vor Augen halten. Daher wir uns gleich ein einzelnes Beispiel zu denken haben. Nehmen wir an, als eine seltene Ausnahme, einen Menschen, der etwa ein beträchtliches Einkommen besitzt, von diesem aber nur wenig für sich benutzt, und alles Uebrige den Nothleidenden giebt, während er selbst, um dies zu thun, viele Genüsse und Annehmlichkeiten entbehrt, und wir wollten nun das Thun dieses Menschen uns, seinem eigentlichen Wesen nach, verdeutlichen: wir sehn ganz ab von den Dogmen, durch welche er etwa selbst sein Thun seiner Vernunft begreiflich machen will: dann werden wir als den einfachsten, allgemeinen Ausdruck seiner Handlungsweise und als den wesentlichen Karakter derselben finden, *daß er weniger als andre Leute thun, einen Unterschied macht zwischen sich und Andern.* Das hat aber viel auf sich: denn dieser *Unterschied* eben, den man zwischen der eignen und der fremden Person findet, ist in den Augen manches Andern *so groß*, daß fremdes Leiden dem *Grausamen* unmittelbare Freude ist, – dem *Bösen* ein willkommnes Mittel zum eigenen Wohlseyn ist, – der *bloß Gerechte* verursacht kein fremdes Leiden, es sei denn aus der Nothwendigkeit sein eignes Recht zu behaupten: dabei bleibt er stehn: *die meisten Menschen* überhaupt wissen und kennen unzählige große Leiden Andrer in ihrer Nähe, entschließen sich aber nicht solche zu mildern, weil sie dabei selbst einige Entbehrung übernehmen müßten: also Jedem von diesen allen scheint *ein mächtiger Unterschied obzuwalten* zwischen dem eigenen Ich und dem fremden: nun aber dagegen jener edle Karakter, den wir uns denken, findet diesen Unterschied nicht so bedeutend: wir sehn also, daß *das principium individuationis*, die Form der Erscheinung, seine Erkenntniß *nicht so fest befängt:* denn das Leiden was er an Andern sieht, geht *ihn fast so nahe an*, als sein eignes: er sucht das *Gleichgewicht* zwischen beiden herzustellen: er versagt sich Genüsse, übernimmt Entbehrungen um fremde Leiden zu mildern. Er wird also inne, daß der *Unterschied*, zwischen ihm selbst und Andern, der dem Bösen eine *so große Kluft* ist, nur einer vergänglichen und täuschenden Erscheinung angehört: er erkennt (aber unmittelbar, ohne Schlüsse und intuitiv), daß das *Ansich* seiner eignen Erscheinung, auch das Ansich der fremden ist, nämlich jener Wille zum Leben welcher das Wesen jeglichen Dinges ausmacht und in Allem lebt. Er sieht im fremden Individuo unmittelbar sich selbst, sein eigentliches inneres Wesen. –

Diese Erkenntniß erstreckt sich zuvörderst auf die Erscheinung welche seiner eignen ganz gleich ist, also auf fremde menschliche Individuen: aber in geringerm Grade erstreckt sie sich auch auf die *Thiere*. Wer gut und gerecht ist, wird kein Thier quälen.

(Alle Völker, mit Ausnahme der Hindu, haben immer erkannt, daß der Mensch ohne Unrecht, die Thiere zu seinen Zwecken gebrauchen könne, ihre Kräfte sich dienstbar machen könne, sie tödten könne, um sich von ihnen zu nähren. (Die Hindu leugnen es, wegen ihres Dogma's von der Seelenwanderung *(illustr.)*, das aber bloß mythische Wahrheit hat und in diesem Fall seine Falschheit wenn es unmittelbar angenommen wird, aufweist.) Worauf dies Recht des Menschen beruhe, hat man aber nie richtig erkannt; meistens, wie Cartesius, erklärte man die Thiere für bloße Maschinen, oder sprach ihnen doch die Seele ab, die man dem Menschen beilegte. – *Das Recht des Menschen* auf das Leben und die Kräfte der *Thiere* beruht auf folgendem. Es ist der selbe Wille zum Leben, der in uns und in den Thieren erscheint. Aber, wie oben gezeigt, mit der *Steigerung* der *Klarheit* des *Bewußtseyns* steigert sich gleichmäßig auch das *Leiden*. Daher leidet unter gleichen Umständen der Mensch sehr viel mehr als das Thier. Der Schmerz welchen das Thier erleidet durch die von ihm erzwungne Arbeit oder auch durch den Tod (von dem es das Schrecklichste, das Vorhersehn, nie kennt) ist noch nicht so groß als der Schmerz, welchen der Mensch erleiden würde durch die bloße Entbehrung der Arbeit oder des Fleisches des Thiers: daher haben Thier und Mensch *nicht gleiche Rechte:* und der Mensch kann in der Bejahung seines Willens bis zur Verneinung des Daseyns des Thieres gehn, weil dadurch der Wille zum Leben im Ganzen weniger Leiden trägt, als wenn *umgekehrt der Mensch selbst alles arbeiten* und thierische Nahrung entbehren wollte, um das Thier zu schonen. Offenbar fällt aber dieser Grund weg, sobald ein Thier muthwillig und zwecklos gequält wird, oder sobald es übermäßig angestrengt wird (es sei denn in einzelnen Fällen übermäßiger Noth des Menschen, wenn man etwa ein Pferd zu Tode jagt, um das Leben eines Menschen zu retten). Hier liegt die *Norm des Gebrauchs* den der Mensch von den Kräften der Thiere machen kann ohne Unrecht. Diese Norm wird oft überschritten an Lastthieren, und an Jagdhunden die man mit unmenschlichen Quaalen zu seinem Vergnügen abrichtet; Parforce-Jagden. Deshalb sind in England und Nord-Amerika Gesetze gegen das Quälen der Thiere und werden deshalb noch jetzt sehr bedeutende Strafen verhängt, sobald ein Kläger auftritt, der sich der gepeinigten Thiere annimmt. – *Das Insekt* leidet durch seinen Tod noch nicht soviel als der Mensch durch seinen Stich oder durch die Schlaflosigkeit die es ihm verursacht. –)

Indem also in dem *edlen und wohlthätigen Karakter*, den wir uns gedacht haben, die Erkenntniß den Grad von Klarheit erreicht hat, wo sie das *principium individuationis* durchschaut, fällt der Unterschied zwischen der eignen und der fremden Person und damit der Egoismus weg. Daher ist ein solcher Mensch so wenig im Stande Andre darben zu lassen, während er selbst Ueberflüssiges und Entbehrliches hat, als irgend Jemand einen Tag Hunger leiden wird, um am folgenden mehr zu haben als er genießen kann. Denn jenem Menschen, der die Werke der Liebe übt, ist der Schleier des Maja durchsichtig geworden und die Täuschung des *principii individuationis* hat ihn verlassen. Er erkennt Sich, sein Selbst, seinen Willen in jedem Wesen, also auch in dem, was leidet. Die Verkehrtheit ist von ihm gewichen, mit welcher der Wille zum Leben, sich selbst verkennend, hier in einem Individuo flüchtige, gauklerische Wollüste genießt und dafür dort in einem Andern leidet und darbt und so Quaal verhängt und Quaal duldet, weil er nicht inne wird daß er gegen sich selbst wüthet. Dann jammert er in einer Erscheinung über unverschuldetes Leiden, und in der andern frevelt er ohne Scheu vor der Nemesis, dies sind die Erscheinungen des Egoismus: ihre Quelle ist immer diese daß der Wille getäuscht ist durch das *principium individuationis* und daher Jeder sich selbst verkennt in der fremden Erscheinung: darum nimmt er die ewige Gerechtigkeit nicht wahr, indem seine Erkenntniß befangen ist im *principio individuationis*, also überhaupt in derjenigen Erkenntnißart, welche der Satz vom Grund beherrscht. –

[Einfügung. – Daneben am Rand verweist Schopenhauer auf sein Handexemplar der 1. Auflage der »Welt als Wille und Vorstellung«. An der bezeichneten Stelle findet sich eine längere Notiz, deren Anfang durchgestrichen ist:]

[Durchgestrichen:] Wer noch auf dem Standpunkt der Natur steht und im *principio individuationis* befangen ist, in diesem entbrennt, bei erlittenem großen Unrecht, ein heißer Durst nach Rache: Rache ist sein letzter Trost: sein anschaulichstes Bild ist der sterbende Centaur Nessus, dem das sichere Vorhersehn einer, mit Benutzung seines letzten Augenblicks, überaus klug vorbereiteten Rache den Tod versüßt. [Nicht durchgestrichen:] Hingegen wer zu der Erkenntniß gelangt ist, die, nicht mehr in der Erscheinung befangen, das *principium individuationis* durchschaut, will durchaus keine Rache, sondern vergiebt aufrichtig seinem Beleidiger und Mörder: eben weil er auch in diesem sein eigenes Ich wiedererkennt und daher deutlich sieht, daß der Wunsch nach Rache nur der Wunsch wäre zu dem erlittenen großen Uebel noch ein andres eben so großes in einer andern Person zu erleiden: denn sein eignes Wesen erkennt er gleichmäßig in beiden Erscheinungen.

Ferner wird der, welcher bis zu diesem Grade der Durchschauung des *principii individuationis* gelangt ist, durch die Uebel welche Andre ungerechterweise ihm zufügen nicht zum Zorn und zur Rache bewegt werden, sondern sie unbedingt verzeihen, eben weil er im fremden Individuo sein eigenes Wesen erkennt und also einsieht, daß eben von dem was er selbst ist, von seinem eignen Wesen an sich, dem Willen zum Leben, auch jene Uebel ausgehn und er folglich dadurch daß er Mensch ist, sie übernommen hat und also mit Recht leidet: er erkennt sie als ihn treffend gemäß der ewigen Gerechtigkeit. Statt also dem zu zürnen, der durch seine Befangenheit im *principio individuationis* Urheber jenes Unrechts gegen ihn wird, durch welchen Zorn er nur beweisen würde daß er selbst in derselben Befangenheit ist; – statt dessen, sind ihm diese Uebel, wie alle übrigen, welche der Zufall verhängt, eine Aufforderung nicht mehr dieser Wille zu seyn, der auf solche Weise gegen sich selbst streitet, d. h. eine Aufforderung zur Resignation, von der sogleich die Rede sein wird und welche zur Erlösung führt. Daher die Bitte: »Vergieb uns unsre Schuld, wie wir vergeben unsern Schuldigern«.

Diese Erkenntnißart verlassen haben, vom Blendwerk des *principii individuationis* nicht mehr getäuscht seyn und Werke der Liebe üben ist Eins: solche Werke sind das unausbleibliche Symptom jener Erkenntniß. Die Tugend, die Menschenliebe, der Edelmuth gehn also aus von dem unmittelbaren und anschaulichen Wiedererkennen des eignen Wesens in der fremden Erscheinung. Dies ist die Erkenntniß aus der die Tugend entspringt und die sich nicht beibringen läßt, weil es nicht genug ist, sie abstrakt im Begriff gefaßt zu haben; sondern sie intuitiv und unmittelbar sich einstellen muß. Nun könnte man ausführlich darstellen, wie in Folge dieser Erkenntniß, wenn sie da ist, der Mensch in den vorkommenden Fällen und Verhältnissen des Lebens sich gegen *Andre* benehmen wird: das wäre denn die eigentliche *Ethik:* wir hier haben bloß die Metaphysik der Sitten gesucht. Aus den Principien dieser kann aber Jeder selbst sich sehr leicht die Ethik konstruiren. Der Leitfaden wäre immer der Satz: das fremde Individuum, das vor dir steht, das *bist du selbst* wirklich und in Wahrheit, es ist ein Blendwerk, das sich dieses verkennen läßt.

Alle bisherigen [»bisherigen« ist mit Bleistift durchgestrichen] Philosophen haben oberste und allgemeine *Moralprincipien* aufgestellt, d. h. eine allgemeine Regel für das Verhalten, aus welcher alle Vorschriften für die verschiednen Fälle sich ableiten lassen sollten, aus deren Befolgung dann vollkommne Tugend resultirte. Z. B. Plato sagte: wir sollen Gott ähnlich werden (ὁμοιωσις τῳ θεῳ) [Anähnlichung an Gott (z. B. Theätet, 176 a)]: – Aristoteles: wir sollen immer die Mittelstraße zwischen zwei Extremen gehn: – Stoiker: *secundum naturam vivere* [der Natur gemäß leben]: – Epikuros: das Leben weise genießen: – Wolf: nach Vollkommenheit streben: – Kant: immer so handeln, daß die Maxime unsers Handelns zum allgemeinen Gesetz für das Handeln aller passend wäre [Wörtlich: Handle so, daß die Maxime deines Willens jederzeit zugleich als Prinzip einer allgemeinen Gesetzgebung gelten könne. (Kritik d. prakt. Vernunft, 1. Teil, 1. Buch, 1. Hauptstück, § 7)]. Solche allgemeine Regel gaben sie dann hin als nothwendig zu befolgendes *Gesetz*, und die daraus abgeleiteten besondren Regeln als einzelne Gebote; das Ganze entweder gemäß einer Ableitung aus Gründen, oder als Ausspruch eines kategorischen Imperativs, als unbedingtes Soll: und was nun dem zufolge zu thun war, hieß *die Pflicht;* wobei eigentlich das Verhältniß zwischen Herrn und Diener gedacht ist; denn nur in diesem Verhältniß, wo sich Einer dem Andern ver*pflichtet* hat, hat das Wort *Pflicht* eine sichre und Nachweisbare Bedeutung; außerdem eigentlich immer nur eine *metaphorische*. Ich hingegen, wie Sie sehn, behandle die Moral-Philosophie ganz theoretisch, gebe die Theorie der Gerechtigkeit, der Tugend, des Lasters, d. h. zeige was jedes ist in seinem innern Wesen: aber weder von *Geboten*, noch von *Pflichten* ist bei mir die Rede; ich habe dem ewig freien Willen kein Soll noch Gesetz vorzuhalten, stelle deshalb auch kein oberstes und allgemeines Moralprincip auf, gleichsam ein Universal-Recept zur Hervorbringung aller Tugenden. Indessen ist im Zusammenhang der Ihnen dargelegten Philosophie für jenes Unternehmen ein Moralprincip aufzustellen gewissermaaßen als ein *Analogon* oder *Stellvertreter* anzusehn eine *rein theoretische Wahrheit*, als deren bloße Ausführung Sie auch das Ganze meiner Darstellung ansehn können, nämlich die Wahrheit, daß der Wille das Ansich jeder Erscheinung, selbst aber, eben als Ding an sich, frei ist von allen Formen der Erscheinung. Wenn in Beziehung auf das *Handeln* und zum *praktischen Gebrauch* diese Wahrheit in einen *kurzen Ausdruck* gefaßt werden sollte, so wüßte ich keinen würdigeren als jene uralte, schon erwähnte Formel aus dem Veda: »Tatoumes« [= tat twam asi] – »Dieses Lebende bist Du!« – Das Moral-Princip der Christlichen Ethik ist: »Liebe Deinen Nächsten wie Dich selbst.« [Mt 22,39; vgl. Lk 10,27; Röm 13,9; Gal 5,14; Jak 2,8 – stammt aus 3 Mos 19,18] Ich hingegen der ich kein praktisches Gebot nie aufstellen kann, gebe statt dessen die bloß theoretische Lehre: Lerne einsehn daß dieser Dein Nächster unmittelbar Du selbst bist. Tatoumes. Wer das einsieht und die Einsicht festhält, daß sie in ihm lebendig bleibt, der kann unmöglich je ungerecht oder je lieblos seyn: ganz unmöglich. Wer jenes Tatoumes mit klarer Erkenntniß und fester inniger Ueberzeugung über jedes Wesen mit dem er in Berührung kommt auszusprechen vermag; der ist eben damit aller Tugend und Seeligkeit gewiß und auf dem graden Wege zur Erlösung.

Der Edelmuth.

Wir haben also gesehn wie aus der *Durchschauung des principii individuationis* zuerst die *freie Gerechtigkeit* hervorgeht; sodann, bei höherer Deutlichkeit jener Erkenntniß, die eigentliche *Güte der Gesinnung*, welche sich zeigt als reine d. h. uneigennützige *Liebe* gegen Andre, allgemeine Menschenliebe. Wo nun diese vollkommen da ist in Folge der gänzlichen Durchschauung des *principii individuationis*, da setzt sie das *fremde Individuum* und sein Schicksal *dem eigenen* völlig *gleich*: weiter kann sie nie gehn; denn es ist kein Grund vorhanden, dem eigenen Individuo das fremde vorzuziehn. Wohl aber kann die *Mehrzahl* der fremden Individuen, deren ganzes Leben oder Wohlseyn in Gefahr ist, die Rücksicht auf das eigene Wohl des Einzelnen überwiegen. In solchem Fall wird der zur *höchsten Güte* und zum *vollendeten Edelmuth* gelangte Karakter sein Wohl und sein Leben gänzlich zum Opfer bringen für das Wohl vieler Andern: So starb Kodros, so Decius Mus, so Arnold von Winkelried, so jeder, der freiwillig und bewußt für das Vaterland in den gewissen Tod geht. Ja zwei Individuen, die zusammen mehr leiden als der allein leiden würde, der sich für sie opferte, sind dem Edelmüthigen hinreichend um dies Opfer zu bringen: z. B. der Bischof Paulinus (Müllers Weltgeschichte Bd. 1, *p 534*) [Vierundzwanzig Bücher Allgemeiner Geschichten, Bd. 1, Tübingen 1810, X, 10]. – Er sieht Mutter und Sohn zusammen mehr leiden als er allein in der Sklaverei leiden würde: der Unterschied zwischen dem eignen Individuo und den fremden, darauf der Egoismus beruht, ist in seinen Augen nicht vorhanden: er opfert sich, eben in Folge seiner Erkenntniß die ihm sein eignes Wesen auch im fremden Individuo zeigt. Auch [»Auch« bis »Händen der Priester« mit Bleistift durchgestrichen] steht auf dieser Stufe Jeder, der zur Behauptung dessen, was der gesammten Menschheit zum Wohl gereicht und rechtmäßig angehört, d. h. für allgemeine, wichtige Wahrheiten und für die Vertilgung großer Irrthümer, Leiden und Tod willig untergeht: so starb Sokrates, so fand mancher Held der Wahrheit den Tod auf dem Scheiterhaufen unter den Händen der Priester.

Alle Liebe ist Mitleid.

Wir haben nun das Wesen der Menschenliebe, reinen Liebe, αγαπη, *caritas*, kennengelernt. Die Aeußerungen derselben einzeln aufzustellen und nach den Verhältnissen des Lebens zu klassifiziren, wäre Sache der eigentlichen Ethik, die dies thut im Kapitel von den unvollkommnen Pflichten: die vollkommnen sind die denen das *Recht* Andrer entspricht. Nur Eines habe ich noch zu bemerken über die Natur dieser reinen Liebe, dieses, daß das Wesen der reinen Liebe identisch ist mit dem *Mitleid*: was freilich etwas paradox klingt. Doch läßt es sich nachweisen. Erinnern Sie sich, daß wir früher fanden, daß dem Leben im Ganzen das *Leiden* wesentlich und von ihm unzertrennlich ist. Wir sahen wie jeder Wunsch entspringt aus einem Bedürfniß, einem Mangel, einem Leiden: daher eben ist jede Befriedigung nur ein *hinweggenommener Schmerz*, also nur *negativer* Art, nicht aber ein gebrachtes positives Glück: die Freuden spiegeln zwar dem Wunsche vor, sie wären ein positives Gut, in Wahrheit aber sind sie nur das *Ende eines Uebels*, also nur *negativer* Natur. Wenn wir daher durch alle Genüsse, die wir *uns selbst* verschaffen, nichts weiter thun können, als daß wir uns von einem *Leiden* befreien; so können wir offenbar für *Andre* auch nichts weiter thun: *wir lindern nur ihre Leiden:* was also uns dazu bewegt, kann nur *Erkenntniß ihres Leidens* seyn: – daher nun also: was auch Güte, Liebe, Edelmuth für Andre thun ist immer nur *Linderung ihrer Leiden;* und folglich das, was uns zu guten Thaten und Werken der Liebe bewegt ist immer nur die *Erkenntniß des fremden Leidens*, welches uns unmittelbar verständlich wird aus unserm eigenen Leiden und von uns diesem gleichgesetzt wird, d. h. uns eben so sehr bewegt als das eigne Leiden indem wir in der fremden Person uns selbst wiedererkennen. Hieraus nun ist klar, daß die reine *Liebe* (αγαπη, *caritas*) ihrer Natur nach *Mitleid* ist; das Leiden was sie mildert mag nun ein großes oder ein kleines seyn, wozu auch jeder unbefriedigte Wunsch gehört: was uns bewegt, ist allemal unmittelbare Theilnahme an diesem Leiden, d. h. Mitleid. –

Zu [Bleistiftnotiz am Rand deutet auf mögliche Auslassung *ad libitum* von »Zu Kants Fehlern« bis »Steines der Weisen«] Kants Fehlern gehört dies, daß er verlangt, alles wahrhaft Gute und alle Tugend solle hervorgehn aus abstrakter Reflexion, und zwar aus dem Begriff der Pflicht und des kategorischen Imperativs, aus einer der Vernunft *in abstracto* bewußten Maxime, keine Neigung und gefühltes Wohlwollen dürfe dabei einfließen; gefühltes Mitleid sei Schwäche, nicht Tugend; solche weichherzige Theilnahme, Mitleid, Herzensaufwallung wären bei guten Thaten wohldenkenden Personen sogar lästig, indem solche ihre überlegten Maximen nur verwirrten; die That, um gut und edel zu seyn, solle also ungern und mit Selbstzwang geschehn, und zwar einzig und allein aus Achtung vor dem erkannten Gesetz und dem Begriff der Pflicht. Nun soll dabei aber doch keine Hoffnung auf Lohn einfließen: ermessen Sie die Ungereimtheit der Forderung!

> Schiller's *Gewissensskrupel.*
> Gerne dien' ich den Freunden, doch thu' ich es leider mit Neigung,
> Und so wurmt es mich [Schiller: mir] oft, daß ich nicht tugendhaft bin.
>
> *Entscheidung.*
> Da ist kein anderer Rath, du mußt suchen sie zu verachten,
> Und mit Abscheu alsdann thun, wie die Pflicht dir gebeut.
> [Xenien; vgl. Über Anmut und Würde]

Dem ächten Geiste der Tugend ist das grade entgegen: nicht die That ist das Verdienstliche; sondern das *Gernthun* derselben, die

Liebe aus der sie hervorgeht und ohne welche sie ein todtes Werk ist. Daher auch lehrt das Christentum mit Recht daß alle äußern Werke werthlos sind, wenn sie nicht hervorgehn aus jener ächten Gesinnung, welche besteht in der wahren Gernwilligkeit und reinen Liebe: die Werke sind bloße *opera operata* [äußerliche, ohne die rechte Gesinnung getane Werke]: sie können nicht helfen und erlösen: dies kann nur die ächte Gesinnung, der Glaube welchen der heilige Geist verleiht; nicht aber gebiert ihn der überlegte, freie, das Gesetz allein vor Augen habende Wille. – Mit jener Forderung Kants daß jede tugendhafte Handlung geschehn soll aus reiner überlegter Achtung vor dem Gesetz und nach abstrakten Maximen, daher kalt und ohne, ja gegen alle Neigung, – ist es grade so, wie wenn behauptet würde, jedes ächte Kunstwerk müsse entstehn durch wohlüberlegte und bewußte Anwendung ästhetischer Regeln. Eines ist so verkehrt als das andre. Die Frage, welche schon Plato und Seneka erörterten, ob die Tugend sich lehren lasse, ist zu verneinen. Man wird sich endlich entschließen müssen, einzusehn (was auch der christlichen Lehre von der Gnadenwahl den Ursprung gab), daß, der Hauptsache und dem Innern nach, die Tugend gewissermaaßen wie das Genie angeboren ist; – so wenig alle Professoren der Aesthetik, mit vereinten Kräften, irgend Einem die Fähigkeit beibringen können geniale Produktionen, d. h. ächte Kunstwerke, zu schaffen; eben so wenig vermögen alle Professoren der Ethik und Prediger der Tugend einen unedlen Karakter umzuschaffen zu einem tugendhaften, edeln: die Unmöglichkeit hievon ist sehr viel offenbarer als die der Umwandlung des Bleies in Gold, und das Aufsuchen einer Ethik und eines obersten Princips derselben, die praktischen Einfluß hätten und wirklich das Menschengeschlecht umwandelten und besserten, ist ganz gleich dem Suchen des Steines der Weisen. [Ende der möglichen Auslassung]

Also im graden Widerspruch mit Kant, der alles Mitleid verwirft, und alles Gute und Edle aus der Reflexion hervorgehn sehn will, behaupte ich, der gegebenen Darstellung gemäß: der bloße Begriff ist für die ächte Tugend so unfruchtbar, als für die ächte Kunst: alle wahre und reine Liebe ist eigentlich Mitleid; und jede Liebe, die nicht Mitleid ist, ist Selbstsucht. Selbstsucht ist der ερως, Mitleid ist die αγαπη. – Plato [Bleistiftnotiz am

Rand deutet auf mögliche Auslassung *ad libitum* von »Plato« bis »reine Liebe und Mitleid«] sagt: wir lieben die schönen Jünglinge so, wie die Wölfe die Schaafe lieben. [Phaedrus, 242 d] – Mischungen von reiner und unreiner Liebe, d. h. von Selbstsucht und Mitleid finden häufig statt.

Freundschaft.

Eigentlich ist sogar die ächte *Freundschaft* nur eine solche Mischung: Selbstsucht liegt zuletzt dem Wohlgefallen an der Gegenwart des Freundes zum Grunde; seine Individualität entspricht der unsrigen, und dies selbstsüchtige Wohlgefallen macht fast immer den größten Theil der Freundschaft aus: die andre Hälfte, das Mitleid, zeigt sich in der aufrichtigen, objektiven Theilnahme an dem Wohl und Weh des Freundes und den uneigennützigen Opfern die man diesem bringt.

Als Bestätigung [Daneben am Rand: Spinoza: Eth. P. III, Prop. 27, coroll. 3, scholion: *Benevolentia nihil aliud est, quam cupiditas ex commiseratione orta* (Das Wohlwollen ist nichts anderes als ein aus dem Mitleid entsprungenes Verlangen.)] des paradoxen Satzes daß die ächte Liebe Eins ist mit dem Mitleid, bemerke ich noch, daß Ton und Worte der Sprache und Liebkosungen der reinen Liebe ganz zusammenfallen mit dem Tone des Mitleids. – *Pietà* bezeichnet reine Liebe und Mitleid. [Ende der möglichen Auslassung]

Das Weinen.

Auch ist hier die Stelle zur Erörterung einer der auffallendsten Eigenheiten der menschlichen Natur, des *Weinens*, welches wie das Lachen zu den Aeußerungen gehört, die ihn vom Thiere unterscheiden. Das Weinen ist keineswegs gradezu Aeußerung des Schmerzes: denn bei den wenigsten Schmerzen wird geweint. Meines Erachtens weint man sogar nie unmittelbar über den empfundenen Schmerz; sondern immer nur über dessen *Wiederholung in der Reflexion*. Man geht nämlich von dem empfundenen Schmerz, selbst wenn er körperlich ist, über zu einer *bloßen Vorstellung* desselben, und findet dann seinen eigenen Zustand so *bemitleidenswerth*, daß wenn ein Andrer der Dulder wäre, man voller Liebe und Mitleid ihm helfen zu werden fest und aufrichtig überzeugt ist. Nun aber ist man selbst der Gegenstand seines aufrichtigen Mitleids: mit der hilfreichsten Gesinnung ist man selbst der Hülfsbedürftige, fühlt daß man mehr duldet als man einen Andern dulden sehn könnte, und in dieser sonderbar verflochtenen Stimmung, wo das unmittelbar gefühlte Leid erst auf einem doppelten Umwege wieder zur Perception kommt, nämlich erst als fremdes vorgestellt wird, als solches mitgefühlt wird und dann plötzlich wieder als unmittelbar eigenes wahrgenommen wird, – da schafft sich die Natur Erleichterung durch jenen sonderbaren körperlichen Krampf. Das *Weinen* ist demnach der natürliche Ausdruck des *Mitleids mit sich selbst*, oder das Mitleid zurückgeworfen auf seinen Ausgangspunkt. Deshalb hat das Weinen folgende Bedingungen, 1. Fähigkeit zum Mitleid, also zur Liebe; 2. Phantasie. Daher weinen weder hartherzige noch phantasielose Menschen leicht. Daher wird sogar das Weinen angesehn als Zeichen eines gewissen Grades von Güte des Karakters: darum entwaffnet es den Zorn, weil man fühlt, daß wer noch *weinen* kann, auch nothwendig der Liebe, d. h. des Mitleids gegen Andre fähig seyn muß, eben weil dieses, auf die beschriebene Weise, eingeht in jene zum Weinen führende Stimmung.

Petrarca's Vers. [Vgl. WI, § 67, S. 445 [513]]

Homer zeigt Tiefe der Kenntniß der Menschlichen Natur, indem er den Odysseus nicht weinen läßt über seine Leiden selbst und unmittelbar; wohl aber als beim Phäaken-König, Alkinoos der Sänger Demodokos bei der Tafel die Gefahren und Leiden der Griechen und des Odysseus selbst singt: da bricht Odysseus in Thränen aus, weil bei dieser Schilderung er der Gegenstand seines eignen Mitleids wird. Nicht die Wirklichkeit, sondern das Bild seiner Leiden lockt die Thränen hervor.

Auch bestätigt sich das Gesagte dadurch, daß Kinder die einen Schmerz erlitten, meistens erst dann weinen, wenn man sie beklagt, also nicht über den Schmerz, sondern über die Vorstellung desselben. Wann was uns zum Weinen bewegt, nicht das eigne

Leiden ist, sondern fremdes, so geschieht dies dadurch, daß wir, in der Phantasie, uns lebhaft an die Stelle des Leidenden versetzen, oder auch in seinem Schicksal das Loos der ganzen Menschheit erblicken, folglich auch vor Allem unser eignes: dann also weinen wir, durch einen weiten Umweg, doch immer wieder über uns selbst, indem wir Mitleid mit uns selbst empfinden.

[Einfügung. – Schopenhauer verweist auf sein Handexemplar der 1. Auflage der »Welt als Wille und Vorstellung«, Bd. 1, wo sich folgende nicht durchgestrichene Notiz findet, die leicht verändert in WI, § 67, S. 446 [513 f.] aufgenommen wurde:]

Letzteres scheint auch der Grund zu seyn des so durchgängigen Weinens bei Todesfällen, das sogar als pflichtmäßig betrachtet wird. Es ist nicht sein Verlust, den der Trauernde beweint: solcher egoistischer Thränen würde er sich schämen; statt daß er öfter sich schämt nicht zu weinen. Es ist nicht das Loos des Gestorbenen: denn man weint auch, wann diesem nach langen und schweren Leiden der Tod eine wünschenswerthe Erlösung war. Es ist Mitleid über das Schicksal der gesammten Menschheit [...]

CAP. 9.
Von der Verneinung des Willens zum Leben: oder: Von der Entsagung und Heiligkeit.

Wir sind mit der Betrachtung der ethischen Bedeutung des Handelns jetzt eigentlich zu Ende. Das Wesen von Recht, Unrecht, Tugend, Laster ist erklärt und ausgelegt in Folge unsrer Metaphysik der Natur. Ich könnte insofern meinen Vortrag hier beschließen. Allein ich habe noch ein Kapitel abzuhandeln über einen Gegenstand den die Philosophen sonst nie mit in ihre Betrachtung gezogen haben, die *Resignation*. Ich habe über diesen Punkt viele Widersprüche hören müssen und sage es Ihnen, damit Ihr Urtheil um so freier bleibe, mir beizustimmen oder nicht. Von meiner Weltansicht ist jedoch dies Kapitel von der Resignation ein sehr wesentlicher Theil. Denn das Wesen der Resignation ist Verneinung des Willens zum Leben; also die Antithese der früher dargestellten Bejahung des Willens zum Leben. Durch diese Betrachtung der Verneinung des Willens zum Leben allein wird das Ganze meiner Philosophie abgeschlossen, indem dadurch allein das Daseyn der Welt als *relativ* erscheint, nämlich als völlig abhängig vom ewig freien Willen, der ebenso wohl als er die Welt wollen kann, sie auch *nicht* wollen kann. Die Welt ist uns eben nur die Darstellung, das Abbild des Willens zum Leben, durch welches Abbild er sich selbst erkennt, sein eignes Wesen ihm als Vorstellung gegeben wird. Wir haben daher zu betrachten, welche Rückwirkung auf den Willen selbst diese Erkenntniß haben kann, wodurch wir erst ein Ziel, einen Zweck der erscheinenden Welt erkennen. – Wir haben ferner das Daseyn als dem *Leiden* wesentlich verknüpft erkannt: natürlich erhebt sich die Frage, ob wir denn diesem leidenden Daseyn durch ein unwiderrufliches Fatum auf ewig anheim gefallen sind oder ob es eine Erlösung davon giebt: denn daß der *Tod* nicht aus der Welt herausführt, ist gezeigt, so wenig als die Geburt eigentlich hineinführt: nur unsre Erscheinung hat Anfang und Ende, nicht unser Wesen an sich. Ueber dieses alles nun giebt dies letzte Kapitel einen Aufschluß und ist sonach der Schlußstein des Ganzen. Ihre Beistimmung bleibt frei. Immer aber bemerken Sie ein für allemal, daß alle meine ethischen Betrachtungen nie die Form des Gesetzes oder Vorschrift haben, ich nie sage man *soll* dies thun und jenes nicht: sondern ich immer nur mich *theoretisch* verhalte und das Thun jeder Art auslege, deute, was im Innern dabei vorgeht darlege in Begriffen.

Unsre bisherige ethische Betrachtung über Recht, Unrecht, Tugend, Laster, nahm ihren Haupt-Lehrsatz aus der Metaphysik der Natur wo uns die Einheit des Dinges ansich bei der Vielheit seiner Erscheinung gewiß geworden war. In diesem letzten Kapitel von der Resignation oder Willenslosigkeit berücksichtige ich mehr den dritten Theil, die Metaphysik des Schönen, sofern nämlich wir schon dort in der ästhetischen Anschauung, welche die Erkenntniß der Ideen ist, schon einen Zustand des *willenlosen* Erkennens gefunden haben, also einen Zustand in welchem wir dasind ohne zu *wollen*, für den Augenblick; eine Willenslosigkeit. Also zur Sache.

Ich habe nämlich jetzt nur noch zu zeigen, wie aus derselben Quelle, aus welcher alle Rechtlichkeit, Tugend, Liebe und Edelmuth hervorgeht, zu allerletzt, wenn die Bedingungen im höchsten Grade dasind, die *Resignation* entspringt, oder dasjenige was ich nenne die *Verneinung des Willens zum Leben*.

Haß und Bosheit haben wir bedingt gefunden durch den *Egoismus*, und diesen sahen wir beruhen auf dem Befangenseyn der Erkenntniß im *principio individuationis*: hingegen als den Ursprung der freien *Gerechtigkeit*, und sodann, wenn hierin weiter gegangen wird, der *Liebe* und des *Edelmuths* bis zu den höchsten Graden fanden wir die *Durchschauung* eben jenes *principii individuationis*: denn diese allein hebt den Unterschied auf zwischen dem eignen Individuo und den fremden, und dadurch eben wird möglich die vollkommne Güte der Gesinnung, bis zur uneigennützigsten Liebe und der großmüthigsten Selbstaufopferung für Andre.

Wenn nun diese Durchschauung des *principii individuationis*, diese unmittelbare Erkenntniß der Identität des Willens in allen seinen Erscheinungen, *in hohem Grade der Deutlichkeit* vorhanden ist; so wird sie einen noch weiter gehenden Einfluß auf den Willen zeigen. Nämlich wenn vor den Augen eines Menschen der Schleier des Maja so sehr gelüftet ist, wenn er das *principium individuationis* so vollkommen durchschaut, daß er nicht mehr den *egoistischen Unterschied* macht zwischen der *eignen Person* und der *fremden*, sondern an den Leiden der andern Individuen eben so viel Antheil nimmt als an seinen eignen, und eben dadurch nun nicht nur im höchsten Grade *hülfreich* ist, sondern sogar bereit ist, sein eignes Individuum zu *opfern*, sobald mehrere fremde dadurch zu *retten* sind: dann folgt von selbst, daß ein solcher Mensch, der in allen Wesen *sich, sein innerstes und wahres Selbst erkennt*, auch die endlosen *Leiden* alles Lebenden als die seinen betrachten muß und so den Schmerz der ganzen Welt sich zueignen muß. Ihm ist kein Leiden mehr fremd. Alle Leiden Andrer, die er sieht und so selten zu lindern vermag, alle Leiden von denen er mittelbar Kunde hat, ja die er nur als möglich erkennt, wirken nun auf seinen Geist, als wären sie seine eignen. Es ist nicht mehr das wechselnde Wohl und Wehe seiner Person, was er im Auge hat, wie dies der Fall ist bei dem noch im Egoismus befangenen Menschen; sondern da er das *principium individuationis* durchschaut, liegt ihm *Alles gleich nahe*. Nun erkennt er das Ganze, faßt das *Wesen* desselben auf, und findet es als einen *nicht* wünschenswerthen Zustand. Er sieht die erscheinende Welt in einem *steten Vergehn, einem nichtigen Streben*, innerm *Widerstreit* und beständigem Leiden begriffen; er sieht, wohin er auch blickt, die leidende Menschheit, die leidende Thierheit und findet die ganze Art des Daseyns in der Zeit als einen beständigen Uebergang in das Nichtseyn, ein hinschwindendes, durchaus nichtiges Wesen. Dieses Alles aber, das allgemeine Schicksal liegt ihm jetzt so nahe, wie dem Egoisten nur seine eigne Person: denn er erkennt sein eignes Wesen in Allem. Wenn also in einem Menschen eben jene Erkenntnißweise, deren geringerer Grad Tugend und Edelmuth hervorbringt, diese Deutlichkeit erlangt hat; so geht mit seinem Willen selbst eine Veränderung vor. Der Mensch fühlt daß sein Wille das eigentliche Wesen dieser Welt ist und daß eben die steten Willensakte, die Bejahung des Lebens es ist, die ihn mit dieser Welt verknüpft. Und demgemäß hört er auf die Welt und das Leben zu wollen, d. h. überhaupt zu wollen. Also statt daß der, welcher noch im *principio individuationis* befangen ist, nur einzelne Dinge erkennt und ihr Verhältniß zu seiner Person, welche Erkenntniß immer *neue Motive* giebt für sein Wollen; so wird hingegen jene beschriebene Erkenntniß, welche das *principium individuationis* durchschaut und wodurch der Wille sich nicht mehr im Individuo allein, sondern in allen Wesen zugleich erkennt, diese Erkenntniß wird zum *Quietiv* alles und jeden Wollens. Der Wille wendet sich nunmehr vom Leben ab: die Genüsse des Lebens erwecken ihm Grausen, erscheinen ihm als sündlich, weil er in ihnen die Bejahung des Lebens erkennt. So gelangt nun der Mensch zum Zustande der *freiwilligen Entsagung*, der *Resignation*, der wahren *Gelassenheit* und gänzlichen *Willenslosigkeit*. Dem Eintritte dieses Zustandes gehn aber immer die Aeußerungen der größten Menschenliebe vorher, weil er in Folge derselben Erkenntniß als jene sich einfindet, wenn diese Erkenntniß noch deutlicher geworden. Es ist gewiß eine seltne, aber sehr erhebende Erscheinung: ich will daher die Aeußerungen derselben Ihnen angeben und ihr Wesen näher erklären.

Das [Hier die Bleistiftnotiz: *ad libitum*, kann wegfallen (bis »und tritt heraus«)] eigentliche Wesen aller menschlichen Zustände kann Jeder nur aus sich selbst verstehn: auch liegt gewiß zu allem was mit dem Menschen vorgehn kann in Jedem eine Anlage, die aber oft sehr schwach seyn mag. Vielleicht einen Jeden wandelt zu Zeiten eine Neigung zu dem angedeuteten Zustand der Resignation an: nämlich im schwer empfundenen eigenen Leiden, oder im lebhaft erkannten fremden, tritt ihm bisweilen die Erkenntniß der Nichtigkeit und Bitterkeit des Lebens näher: der Gedanke wandelt uns an, durch völlige und auf immer entschiedne Entsagung den Begierden ihren Stachel abzubrechen, allem Leiden den Zugang zu verschließen, uns zu reinigen und zu heiligen: aber von einer solchen momentanen Anwandlung ist noch sehr weit bis zu dem Zustande der eigentlichen Selbstverläugnung, Resignation, Aufgeben alles Wollens:

der eigentlich eine *völlige Umkehrung der menschlichen Natur* ist. Solche Anwandlung geht bald vorüber: denn uns umstrickt bald wieder die Täuschung der Erscheinung; ihre Motive setzen den Willen aufs Neue in Bewegung: wir können uns nicht *losreißen*, die Lockungen der Hoffnung, die Schmeichelei der Gegenwart, die Süße der Genüsse, das Acquiesciren auf dem Wohlseyn, welches unserer Person zu Theil wird, wenn auch mitten im Jammer einer leidenden Welt unter Herrschaft des Zufalls und des Irrthums, dies alles zieht uns immer zur Welt zurück und befestigt die Banden aufs Neue. Darum sagte Jesus: »es ist leichter, daß ein Ankertau durch ein Nadelöhr gehe, als daß ein Reicher ins Reich Gottes komme.« [Mt 19,24; vgl. Mk 10,25; Lk 18,25] Inzwischen ist eine solche Anwandlung hinreichend um einigermaaßen zu verstehn wovon die Rede ist.

Vergleichen wir das Leben mit einer Kreisbahn aus glühenden Kohlen, mit einigen kühlen Stellen, hin und wieder: diese Bahn hätten wir unablässig zu durchlaufen: wer nun noch befangen ist im *principio individuationis*, den tröstet die kühle Stelle, auf der er eben jetzt steht, oder die er nahe vor sich sieht und er fährt fort die Bahn zu durchlaufen. Jener aber, der das *principium individuationis* durchschaut, deshalb das Wesen an sich der Dinge und das Ganze erkennt, ist solchen Trostes nicht mehr fähig: er erblickt sich an allen Stellen des Kreises zugleich, und tritt heraus. – [Ende der möglichen Auslassung]

Die Phänomene wodurch die angegebene Wendung des Willens sich zeigt und die eingetretene Verneinung des Willens zum Leben sich kund giebt sind hauptsächlich drei: freiwillige Keuschheit; freiwillige Armuth; und endlich sogar freiwillige Auflegung körperlicher Beschwerden und Schmerzen. Ich bezeichne diese durch den Namen *Askesis*, wie man von jeher diesen Zustand eine asketische Lebensweise genannt hat. Die Ergreifung dieser Lebensweise ist das Phänomen, wodurch sich kund giebt, daß (in der Erscheinung eines Menschen) der Wille zum Leben auf die ihm aufgegangene Erkenntniß seines eignen Wesens, die eben das Leben ist, nicht mehr sich bejaht; sondern sich selbst verneint. Es geschieht also dann der Uebergang von der *Tugend* zur *Askesis*. Nämlich sobald der Mensch auf diesen

Punkt gekommen ist, genügt es ihm nicht mehr, Andre sich selbst gleich *zu lieben* und für sie so viel zu thun als für sich; sondern es entsteht ihm eine gewisse Scheu, ein Grausen vor den Genüssen des Lebens, weil er fühlt daß er durch dieselben sich einer Welt verknüpft, die ihm als jammervoll erscheint. Da aber sein eignes inneres Wesen eben das Wesen dieser Welt ist, so verleugnet er sich selbst, verleugnet den schon durch seinen Leib ausgedrückten und manifestirten Willen zum Leben. In diesem Sinn kann man sagen: sein *Thun* straft jetzt seine *Erscheinung Lügen*, tritt in offnen Widerspruch mit derselben. Obwohl nämlich er wesentlich nichts andres ist als *Erscheinung des Willens, so hört* er jetzt *auf* irgend etwas *zu wollen:* er hütet sich seinen Willen an irgend etwas zu hängen, und sucht die größte Gleichgültigkeit gegen alle Dinge in sich zu befestigen. – Der erste Schritt worin sich dies zeigt, ist wie gesagt freiwillige Keuschheit. Sein Leib, gesund und stark, ist, wie wir wissen, durchweg und in allen seinen Theilen nichts andres als die *Sichtbarkeit der Bestrebungen des Willens. Die Genitalien* dieses Leibes sind der objektivirte *Geschlechtstrieb*: aber er verneint den Willen und straft den Leib *Lügen:* er *will keine Geschlechtsbefriedigung*, unter gar keiner Bedingung. Also ist freiwillige, vollkommne *Keuschheit*, die aber durch kein Motiv veranlaßt seyn muß, der erste Schritt, durch welchen sich die *Askesis* oder die *Verneinung* des Willens zum Leben Kund giebt [Zusatz:] (Ich muß Sie aufmerksam machen auf die Uebereinstimmung dieser Wahrheit mit dem früher vorgetragenen, welche Uebereinstimmung ich zwar durch etwas ganz Empirisches nachweisen werde, wodurch sie aber desto frappanter wird. Rufen Sie sich zwei Sätze zurück 1) daß die entschiedenste und stärkste reine Bejahung des Willens zum Leben sich ausspricht im Zeugungsakt; – 2) daß die Erklärung des Ausdrucks »der Wille bejaht sich selbst«, diese war: nachdem dem Willen, der ursprünglich erkenntnißlos und blinder Drang ist, durch den Eintritt der Vorstellung, die Erkenntniß seines eignen Wesens und dessen was es sei, das er wolle, aufgegangen ist, so hemmt diese Erkenntniß sein Wollen keineswegs; sondern eben das was er vorhin als erkenntnißloser Drang wollte und anstrebte, das will er auch jetzt mit Erkenntniß, bewußt und besonnen: diesen beiden Sätzen ganz genau entsprechend, finden wir nun hier, wo wir als den ersten Schritt zur Verneinung des Willens zum Leben, die freiwillige Keuschheit aufstellen, zwischen dem auf diese Weise den Willen Verneinenden, und dem ihn durch Zeugungsakte Bejahenden, folgenden ganz empirischen und faktischen Unterschied: die physisch nothwendige Saamenergießung geht bei dem Einen (der nicht durch sie das Leben bejaht) nie anders vor als ohne Bewußtseyn, im Schlaf, als Wirkung blinder Naturkraft wie jede vegetative und bloß vitale Funktion seines Leibes: bei dem Andern hingegen (dem durch sie das Leben Bejahenden) geht sie vor sich mit Bewußtseyn und Besonnenheit, in Gegenwart der Erkenntniß. Dadurch eben entspricht sie unsrer Erklärung von dem was es heiße den Willen bejahen.) [Ende des Zusatzes] Der Mensch verneint dadurch die über seine Person, über diese einzelne Erscheinung des Willens, hinausgehende Bejahung desselben: diese Aeußerung giebt *Anzeige*, daß mit dem Leben dieses Leibes, auch der Wille sich aufhebt, dessen Erscheinung er ist; denn der Wille bejaht hier nichts weiter als die zeitliche Existenz dieses Leibes. – Die Natur, immer wahr und naiv, sagt aus, daß wenn diese Maxime allgemein würde, das Menschengeschlecht ausstürbe: und nach dem was ich in der Metaphysik gesagt habe über den Zusammenhang der Willenserscheinungen, dürften wir wohl annehmen, daß mit der höchsten Willenserscheinung auch der schwächre Wiederschein derselben, die Thierheit wegfallen würde: wie mit dem vollen Lichte auch die Halbschatten verschwinden. Mit gänzlicher Aufhebung der Erkenntniß schwände dann auch die übrige Welt in Nichts; da ohne Subjekt kein Objekt. –

[Einfügung. – Schopenhauer verweist hier auf sein Handexemplar der 1. Auflage der »Welt als Wille und Vorstellung«, wo sich folgende zum Teil durchgestrichene Notiz findet:]

[Durchgestrichen:] Der Anstoß, welchen Viele hier nehmen werden, wird sich mindern wenn sie bedenken wollen, daß das Dasein jedes Menschen das Resultat einer Handlung ist, deren sich Jeder auf das Aeußerste schämt, die sich in Nacht und Verborgenheit verkriecht, [nicht durchgestrichen:] und welche freiwillig stets unterlassen zu haben, überall als etwas höchst edles und wahrhaft erhabenes anerkannt wird, sich Ehrfurcht erzwingend. Das Unterlassen dieser Handlung werde allgemein und die Weltgeschichte ist zu Ende.

Wir werden weiterhin sehn daß das Christentum eine entschieden asketische Tendenz hat: daher heißt es Ev. Matth. 19,10: Da sprachen die Jünger: »Stehet die Sache eines Mannes mit seinem

Weibe also; so ist es nicht gut ehelich werden«: Jesus aber sprach: »das Wort fasset nicht Jeder; sondern nur die denen es gegeben ist. Es sind etliche verschnitten, die aus Mutterleibe so geboren; es sind etliche verschnitten, die von Menschenhänden verschnitten sind; und sind etliche verschnitten, die sich selbst verschnitten haben, um des Himmelreichs willen. Wer es fassen mag, der fasse es.« *Paulus, 1. Cor. 7. cap.:* »Es ist dem Menschen gut, daß er kein Weib berühre (καλον ανθρωπῳ γυναικος μη ἁπτεσθαι). Aber um der Hurerei willen, habe jeglicher sein Weib u. s. w. (Vorschriften über den ehelichen Beischlaf). Solches sage ich aber aus Vergunst und nicht aus Gebot. Ich wollte aber lieber, alle Menschen wären, wie ich bin: aber Jeglicher hat seine eigne Gabe vor Gott. Ich sage aber den ledigen und Wittwen: es ist ihnen gut wenn auch sie bleiben wie ich. So sie aber sich nicht enthalten können, so laßt sie freien: es ist besser freien, denn Brunst leiden (κρεισσον γαρ εστι γαμησαι η πυρουσθαι).« Und Vers 38: »Wer seine Tochter verehlicht, thut gut; aber besser wer sie nicht verehlicht.« – (Stelle aus dem Veda.) [Vgl. WI, § 68, S. 449 f. [517]]

Das zweite Phänomen wodurch sich die Askesis, oder Verneinung des Willens, kund giebt, ist freiwillige und *absichtliche Armuth*, nicht bloß solche die *per accidens* [mittelbar] entsteht, indem das Eigenthum weggegeben wird, um fremde Leiden zu lindern, sondern die Armuth wird hier *Zweck an sich*, sie wird erwählt als stete *Mortifikation* des Willens, damit nicht die Befriedigung der Wünsche, die Süße des Lebens, den Willen wieder aufrege, gegen welchen die Selbsterkenntniß Abscheu und Grausen gefaßt hat. Auch im Christenthum ist Empfehlung freiwilliger Armuth: *Matth. 19,21.* »Willst Du vollkommen seyn, so gehe hin, verkaufe was Du hast und gieb es den Armen; so wirst Du einen Schatz im Himmel haben, und komm und folge mir nach.« *Ibid. 24.* »Es ist leichter daß ein Ankertau durch ein Nadelöhr gehe, denn daß ein Reicher ins Reich Gottes komme.« Denn, wenn Einer auch zu diesem Punkt gelangt ist, *so spürt er doch*, als belebter Leib, als konkrete Willenserscheinung, noch immer die *Anlage zum Wollen* jeder Art: aber er unterdrückt sie absichtlich, indem er sich zwingt nichts zu thun von Allem was er wohl möchte, hingegen *alles* zu thun, was er nicht möchte, selbst wenn es weiter keinen Zweck hat, als eben den zur Mortifikation des Willens zu dienen. Darum ist ihm dann auch *jedes Leid willkommen*, das von Außen auf ihn kommt, durch Zufall oder fremde Bosheit, jeder Schaden, jede Schmach, jede Beleidigung: er empfängt sie freudig, als die Gelegenheit sich selber die Gewißheit zu geben, daß er *den Willen nicht mehr bejaht*, sondern freudig die Partei *jedes Feindes* der Willenserscheinung, die seine eigene Person ist, ergreift. Er erträgt daher solche Schmach und Leiden mit unerschöpflicher Geduld und Sanftmuth; er vergilt alles Böse mit Gutem, ohne Ostentation, und läßt das Feuer des Zornes, so wenig als das der Begierde je wieder in sich erwachen. – Wir werden weiterhin sehn, daß das Christenthum allerdings eine asketische Tendenz hat: darum heißt es in dem hier erörterten Sinn: »ihr sollt nicht widerstreben dem Uebel; sondern so Dir Jemand einen Streich giebt auf Deine rechte Backe, so reiche ihm auch die andre hin.« (Ev. Matth. 5,39.)

Die dritte Aeußerung der Askesis ist endlich freiwillige Auflegung körperlicher Beschwerden und Schmerzen. Dahin kommt es zuletzt. Wie er *den Willen selbst* mortifizirt, so auch die *Sichtbarkeit desselben*, den *Leib*: er nährt ihn kärglich, damit sein üppiges Blühen und Gedeihen nicht auch den Willen, dessen bloßer Ausdruck und Spiegel er ist, neu belebe und stärker anrege. Darum sehn wir solche Leute zum *Fasten* greifen, härne Hemden tragen, ja zur *Kasteiung und Selbstpeinigung* greifen, um durch stetes Entbehren und Leiden mehr und mehr den Willen zu brechen und zu ertödten, den sie als die Quelle ihres eignen und der Welt leidenden Daseyns erkennen und verabscheuen. Aus dieser Richtung sind die Fasttage bei den Katholiken entstanden, die strenge Lebensart und Enthaltsamkeit mancher Mönchsorden.

Wer so lebt und also wie Paulus sagen kann: καθ' ἡμεραν αποθνησκω: ich sterbe den ganzen Tag [1 Kor. 15,31]: dem kann der Tod nicht furchtbar seyn: vielmehr ist einem solchen Menschen der Tod eine willkommne Erlösung. Denn das Wesen, dessen bloßer Ausdruck und Abbild der Leib ist, der Wille zum Leben, hat sich selbst frei verneint und aufgehoben: nur ein schwacher Rest davon ist übrig der eben als das belebende Princip des Leibes erscheint: nur noch durch die Erscheinung und in ihr besteht hier der Wille zum Leben: dies letzte mürbe Band wird endlich durch den Tod zerrissen: daher hier nicht bloß die Erscheinung des Willens zum Leben durch den Tod endigt, wie es sonst der Fall ist; sondern das Wesen selbst, das erschien, der Wille zum Leben, zugleich völlig aufgehoben ist. Für den, welcher so endigt, hat zugleich die Welt ein Ende; daher wird von ihm der Tod als eine längst ersehnte Erlösung freudig empfangen. In diesem Sinn sagt Paulus (Philipper 1,23): επιϑυμιαν εχων εις το αναλυσαι και συν Χριστῳ ειναι πολλῳ γαρ μαλλον κρεισσον. [Ich habe Lust abzuscheiden, und bei Christo zu sein, welches auch viel besser wäre. (Luther)]

Dies alles nicht Vorschrift; sondern Darstellung und Erklärung eines ethischen Phänomens der menschlichen Natur. Ich sage nicht, man *soll* alles Wollen aufgeben, allen Genüssen entsagen, zur freiwilligen Armuth, Keuschheit greifen, u. s. w. Ich wiederhole Ihnen, es giebt kein absolutes Soll; alles Soll ist relativ. Nur von einem falschen Gesichtspunkt aus, oder nur bildlich und mythisch redet man von einer *Bestimmung des Menschen:* denn alle Bestimmung kann nur dem zukommen, was seinen Zweck und seinen Ursprung außer sich hat: daß dies beim Menschen nicht der Fall sei, müssen Sie längst eingesehn haben. Der Wille ist das Ursprünglichste und er ist *absolut frei*, eben weil er Ding an sich ist. Was Jeder *will*, das *ist* er, und was dieses, das er ist und will, sei, das zeigt ihm der Spiegel des Willens, die erkennbare Welt und das Leben. Da kann nicht die Rede seyn von Bestimmung, noch von Vorschrift, noch von Soll. Wir deuten nur, wir legen die Phänomene aus, wir schreiben nicht vor.

Was ich nun aber hier *in abstrakten und allgemeinen Ausdrükken* geschildert habe, ist nicht etwa ein zu Gunsten und zur Ründung des Systems *selbsterfundenes* philosophisches Mährchen und nur von heute: nein, *die Wirklichkeit* hat es oft gezeigt: die philosophische Darstellung davon ist neu, aber die Thatsache ist alt. Es war das beneidenswerthe [»beneidenswerthe« mit Bleistift wieder ausgestrichen] Leben derer, die man Heilige, auch schöne Seelen genannt hat: solche fanden sich unter den Christen, noch mehr unter den Hindu, auch unter andern Glaubensgenossen, die nichts von einander wußten, nicht von denselben Lehren ausgiengen. Es war also kein Dogma, keine abstrakte Erkenntniß, die sie dabei leitete; sondern eine unmittelbare und intuitive. Vielmehr waren ihrer *Vernunft grundverschiedene Dogmen* eingeprägt: aber ihr *Lebenswandel* sprach auf die gleiche und nämliche Weise jene *innre, unmittelbare und intuitive Erkenntniß* aus, von welcher allein alle Tugend und endlich auch alle Heiligkeit ausgehn kann. – Denn auch hier zeigt sich jener *große Unterschied*, der für unsre ganze Betrachtung *so wichtig* und überall *durchgreifend* ist, bisher aber zu wenig beachtet wurde, der *Unterschied zwischen intuitiver und abstrakter* Erkenntniß. Zwischen beiden ist *eine weite Kluft*, über welche, in Hinsicht auf die Erkenntniß des Wesens der Welt, allein *die Philosophie* führt. *Intuitiv* nämlich und *in concreto* ist sich eigentlich jeder Mensch aller philosophischen Wahrheiten bewußt: aber diese auch in sein *abstraktes Wissen*, in die *Reflexion* zu bringen, das ist das Geschäft des *Philosophen*, der weiter nichts soll, noch kann.

Ich habe also jetzt abstrakt und rein von allem Mythischen das innere Wesen dargelegt der wohlbekannten Erscheinung welche man nennt Heiligkeit, Selbstverleugnung, Ertödtung des Eigenwillens, Askesis: wir drücken also dieses *innre Wesen* davon aus als *Verneinung des Willens zum Leben*, welche eintritt, indem dem Willen *eine vollendete Erkenntniß seines eigenen Wesens wird*, welche auf ihn zurückwirkend ihm zum *Quietiv* alles Wollens wird. – Dasselbe haben nun *unmittelbar erkannt* und durch die *That* ausgesprochen alle jene *Heiligen* und *Asketen*, welche, bei gleicher *innrer Erkenntniß*, eine sehr *verschiedne Sprache* führten, gemäß den Dogmen der Glaubenslehre ihres Landes, die sie einmal in ihre Vernunft aufgenommen hatten: demzufolge werden ein Hindostanischer Heiliger, ein christlicher, ein Lamaischer, jeder *sehr verschiedne* Rechenschaft geben von seinem eigenen Thun: aber für die *Sache* ist das ganz gleichgültig. Ein *Heiliger* kann voll des absurdesten *Aberglaubens* seyn, oder er kann umgekehrt ein Philosoph seyn: beides gilt gleich: sein *Thun* allein beurkundet ihn als *Heiligen*, und dieses Thun geht, in ethischer Hinsicht, nicht hervor aus der *abstrakten* Erkenntniß, sondern aus der *intuiv* aufgefaßten, unmittelbaren Erkenntniß der Welt und ihres Wesens: bloß *zur Befriedigung seiner Vernunft* wird es von ihm durch irgend ein *Dogma* ausgelegt. Es ist daher so wenig nöthig, daß der Heilige ein Philosoph sei, als daß der Philosoph ein Heiliger: so wie es nicht nöthig ist, daß ein vollkommen schöner Mensch ein großer Bildhauer sei, oder daß ein großer Bildhauer auch selbst ein schöner Mensch sei. Die Philosophie leistet weiter nichts, als daß sie *das ganze Wesen der Welt* abstrakt, allgemein und deutlich *in Begriffen wiederholt*, um es so als reflektirtes Abbild der Welt in bleibenden und stets bereit liegenden Begriffen der Vernunft niederzulegen. Baco's Ausspruch.

Eben daher ist aber auch meine Darstellung der Verneinung des Willens zum Leben nur abstrakt und kalt. Wie die Erkenntniß aus welcher die Verneinung des Willens hervorgeht eine *intuitive* ist und keine *abstrakte;* so findet sie ihren vollkommnen *Ausdruck* auch nicht in abstrakten Begriffen, sondern allein in der *That* und dem *Wandel*. Wen nun also dies Phänomen interessirt, wer *völliger einsehn* und *verstehn* will, was ich philosophisch ausdrücke als Verneinung des Willens zum Leben, der muß es an *Beispielen* sehn aus der *Erfahrung* und *Wirklichkeit*. Freilich wird man diese nicht in der täglichen Erfahrung antreffen: *nam omnia praeclara tam difficilia quam rara sunt* [denn alles Ausgezeichnete ist ebenso schwierig wie selten], Spinoza [Ethik, V, prop. 42, schol.]. Wenn man also nicht etwa durch ein besonders günstiges Schicksal zum Augenzeugen eines solchen Lebenswandels gemacht ist, so wird man sich begnügen müssen mit *Lebensbeschreibungen* solcher Menschen. Dann wird man eigentlich einsehn, wovon die Rede ist. – Die *Indische Litteratur* ist sehr reich an Schilderungen des Lebens der Heiligen, der Büßenden, *Saniassis* genannt: schon in dem Wenigen, was wir bis jetzt durch Uebersetzungen kennen, ist viel dergleichen zu finden. Viele vortreffliche Beispiele dieser Art finden sich in der bekannten *Mythologie des Indous par Mad. de Polier*, besonders im 2ten Bd. Kap. 13 [Rudolstadt und Paris 1809]. Dies Buch enthält übrigens manche falsche Ansichten und Darstellungen. – Auch *unter den Christen* fehlt es nicht an *Beispielen* zu der bezweckten Erläuterung. Solche geben die zwar meistens schlecht geschriebenen *Biographien* derjenigen Personen, welche bald heilige Seelen, bald Pietisten, Quietisten, fromme Schwärmer u. s. w. genannt sind. Sammlungen solcher Biographien sind zu verschiedenen Zeiten gemacht, wie Tersteegens Leben Heiliger Seelen, alt: ein Auszug daraus, neuerlich. [Heilige Seelen, München 1815] [Daneben am Rand: Ter Steegen, auserlesene Lebensbeschreibungen heiliger Seelen. 3 Bde, 1733.] – Reiz' Historie der Wiedergebornen; Offenbach 1701. 5 Bde. – Kanne, Leben merkwürdiger und auferweckter Christen: 1816; – enthält viel schlechtes, doch auch manches gute, besonders das Leben der Beata Sturmin (welches auch allein erschien 1737 Stuttgard). Vorzüglich aber ist zu empfehlen als ein höchst ausführliches und vollkommnes Exempel und eine faktische Erläuterung der von mir aufgestellten Begriffe *la vie de Mad. de Guion, écrite par elle même*; 3 Bde in 12°; im 17ten Jahrhundert. Jeder Mensch beßrer Art wird dies Buch mit Vergnügen lesen, Nachsicht haben gegen den Aberglauben in welchem ihre Vernunft befangen ist, und dem Vortrefflichen ihrer Gesinnung und ihres Wandels Gerechtigkeit wiederfahren lassen: hingegen bei den Gemein-Denkenden, d. h. bei der Mehrzahl, steht dies Buch in schlechtem Kredit, und muß es auch, weil durchaus und überall Jeder nur das schätzen kann, was ihm einigermaaßen analog ist und wozu er wenigstens eine schwache Anlage hat. Wie dies gilt vom Intellektuellen, so auch vom Ethischen. Ferner kann man als ein hieher gehöriges Beispiel betrachten die bekannte Französische Biographie Spinozas (Werke); doch muß man als den Schlüssel dazu ansehn jenen herrlichen Eingang zu seiner sehr ungenügenden Abhandlung *de emandatione intellectus*. (Besänftigung des Sturms der Leidenschaften.) Endlich hat sogar Göthe, so sehr er Grieche ist, doch eine Darstellung dieser schönsten Seite der Menschheit im verdeutlichenden Spiegel der Dichtkunst gegeben: Bekenntnisse einer schönen Seele: – es ist das idealisirte Leben der Fräulein Klettenberg; historische Nachrichten darüber in Göthe's eigner Biographie.

[Einschub. – Schopenhauer verweist hier auf eine längere durchgestrichene Notiz seines Handexemplars der 1. Auflage der »Welt als Wille und Vorstellung«, Bd. 1. In veränderter Form ist sie in WII, Kap. 16, S. 173 f. [201 f.] aufgenommen worden:]

So ganz ohne Zweck, Absicht und Wollen, waren sie treffliche Rathgeber und Ermahner in Familien

(*Crates tanquam lar familiaris*): denn, als völlig willenlos für jetzt und immer, standen sie da wie Wesen zwar von menschlicher Gestalt, aber weit über alles Menschliche erhaben. So nun aber einmal zur allgemeinen Resignation gelangt und deshalb stets den eignen Willen dämpfend, mußte sich die eigentliche Verneinung des Willens zum Leben überhaupt bald einfinden und sie einen höhern Schwung erhalten, als ihnen ihre Principien geben konnten. Denn wer das Leben auf dem Wege der Entbehrung sich erträglich macht wird es nicht lieben: auch wäre es widersprechend den Willen zum Leben im Ganzen und Allgemeinen zu bejahen, aber in jedem einzelnen Akt dadurch dieser Wille sich äußert ihm die Befriedigung freiwillig zu versagen. – Darum sind die Cyniker allerdings im Alterthum die Erscheinung der Verneinung des Willens, und deshalb mögen sie auch die Kapuziner und Franziskaner des Alterthums, oder die Griechischen Saniassis genannt werden. Die *Cyniker* waren bloß *praktische* Philosophen, wenigstens ist mir von ihrer theoretischen Philosophie nichts bekannt geworden. Die *Stoiker*, welche schon sehr theoretisch und eben deshalb weniger praktisch waren, entwickelten sich aus ihnen folgenderweise. – Die Cyniker hatten in ganzem Ernst die für immer entschiedne Entsagung und Entbehrung als das Mittel zum glücklichsten, d. h. zum schmerzlosesten, ruhigsten und freiesten Leben erkannt und ergriffen.

Die *Weltgeschichte* wird zwar immer und muß von den Menschen schweigen, deren Wandel die beste und allein ausreichende Erläuterung dieses wichtigen Punktes unsrer Betrachtung ist. Denn der *Stoff der Weltgeschichte* ist ein ganz *andrer*, ja entgegengesetzter: sie nämlich hat nicht das Verneinen und Aufgeben des Willens zum Leben darzustellen, sondern im Gegentheil *seine Bejahung* und deren Erscheinung in unzähligen Individuen, wo seine *Entzweiung* mit sich selbst, auf der höchsten Stufe seiner Objektivation, mit vollendeter Deutlichkeit hervortritt: da bringt sie uns nun vor Augen bald die *Ueberlegenheit* des Einzelnen durch seine *Klugheit*, bald die *Gewalt* der Menge durch ihre *Masse*, bald die *Macht* des *Zufalls* der sich zum Schicksal personifizirt, – immer aber die Vergeblichkeit und Nichtigkeit des ganzen Strebens. Wir nun aber gehn hier nicht darauf aus den *Faden der Erscheinungen in der Zeit* zu verfolgen; sondern wir *philosophiren* und suchen für jetzt die *ethische Bedeutung* der Handlungen zu erforschen: diese also ist hier der alleinige *Maasstab* für das *Bedeutsame* und Wichtige: darum wollen wir, der stets bleibenden Stimmenmehrheit der Gemeinheit und Plattheit zum Trotz, doch *bekennen*, daß die größte, wichtigste und bedeutsamste Erscheinung welche die Welt aufzeigen kann, nicht der *Welterobrer* ist, sondern der *Weltüberwinder*, also in der That nichts anderes, als der stille und unbemerkte Lebenswandel eines solchen Menschen, dem diejenige Erkenntniß aufgegangen ist, in Folge welcher er jenen Willen, der Alles erfüllt und in Allem treibt und strebt, jenen Willen zum Leben aufgiebt und verneint: hier erst tritt nun *die Freiheit dieses Willens in die Erscheinung:* und das Thun wird jetzt das grade

Gegentheil des gewöhnlichen Thuns. – Also sind allerdings für den Philosophen, in der angegebnen Hinsicht, jene Lebensbeschreibungen heiliger, sich selbst verleugnender Menschen, obwohl sie meistens schlecht geschrieben, ja mit Aberglauben und Unsinn vermischt vorgetragen sind, dennoch durch die *Bedeutsamkeit des Stoffs*, ungleich belehrender und wichtiger, als selbst Plutarch und Livius.

Um nun noch von demjenigen, was ich in der Abstraktion und Allgemeinheit der philosophischen Darstellungweise ausgedrückt habe als Verneinung des Willens zum Leben, eine *nähere und vollständige* Kenntniß zu erlangen, wird es noch zweckmäßig seyn, *die ethischen Vorschriften* zu betrachten, welche in diesem Sinne und von Menschen, welche dieses Geistes voll waren, gegeben sind. Diese werden zugleich zeigen *wie alt* unsre Ansicht ist, so *neu* auch der rein philosophische Ausdruck derselben seyn mag. – Das uns zunächst Liegende ist das *Christenthum:* die Ethik desselben geht nicht bloß auf Rechtthun und Wohlthun, sondern hat schon eine asketische Tendenz: in ihr liegt der Geist der Entsagung und der Abwendung von der Welt und ihren Genüssen. Diese letztere Seite ist in den Schriften der Apostel schon als Keim sehr deutlich vorhanden: aber erst später entwickelt sie sich völlig und wird *explicite* ausgesprochen. Von den *Aposteln* finden wir vorgeschrieben: Liebe zum Nächsten, der Selbstliebe gleichwiegend; Wohlthätigkeit; Vergeltung des Hasses mit Liebe und Wohlthun; Geduld, Sanftmuth, Zurücktreten von seinem Recht, Bereitwilligkeit es aufzugeben, Nicht-Widerstreben dem Uebel, Ertragung aller möglichen Beleidigungen ohne Widerstand; Enthaltsamkeit in der Nahrung zur Unterdrückung der Lust, Widerstand dem Geschlechtstriebe, wenn man es vermag, gänzlich. Wir sehn hier also schon die ersten Stufen der Asketik oder der eigentlichen Verneinung des Willens. Diese Richtung entwickelte sich bald mehr und mehr und gab der asketischen Lebensart, den *Büßenden*, den *Anachoreten*, dem *Mönchthum* seinen Ursprung: Die Einsiedler und Mönche waren ursprünglich Menschen, welche auf die Erkenntniß der Welt den Willen zum Leben verneinten, allen Genüssen und allem Eigenwillen entsagten und freiwillige Keuschheit, freiwillige Armuth, gänzliche Einsamkeit erwählten, um unter frommer Betrachtung und fortwährender Buße und strenger Enthaltsamkeit ihr Leben zu Ende zu bringen. Dieser Ursprung war also rein und heilig, eben deshalb aber dem größten Theil der Menschen ganz unangemessen, daher denn auch dieses bald zur Maske ward für die Heuchelei und die größten Abscheulichkeiten sich daraus entwickelten: das furchtbare Pfaffenthum. Jener asketische Keim im Christenthum entfaltete sich nun, bei weitrer Fortbildung desselben, zur vollen Blüthe, in den *Schriften der Christlichen Heiligen und Mystiker*. Diese predigen neben der reinsten Liebe nun auch gradezu völlige *Resignation, freiwillige gänzliche Armuth, wahre Gelassenheit*, vollkommne *Gleichgültigkeit* gegen alle weltlichen Dinge, *Absterben* dem eignen Willen und Wiedergeburt in Gott, gänzliches *Vergessen* der eigenen Person und Versenken in die Anschauung Gottes. Sie können eine vollständige Darstellung davon finden in *Fénelon explication des maximes des Saints sur la vie intérieure* [Paris 1697]. In dem Buche sind nicht seine eignen Meinungen das Wichtigste, sondern die welche er anführt, oft um dagegen zu streiten. Aber am allervollkommensten und kräftigsten ausgesprochen findet man *diese* Entwicklung des Geistes des Christenthums in dem bekannten sehr alten und vortrefflichen Buche *»die Teutsche Theologie«*. (*Illustr.* Neue Ausg. [Berlin 1817]) Zu einer Ausgabe davon hat Luther eine Vorrede geschrieben [Wittenberg 1518], worin er sagt daß, mit Ausnahme der Bibel und des Heilg. Augustins *(honoris causa)*, er aus keinem Buche mehr gelernt habe, was Gott, Christus und der Mensch sei, als eben aus diesem. – Die darin gegebenen Lehren und Vorschriften sind die vollständigste Auseinandersetzung dessen, was ich die Verneinung des Willens zum Leben nenne. In demselben vortrefflichen Geiste geschrieben, wiewohl der »Teutschen Theologie« nicht gleich zu schätzen, sind die noch älteren Tauler'schen Schriften, besonders *»Medulla animae«* [Frankfurt/M. 1644] und »Nachfolgung des armen Lebens Christi« [Frankfurt/M. 1644].

So hat sich diese Richtung des menschlichen Geistes und dies wichtigste aller ethischen Phänomene, welches wir Verneinung des Willens nennen, dargestellt in der *christlichen Kirche* und in der *occidentalischen Welt*. – Aber noch weiter entfaltet, vielseitiger ausgesprochen und lebhafter dargestellt hat dasselbe sich *bei den Hindu*, in den uralten Werken der *Sanskritsprache*. (Warum dort ungehinderter.) [Vgl. WI, § 68, S. 458 [526 f.]] So unvollkommen unsre Kenntniß von der Indischen Litteratur auch noch ist, so finden wir doch einen Ueberfluß von Ethischen Vorschriften in dem was wir haben von den Veda's, Purana's, Epopöen, und andern Dichterwerken, Mythen, Legenden ihrer Heiligen, Denksprüchen und Lebensregeln, deren Summe ich sogleich angeben werde: Belege zu dem Anzuführenden finden Sie besonders an folgenden Stellen, wiewohl noch an einer großen Zahl andrer: *Oupnek'hat Vol. II, N° 138, 144, 145, 146* [Vier Upanishads: 138. Jâbâla, 144. Paramahaṅsa, 145. Âruṇeya, 146. Kena. Übersetzt in P. Deussen: Sechzig Upanishads, Leipzig 1897]. – *Mythol. d. Indous, p. Polier, Vol. 2, chap. 13, 14, 15, 16, 17.* – Asiat. Magazin von Klaproth [Weimar 1802]: 1ster Bd. über die Fo-Religion [Fo, chinesische Abkürzung für Buddha]: – ebendaselbst Bhaguat-Dschita [*Bhagavadgîtâ*, ein philosophisches Gespräch aus dem sechsten Buche des *Mahâbhâratam* (übersetzt in Deussen: Vier philosophische Texte des *Mahâbhâratam*, 1906], oder Gespräche zwischen Krischna und Ardschun: – im 2ten Bd. Moha-Mudgava [richtig: *Moha-mudgara*, der Hammer gegen die Verblendung des Geistes, Gedicht in 210 Versen, angeblich von *Çaṅkara*, geb. 788 n. Chr.]. – *Institutes of Hindu-Law, or the ordinances of Menu* [Manu], *from the Sanskrit by Wm. Jones.* Teutsch von Hüttner [Weimar] 1797[6]: besonders das 6te und 12te Kapitel. – Endlich viele Uebersetzungen die *in den Asiatick researches* stehn. –

An allen diesen Stellen also finden wir auf das mannigfaltigste und kräftigste ausgesprochen Vorschriften *deren Summe* ist: *Liebe* des Nächsten, mit völliger Verleugnung aller Selbstliebe, *Wohlthätigkeit*, bis zum Weggehen des täglich sauer Erworbnen; gränzenlose *Geduld* gegen alle Beleidiger, *Vergeltung alles Bösen, so arg* es auch seyn mag, *mit Gutem* und Liebe; freiwillige und freudige *Erduldung* jeder Schmach; Enthaltung von aller thierischen Nahrung; völlige Keuschheit und Entsagung aller Wollust, für den, welcher eigentliche Heiligkeit anstrebt; freiwillige *Armuth*, Wegwerfung alles Eigenthums, Verlassung jedes Wohnorts, aller Angehörigen, tiefe gänzliche Einsamkeit, zugebracht in stillschweigender Betrachtung (dann wird man erfahren, wie seelig ein einsamer Mann ist, der nicht verläßt und nicht verlassen ist), endlich auch freiwillige Buße, schreckliche, langsame Selbstpeinigung zur gänzlichen Mortifikation [Der Text zwischen »Mortifikation« und »keinen Augenblick aufhält« sollte offenbar *ad libitum* weggelassen werden.] des Willens; diese geht zuletzt bis zum freiwilligen Tode, durch Hunger, auch indem man den Krokodilen entgegengeht, oder auch so daß wenn bei hohen Festen die Götterbilder umhergefahren werden auf einem ganz ungeheuer großen Wagen, den die Priester singend begleiten, und vor dem die Bajaderen mit Cymbeln und Pauken einhertanzen, man sich unter die Räder wirft, welches die Procession keinen Augenblick aufhält. Der Ursprung dieser Vorschriften reicht auf vier Jahrtausende hinaus; aber auch noch jetzt, so entartet in vielen Stücken jenes Volk auch ist, wird jenen Vorschriften nachgelebt, von Einzelnen selbst bis zu den äußersten Extremen. Was sich *so lange* in Ausübung erhielt, bei einem *so viele Millionen* umfassenden Volk, das kann nicht *willkürlich ersonnene* Grille seyn, sondern muß im Wesen der Menschheit seinen Grund haben. Aber hiezu kommt, daß man sich nicht genug verwundern kann über *die Einstimmung* welche man findet, wenn man das Leben eines Christlichen Büßenden oder Heiligen und das eines Indischen liest. Bei so grundverschiednen Dogmen, Sitten und Umgebungen ist das Streben und das innere Leben beider ganz dasselbe. So auch ist der *Geist der Vorschriften* für Beide ganz derselbe: z. B. Tauler redet von der gänzlichen Armuth, welche man suchen soll und die darin besteht, daß man sich alles dessen völlig begiebt und entäußert, daraus man irgend einen Trost oder weltliches Genügen schöpfen könnte: offenbar, weil alles dieses *dem Willen immer neue Nahrung* giebt, und es auf dessen gänzliches *Absterben* abgesehn ist: als *Indisches Gegenstück* sehn wir in den Vorschriften des Fo [Buddha], dem *Saniassi*, der ohne Wohnung und ganz ohne irgend ein Eigenthum seyn soll, noch zuletzt anbefohlen, daß er auch nicht öfter sich unter denselben Baum legen soll, damit er auch nicht zu diesem Baum irgend eine Vorliebe oder Neigung fasse. Dergleichen Züge *sprechen den ganzen Geist* der Vorschriften aus. Aber *so große Uebereinstimmung*, bei so verschiednen Zeiten und

Völkern, ist ein faktischer Beweis, daß hier nicht, wie optimistische Plattheit es gern behauptet, eine Verrücktheit oder Verschrobenheit der Gesinnung obwaltet, sondern *eine wesentliche Seite der menschlichen Natur* sich ausspricht, die nur eben wegen ihrer Trefflichkeit und Erhabenheit sich selten hervorthut.

Ich habe Ihnen nunmehr die Quellen angegeben, aus welchen Sie unmittelbar und aus dem Leben geschöpft die Phänomene kennen lernen können durch welche sich das ausspricht, was wir philosophisch bezeichnen als die *Verneinung des Willens zum Leben*. Ich habe diesen höchst wichtigen Punkt selbst nur im Allgemeinen und in der Abstraktion dargestellt: die nähere Kenntniß davon erhalten sie besser aus den angegebnen Quellen deren Schriftsteller aus unmittelbarer Erfahrung reden.

Jedoch [Daneben am Rand: *ad libitum.*] will ich, zur allgemeinen Bezeichnung jenes Zustandes, noch Einiges hinzufügen. Ich stellte Ihnen früher dar, wie *der Böse*, durch die Heftigkeit seines Wollens, beständige, verzehrende, innre Quaal leidet, und zuletzt, wenn alle Objekte des Wollens erschöpft sind, den grimmigen Durst des Eigenwillens am Anblick fremder Pein zu kühlen sucht. *Das andre ethische Extrem* zeigt nun der, welcher bis zur *Verneinung des Willens* zum Leben gekommen ist: sein Zustand, von Außen gesehn, ist arm, freudelos und voll Entbehrungen, aber er ist dabei voll innerer Freudigkeit und in wahrer Himmelsruhe. Sein Zustand ist nicht der, welcher den Wandel des lebenslustigen Menschen begleitet, der unruhige Lebensdrang, die jubelnde Freude, welche zur Bedingung ein heftiges Leiden hat, das entweder vorhergieng oder nachfolgt; sondern es ist eben ἡ ειρηνη ἡ ὑπερεχουσα παντα νουν [der Friede Gottes, welcher höher ist denn alle Vernunft (Phil. 4,7)], ein unerschütterlicher Friede, eine tiefe Ruhe und innige Heiterkeit; wenn [Von hier bis zum Ende des Absatzes, bis »Sorgen auf immer«, mit Bleistift durchgestrichen und dazu die Notiz mit Tinte: (kann wegfallen)] dieser Zustand uns vor die Augen oder die Einbildungskraft gebracht wird, können wir nicht ohne die größte Sehnsucht darauf hinblicken: wir erkennen ihn wohl als das allein Rechte, welches alles andre unendlich überwiegt und unser beßrer Geist ruft uns das große *Sapere aude* [Gewinne es über dich, vernünftig zu sein (Horaz, Ep., I, 2,40)] zu. Wir fühlen dann wohl daß *jede Befriedigung unsrer Wünsche*, welche wir der Welt abgewinnen, doch nur dem *Almosen* gleicht, welches den Bettler heute am Leben erhält, damit er morgen wieder hungre: hingegen die *Resignation* dem angeerbten *Landgut:* es entnimmt den Besitzer aller Sorgen auf immer.

Erinnern Sie sich nun noch aus der *Aesthetik*, daß ein großer Theil der Freude am Schönen in der subjektiven Bedingung besteht, nämlich darin, daß, indem wir in den Zustand der *reinen Kontemplation* treten, wir, für den Augenblick, allem Wollen, d. h. allen Wünschen und Sorgen enthoben sind, gleichsam *uns selbst loswerden*, nicht mehr das zum Behuf seines beständigen Wollens erkennende Individuum sind, das Korrelat des einzelnen Dinges, dem die Objekte zu *Motiven* werden, sondern das Korrelat der Idee, das willensreine ewige Subjekt des Erkennens: solche *kurze*, durch die ästhetische Anschauung herbeigeführte *Erlösung* vom Willensdrange, ist gleichsam nur ein *augenblickliches Auftauchen* aus dem schweren Erdenäther: aber es sind die seeligsten Augenblicke, welche wir kennen. Hieraus nun können wir abnehmen, wie seelig das Leben eines Menschen seyn muß, *dessen Wille* nicht auf Augenblicke, wie beim Genuß des Schönen, sondern *auf immer beschwichtigt* ist, ja ganz erloschen ist, bis auf den letzten glimmenden Funken, welcher den Leib erhält und mit dem Leibe erlöschen wird. Ein solcher Mensch hat nach vielen bittern *Kämpfen* gegen seine eigne Natur endlich *ganz überwunden*: nun ist alles Wollen von ihm gewichen; und er ist nur noch übrig als *rein erkennendes Wesen*, als *ungetrübter Spiegel* der Welt. Ihn [Daneben am Rand mit Bleistift: *ad libitum*] kann nichts mehr ängstigen, nichts mehr bewegen: denn alle die tausend Fäden des Wollens, welche uns an die Welt gebunden halten und als Begierde, Furcht, Neid, Zorn, uns hin und her reißen, unter beständigem Schmerz, hat er abgeschnitten. Er blickt nun ruhig und lächelnd zurück auf die Gaukelbilder dieser Welt, die einst auch sein Gemüth zu bewegen und zu peinigen vermochten, jetzt aber, da sie durch Aufhebung des Wollens alle Bedeutung für ihn verloren haben, gleichgültig vor ihm stehn, wie nach geendigtem Schachspiel die Schachfiguren dastehn und ihre Stelle nichts mehr bedeutet. – Das Leben und seine Gestalten schweben nur noch vor ihm, wie eine flüchtige

Erscheinung, wie ein Morgentraum, wenn man schon halbwach ist, die [»die« bis »täuscht« mit Bleistift durchgestrichen] Wirklichkeit schon durchschimmert und der Traum nicht mehr täuscht: und wie ein solcher Traum verschwindet ihm zuletzt das Leben, ohne gewaltsamen Uebergang. Aus diesen Betrachtungen können wir es verstehn, wenn die Guion, gegen das Ende ihrer Lebensbeschreibung sich oft so äußert: »mir ist Alles gleichgültig; ich *kann* nichts mehr wollen; ich weiß oft nicht, ob ich da bin, oder nicht.« [Frei zusammengestellt nach der Autobiographie: La vie de Madame J. M. B. de la Mothe Guion, Köln 1720] – (Stelle.) [Vgl. WI, § 68, S. 462 [531]] Auch zeigt sich uns von hier aus wieder die *ewige Gerechtigkeit*. Was der Böse von allen Dingen am meisten fürchtet, das ist ihm gewiß: es ist *der Tod*. Dieser ist dem Besten zwar eben so gewiß; aber ihm ist er willkommen. Da alle Bosheit im heftigen und unbedingten Wollen des Lebens besteht, so ist Jedem, nach dem Maas seiner Bosheit oder Güte, der Tod bitter oder leicht oder erwünscht. Die Endlichkeit des individuellen Lebens ist ein Uebel oder eine Wohlthat, je nachdem der Mensch böse oder gut ist. Vergleich Christlicher und Heidnischer Todtenfeier.

Indessen dürfen wir doch *nicht meynen*, daß, nachdem die Erkenntniß zum Quietiv des Willens geworden und dadurch dieser sich selbst verneint hat, *nun dieser Zustand nicht mehr weiche und wanke* und man auf ihm rasten könne, wie auf einem erworbenen Eigenthum. Vielmehr muß derselbe durch *steten Kampf* immer wieder *aufs Neue* errungen werden. Denn, da *der Leib* der Wille selbst ist, nur in der Form der Objektität, oder als Erscheinung in der Welt als Vorstellung; so ist, so lange der Leib lebt, auch noch der ganze Wille zum Leben seiner Möglichkeit noch da und strebt stets in die Wirklichkeit zu treten und von Neuem mit seiner ganzen Gluth zu entbrennen. Daher finden wir im Leben heiliger Menschen, jene geschilderte Ruhe und Seeligkeit nur als die *Blüthe*, welche hervorgeht aus der *steten Ueberwindung* des Willens und sehn als den *Boden*, welchem sie entsprießt, *den beständigen Kampf* mit dem Willen zum Leben. Denn dauernde Ruhe kann auf Erden Keiner haben. Wir finden daher die Geschichten des innern Lebens der Heiligen voll von *Seelenkämpfen*, *Anfechtungen*, *und Verlassenheit* von der Gnade, d. h. eben von derjenigen Erkenntnißweise, welche alle Motive unwirksam macht, als allgemeines *Quietiv* alles Wollen beschwigtigt, den tiefsten Frieden giebt und das Thor der Freiheit öffnet. Daher auch sehn wir diejenigen, welche einmal zur Verneinung des Willens gelangt sind, sich *mit aller Anstrengung* auf diesem Wege *erhalten*, durch sich *abgezwungene Entsagungen* jeder Art, durch eine büßende harte Lebensweise und das Aufsuchen des ihnen Unangenehmen: alles, um den stets wieder aufstrebenden Willen zu dämpfen. Daher endlich, weil sie den Weg der Erlösung schon kennen, ihre *ängstliche Sorgsamkeit* für die *Erhaltung* des errungenen Heils, ihre Gewissensskrupel, bei jedem unschuldigen Genuß, oder bei jeder kleinen Regung ihrer *Eitelkeit*: denn diese erstirbt am letzten: sie ist unter allen Neigungen des Menschen die unzerstörbarste, thätigste und thörichteste. – Ich habe schon öfter den Ausdruck *Askesis* gebraucht: im engern Sinne verstehe ich darunter, diese *vorsätzliche* Brechung des Willens, auch wenn das Wollen selbst sich noch äußert, wo man denn absichtlich und mit Selbstzwang sich das Angenehme versagt und das Unangenehme aufsucht. Daher dann die selbstgewählte büßende Lebensart (sogar Selbstkasteiung) [»sogar Selbstkasteiung« mit Bleistift durchgestrichen und eingeklammert] zur beständigen Mortifikation des Willens. (Solche Leute haben oft härne Hemden getragen; Gürtel mit Stacheln. Es gehört zum Phänomen dieser Richtung des menschlichen Geistes.)

Δευτερος πλους.

[Zweitbeste Fahrt. Sich mit Rudern statt mit Segeln fortbewegen (sprichwörtliche Redensart bei Platon, z. B. Phaidon, 99 c 11)]
Wie wir nun sehn, daß der schon zur Verneinung des Willens Gelangte, um sich dabei zu erhalten sich absichtlich in den Zustand des Leidens versetzt; so ist auch *das Leiden überhaupt*, wie es vom *Schicksal* verhängt wird, ein zweiter Weg, δευτερος πλους, der zu jener Verneinung führt. Ja wir können annehmen, daß die Meisten nur auf diesem Wege dahin kommen: was sie zur Resignation führt ist nicht das bloß *erkannte* Leiden alles Lebens, das sie durch bloße Erkenntniß wie ihr eig-

nes empfinden und sich aneignen, sondern es ist gradezu das selbst *empfundene* Leiden; dieses führt am häufigsten zur Resignation, und zwar oft erst bei der Nähe des Todes. Denn [»Denn« bis »des Willens entsteht« mit Bleistift angestrichen] nur bei Wenigen vermag die bloße Erkenntniß soviel, daß sie das *principium individuationis* durchschaut, dadurch erstlich die vollkommenste Güte der Gesinnung und allgemeine Menschenliebe hervorbringt, nun endlich alle Leiden der Welt als die selbsteigenen erkennen läßt, wodurch dann die Verneinung des Willens entsteht. Wann auch Einer sich diesem Punkte nähert, so wird fast immer der erträgliche Zustand der eigenen Person, die Schmeichelei des Augenblicks, die Lockung der Hoffnung und die sich immer wieder anbietende Befriedigung des Willens d. h. der Lust, ein stetes Hinderniß der Verneinung des Willens seyn und eine stete Verführung zu erneuerter Bejahung desselben: daher eben hat man in dieser Hinsicht alle jene Lockungen als *Teufel* personifizirt. Meistens muß daher durch das größte *eigne Leiden* der Wille *gebrochen* seyn, ehe die Verneinung desselben eintritt. In solchen Fällen sehn wir den Menschen, nachdem er, durch alle Stufen der größten Leiden, unter dem heftigsten Widerstreben, zum Rande der Verzweiflung gebracht ist, – *plötzlich in sich gehn, sich und die Welt erkennen*, sein ganzes Wesen ändern, sich über sich selbst und alles Leiden erheben, und, wie durch das Leiden gereinigt und geheiligt, in unanfechtbarer Ruhe, Seeligkeit und Erhabenheit, willig Allem entsagen, was er vorhin mit der größten Heftigkeit wollte, und den Tod freudig empfangen. [Daneben am Rand mit Bleistift: Thema des Trauerspiels] Es [»Es« bis »d. h. der Erlösung« mit Bleistift durchgestrichen] ist der aus der läuternden Flamme des Leidens plötzlich hervorbrechende Silberblick der Verneinung des Willens zum Leben, d. h. der Erlösung. Selbst Menschen, welche sehr böse waren, sehn wir bisweilen durch die größten Leiden bis zu diesem Grade geläutert: sie sind *Andre geworden* und völlig umgewandelt: die früheren Missethaten ängstigen daher auch ihr Gewissen jetzt nicht mehr: doch büßen sie solche gern mit dem Tode und sehn willig die Erscheinung jenes Willens enden, der ihnen jetzt fremd und zum Abscheu geworden ist. [Daneben am Rand mit Bleistift: Trauerspiel] Von dieser durch großes Unglück und die Verzweiflung an aller Rettung herbeigeführten Verneinung des Willens haben wir eine sehr deutliche und anschauliche Darstellung im Spiegel der Dichtkunst, nämlich in Göthe's Faust, die Leidensgeschichte der Margarete. Es ist mir keine ähnliche in der Poesie bekannt. Wir können sie betrachten als ein vollkommnes Musterbild des zweiten Wegs, der zur Verneinung des Willens führt: der erste und edlere Weg führt dahin durch die bloße *Erkenntniß* des Leidens einer ganzen Welt, das man sich freiwillig aneignet: der zweite aber, δευτερος πλους, durch den selbstempfundenen, eignen, überschwenglichen Schmerz. Zwar führen sehr viele *Trauerspiele* ihren gewaltig wollenden Helden zuletzt auf diesen Punkt der gänzlichen Resignation, wo dann gewöhnlich der Wille zum Leben und seine Erscheinung zugleich enden: aber keine mir bekannte Darstellung bringt das Wesentliche jener Umwandlung so deutlich und rein von allem Nebenwerk vor die Augen, wie die erwähnte im Faust.

Aber auch das *wirkliche Leben* bietet oft diese Erscheinung dar. Jene Unglücklichen, welche (das größte Maas des Leidens zu leeren haben, da sie, nachdem ihnen alle Hoffnung gänzlich genommen worden, bei voller Geisteskraft, einen gewaltsamen, schmählichen, oft quaalvollen Tod) auf dem Schaffot sterben, finden wir häufig auf solche Weise umgewandelt. Wir dürfen zwar nicht annehmen, daß sie jedesmal um eben so viel böser sind als die meisten Andern, als sie unglücklicher sind: der äußere Unterschied beruht hier in den meisten Fällen hauptsächlich auf äußern Umständen: inzwischen sind sie schuldig und in beträchtlichem Grade böse. Nun sehn wir aber viele von ihnen, nachdem gänzliche Hoffnungslosigkeit eingetreten ist, auf die angegebene Weise umgewandelt. (Fragen Sie Prediger die Delinquenten zum Tode bereitet haben, lesen Sie Bücher von solchen über den Gegenstand.) Diese zeigen jetzt wirkliche Güte der Gesinnung, wahren Abscheu gegen das Begehn jeder im Mindesten bösen oder lieblosen That: sie vergeben ihren Feinden, und wären es solche durch die sie unschuldig litten, oder mehr litten als sie verschuldet haben: und das nicht bloß mit Worten und etwa aus heuchelnder Furcht vor den Richtern der Unterwelt; sondern in der That und mit innigem Ernst, und wollen durchaus keine Rache; ja ihr Leiden und Sterben wird ihnen zuletzt lieb: denn die Verneinung des Willens zum Leben ist eingetreten: sie weisen oft die dargebotene Rettung von sich, sterben gern, ruhig, seelig. – Diesen hat sich im Uebermaaße des Leidens *das letzte Geheimnis* des Lebens aufgeschlossen, nämlich daß das Uebel und das Böse, das Leiden und der Haß, der Gequälte und der Quäler, zwar der dem Satz vom Grund folgenden Erkenntniß sich als sehr verschieden zeigen, an sich aber Eins sind, Erscheinung jenes einen Willens zum Leben, welcher seinen Widerstreit mit sich selbst mittelst des *principii individuationis* offenbart: sie haben beide Seiten, das Böse und das Uebel in vollem Maaße kennen gelernt, und indem sie zuletzt die Identität beider einsehn, weisen sie jetzt beide zugleich von sich, verneinen den Willen zum Leben. Uebrigens ist zu einer solchen Läuterung durch Leiden Nähe des Todes und gänzliche Hoffnungslosigkeit nicht durchaus nothwendig. Auch ohne sie kann, durch großes Unglück und Schmerz, die Erkenntniß des Widerspruchs des Willens zum Leben mit sich selbst sich gewaltsam aufdringen und die Nichtigkeit alles Strebens eingesehn werden. Daher sah man oft Menschen, die ein sehr bewegtes Leben im Drange der Leidenschaften geführt hatten, Könige, Helden, Glücksritter, plötzlich sich ändern, zur Resignation und Buße greifen, Einsiedler und Mönche werden. Hieher gehören alle ächten Bekehrungsgeschichten: Raimund Lullius: – [Ca. 1232–1316; die Hauptstelle bei Brucker, Historia critica philosophiae, Bd. 4, I, S. 10, lautet aus dem Lateinischen übersetzt: »Als er nämlich der Freundin, die zum Tempel ging, direkt auf den Fersen gefolgt war, seine Augen zu tief in ihre Blicke geheftet hatte und ganz und gar nicht mehr von ihrem Anblick loskommen konnte, erschien er, von Eleonora eingeladen, in der Kammer, froh in der Hoffnung, seine Begierde reichlich stillen zu können. Jene aber, während er von ihr glaubte, sie werde ihm Lust bereiten, entgürtete ihre Brust und zeigte dem rasenden Jüngling ihre Brustwarzen, leichenhaft und von einem bösartigen Geschwür zerfressen, und die darunterliegende Brust, von einem schauerlichen Karzinom befallen. Durch diesen Anblick, wie durch ein Bild der Hölle betäubt, erstarrte er, und in seiner Seele wie von einem Blitz getroffen, fand er nur in der Verborgenheit Trost. Er glaubte daher, seine Lebensweise ändern und seine Seele läutern zu müssen, und ging in die Einsamkeit weg.« – Vgl. WI, § 68, S. 446f. [536]] Eine solche Erkenntniß kann jedoch auch wieder mit ihrem Anlaß zugleich sich entfernen, und der Wille zum Leben und mit ihm der vorige Karakter wieder eintreten. So [»So« bis »zurückfallen« mit Bleistift durchgestrichen] sehn wir den leidenschaftlichen Benvenuto Cellini einmal im Gefängniß und ein andres Mal bei einer schweren Krankheit auf eine solche Weise umgewandelt werden, aber nach verschwundnem Leiden wieder in den alten Zustand zurückfallen. Ueberhaupt geht aus dem Leiden die Verneinung des Willens keineswegs hervor mit der *Nothwendigkeit* einer *Wirkung* aus ihrer Ursach; sondern der Wille bleibt frei. Denn hier ist ja eben der einzige Punkt wo seine *Freiheit* unmittelbar in die *Erscheinung* eintritt. Bei jedem Leiden läßt sich ein Wille denken der ihm an Heftigkeit überlegen ist und daher nicht durch dasselbe bezwungen wird. Daher erzählt Plato im Phädon [116e 1–6] von Leuten, die bis zum Augenblick ihrer Hinrichtung schmausen, trinken, Aphrodisia genießen, bis in den Tod das Leben bejahend. Shakspear, im *Henry VI (Part 2, Act 3, Sc. 3)* stellt uns das Ende des Kardinal Beaufort vor die Augen, eines Ruchlosen, der verzweiflungsvoll stirbt, indem kein Leiden noch Tod den bis zur äußersten Bosheit heftigen Willen brechen kann.

Je heftiger der Wille, desto greller die Erscheinung seines Widerstreits: desto größer also das Leiden. Eine Welt, welche die Erscheinung eines ungleich heftigern Willens zum Leben wäre, als die gegenwärtige, würde um soviel größere Leiden aufweisen: sie wäre also eine *Hölle*.

Indem *alles Leiden* eine Mortifikation des Willens und dadurch eine Aufforderung zur Resignation ist; so hat es der Möglichkeit nach eine *heiligende Kraft:* hieraus ist zu erklären, daß *großes Unglück*, tiefe Schmerzen, schon an sich immer eine gewisse Ehrfurcht einflößen. Wirklich [Hier ein Bleistiftzeichen und dabei mit Tinte: kann wegfallen. Außerdem ist von hier an bis auf S. 254, »zur Erlösung und dadurch ehrwürdig« der ganze Text mit Bleistift durchgestrichen] ehrwürdig wird uns aber der Leidende nicht, wann er, indem er den Lauf seines Lebens als eine Kette von Leiden überblickt, oder auch einen großen und unheilbaren Schmerz betrauert, dabei doch eigentlich nur auf die Verkettung von Umständen hinsieht, die grade sein Leben so unglücklich und traurig machten: denn thut er dies, so folgt seine Erkenntniß noch dem Satz vom Grunde und klebt an der einzelnen Erscheinung: er will dann noch immer das Leben, nur nicht die Bedingungen unter denen es ihm geworden; – sondern wirklich ehrwürdig steht er erst dann da, wann sein Blick sich vom Einzelnen zum Allgemeinen erhoben hat, wann er sein eignes Leiden nur als ein Beispiel des Ganzen betrachtet: er wird dann in ethischer Hinsicht genial: nämlich ein Fall gilt ihm für tausend: daher dann faßt er das Ganze des Lebens als wesentliches Leiden auf und kommt zur Resignation. Dieserwegen ist es ehrwürdig, wenn im Tasso die Prinzessin sich darüber ausläßt, wie ihr eignes Leben und das der Ihrigen immer traurig und freudenlos gewesen sei, und sie dabei ganz ins Allgemeine blickt.

Einen sehr edlen Karakter denken wir uns immer mit einem gewissen Anstrich stiller Trauer: damit meine ich nichts weniger als eine beständige Verdrießlichkeit über die täglichen Widerwärtigkeiten, die wäre ein unedler Zug; und ließe böse Gesinnung befürchten; sondern was ich meyne, ist ein aus der Erkenntniß hervorgegangenes bleibendes Bewußtsein der Nichtigkeit aller Güter, und des Leidens alles Lebens, nicht des eigenen allein. Doch kann solche Erkenntniß durch selbsterfahrnes Leiden zuerst erweckt seyn, besonders durch ein einziges großes, wie den Petrarka – – – –. [Vgl. WI, § 68, S. 468f. [538]] Wenn durch eine solche große und unwiderrufliche Versagung vom Schicksal der Wille in gewissem Grade gebrochen ist; so wird im Uebrigen fast nichts mehr gewollt, und der Karakter zeigt sich sanft, traurig, edel, resignirt. Wann endlich der Gram keinen bestimmten Gegenstand mehr hat, sondern über das Ganze des Lebens sich verbreitet: dann ist er gewissermaaßen ein In-sichgehn, ein Zurückziehn, ein allmäliges Verschwinden des Willens, dessen Sichtbarkeit, den Leib, er sogar leise, aber im Innersten untergräbt, wobei der Mensch eine gewisse Ablösung seiner Banden spürt, ein sanftes Vorgefühl des Todes, der sich hier als Auflösung des Leibes und des Willens zugleich ankündigt, daher diesen Gram eine heimliche Freude begleitet: das ist *the joy of grief* [die Freude am Kummer]. – Doch liegt eben auch hier die Klippe der *Empfindsamkeit*, sowohl für das Leben selbst, als für dessen Darstellung im Dichten: wenn nämlich immer getrauert und immer geklagt wird, ohne daß man sich zur Resignation erhebt und ermannt; so hat man Himmel auf Erde zugleich verloren und wäßrichte Sentimentalität übrig behalten. Nur indem das Leiden die Form bloßer, reiner Erkenntniß annimmt und sodann diese als *Quietiv* des Willens wahre Resignation herbeiführt, ist es der Weg zur Erlösung und dadurch ehrwürdig. [Ende des längeren durchgestrichenen Textes] In dieser Hinsicht aber fühlen wir beim Anblick jedes sehr unglücklichen Menschen eine gewisse Achtung, die der verwandt ist, welche Tugend und Edelmuth uns abnöthigen: und zugleich erscheint dabei unser eigner glücklicher Zustand wie ein Vorwurf. [Hier ein Zeichen mit Bleistift und die Notiz: *ad libitum*. Am Ende des Abschnitts, »Heilung ist«, das entsprechende Zeichen] Wir können nicht umhin, jedes Leiden, sowohl das selbstgefühlte als das fremde, zu betrachten als eine wenigstens mögliche Annäherung zur Tugend und Heiligkeit, hingegen Genüsse und weltliche Befriedigung als die Entfernung davon. Dies geht soweit, daß jeder Mensch, der ein großes körperliches Leiden duldet oder ein schweres geistiges Leiden trägt, ja sogar Jeder, der nur eine die größte Anstrengung erfordernde körperliche Arbeit im Schweiß seines Angesichts und mit sichtbarer Erschöpfung verrichtet, dies alles aber mit Geduld und ohne Murren, daß, sage ich, jeder solcher Mensch, wenn wir ihn mit inniger Aufmerksamkeit betrachten, uns gleichsam vorkommt, wie ein Kranker, der eine schmerzhafte Kur anwendet, den durch sie verursachten Schmerz aber willig und sogar mit Befriedigung erträgt, indem er weiß, daß, jemehr er leidet, desto mehr auch der Krankheitsstoff zerstört wird und daher der gegenwärtige Schmerz das Maas seiner Heilung ist.

Die Erlösung.

Allem Bisherigen zufolge, geht die *Verneinung des Willens zum Leben*, welche dasjenige ist, was man *gänzliche Resignation* oder *Heiligkeit* nennt, immer hervor aus dem *Quietiv* des Wollens, welches ist die Erkenntniß seines innern Widerstreits und seiner wesentlichen Nichtigkeit, die sich kund geben im Leiden alles Lebenden. Der Unterschied, den ich dargestellt habe als zwei Wege, die dahin führen, besteht darin, ob man zu jener Erkenntniß gebracht ist, durch das bloß und rein *erkannte* Leiden, welches man, indem man das *principium individuationis* durchschaute, sich aneignete, oder ob man dazu gebracht worden durch das unmittelbar selbst *empfundne* Leiden. [Hier mit Tinte wieder durchgestrichen der Satz: Wahres Heil, Erlösung vom Leben und Leiden, ist nicht zu denken ohne gänzliche Verneinung des Willens.] So lange nun als die beschriebene Verneinung des Willens zum Leben nicht eingetreten ist, ist Jeder nichts anderes, als dieser Wille selbst: als dessen Erscheinung haben wir gefunden eine hinschwindende Existenz, ein immer nichtiges stets vereiteltes Streben und die dargestellte Welt voll Leiden; dieser gehören Alle unwiderruflich auf gleiche Weise an. So [»So« bis »andre seyn« mit Bleistift angestrichen] lange als unser Wille derselbe ist, kann auch unsre Welt keine andre seyn. Denn wir fanden früher, daß dem Willen zum Leben das Leben stets gewiß ist und daß seine einzige wirkliche Form die *Gegenwart* ist, die kein Tod uns nehmen kann, aber der auch wir nimmer entrinnen, wie auch Tod und Geburt in der Erscheinung walten. Der Indische Mythos drückt dies dadurch aus, daß er sagt: »wir werden wiedergeboren«. – Was dem großen ethischen Unterschied der Karaktere an sich zum Grunde liegt und dadurch sich offenbart, ist dieses, daß der Böse unendlich weit davon entfernt ist, zu der Erkenntniß zu gelangen, aus welcher die Verneinung des Willens hervorgeht: daß er folglich dem Leben fest verbunden und gänzlich anheimgefallen ist. Daher ist er, eigentlich und der Wahrheit nach, allen den Quaalen, welche im Leben als *möglich* erscheinen, *wirklich* Preis gegeben: denn der etwa gegenwärtige glückliche Zustand seiner Person, beruht bloß auf dem *principio individuationis*, der Form der Erscheinung; – ist also das Blendwerk des Maja, der glückliche Traum des Bettlers. Und die Leiden, welche er, in der Heftigkeit seines Willensdranges über Andre verhängt, sind das Maas der Leiden, deren eigne Erfahrung seinen Willen nicht brechen und zur endlichen Verneinung führen kann. – Hingegen alle wahre und reine Liebe, ja selbst alle freie Gerechtigkeit geht schon hervor aus der Durchschauung des *principii individuationis:* – tritt nun diese in voller Klarheit ein; so führt sie das gänzliche Aufgeben des Wollens und eben damit Erlösung herbei. Das Phänomen dieser ist der früher geschilderte Zustand der Resignation, der diese begleitende unerschütterliche Friede und die höchste Freudigkeit im Tode.

Vom Selbstmord.

Um einen groben Misverstand zu verhüten, muß ich hier vom *Selbstmord* reden. Nämlich von der dargestellten Verneinung des Willens zum Leben, welche der einzige Akt seiner *Freiheit* ist der unmittel*bar in der Erscheinung* hervortritt, ist nichts verschiedner als die willkürliche Aufhebung seiner eignen Erscheinung, der *Selbstmord.* Weit entfernt Verneinung des Willens zu seyn, ist dieser ein Phänomen starker Bejahung des Willens. Der Selbstmörder will das Leben, und ist bloß unzufrieden mit den Bedingungen unter denen es ihm geworden. Daher giebt er keineswegs den Willen zum Leben auf, sondern bloß das Leben, indem er die einzelne Erscheinung zerstört. Er will das Leben, will des Leibes ungehindertes Daseyn und Bejahung: aber die Verflechtung der Umstände läßt diese nicht zu, und ihm entsteht großes Leiden. Der Wille zum Leben selbst findet sich in dieser einzelnen Erscheinung so sehr gehemmt, daß er sein Streben nicht entfalten kann. Daher entscheidet er sich gemäß seinem Wesen an sich: dieses liegt außer den Gestaltungen des Satzes vom Grund und daher ist ihm jede einzelne Erscheinung gleichgültig: denn es selbst bleibt ja unberührt von allem Entstehn und Vergehn: denn es ist das Innre des Lebens aller Dinge. In der That, jene nämliche feste, innere Gewißheit, welche macht, daß wir Alle ohne beständige Todesschauer leben, von der oben ausführlich geredet, nämlich die Gewißheit daß dem Willen seine Erscheinung nie fehlen kann, die grade unterstützt auch beim Selbstmorde die That. Es ist der nämliche Wille zum Leben, welcher erscheint in diesem Selbsttödten (Schiwa) sogut als im Wohlbehagen der Selbsterhaltung (Wischnu) und in der Wollust der Zeugung (Brama). Dies [»Dies« bis »Verneinung des Willens« mit Bleistift durchgestrichen] ist die innre Bedeutung der *Einheit der Trimurti*, welche jeder Mensch ganz ist, obwohl sie in der Zeit bald das eine, bald das andre der drei Häupter hervorhebt. – Wie sich das einzelne Ding zur Idee verhält; so der Selbstmord zur Verneinung des Willens. Der Selbstmörder verneint nicht die Species, sondern bloß das Individuum. Ich zeigte Ihnen schon früher, daß weil dem Willen zum Leben das Leben immer gewiß ist, dem *Leben* aber *das Leiden* wesentlich ist, der Selbstmord eine vergebliche und darum thörichte Handlung ist: denn er zerstört die Einzelne Erscheinung; aber das Ding an sich bleibt dabei ungestört stehn; wie der Sonnenuntergang nicht für die Sonne selbst die Nacht herbeiführt. Nun ist aber überdies der Selbstmord das Meisterstück des Maja: denn es ist der schreiendeste Ausdruck des Widerspruchs des Willens zum Leben mit sich selbst. Diesen Widerspruch erkannten wir schon bei den niedrigsten Erscheinungen des Willens, im beständigen Kampf aller Aeußerungen von Naturkräften und aller organischen Individuen: sie kämpfen um die Materie, die Zeit, den Raum: wir sahen auf den steigenden Stufen der Objektivation des Willens auch diesen Wiederstreit immer mehr hervortreten, mit furchtbarer Deutlichkeit; endlich auf der höchsten Stufe, welche die Idee des Menschen ist, erreicht er diesen Grad, wo nicht mehr bloß die dieselbe Idee darstellenden Individuen sich unter einander vertilgen; sondern sogar dasselbe Individuum sich selbst den Krieg ankündigt: die Heftigkeit mit welcher es das Leben will und gegen die Hemmung desselben, das Leiden andringt, bringt es dahin sich selbst zu zerstören, so daß der individuelle Wille den Leib, welcher nur seine eigne Sichtbarwerdung ist, durch einen Willensakt aufhebt, eher als daß das Leiden den Willen breche. Eben weil der Selbstmörder nicht aufhören kann zu *wollen*, hört er auf zu *leben*, und der Wille bejaht sich hier durch die Aufhebung seiner Erscheinung, weil er sich anders nicht mehr bejahen kann. Aber eben das *Leiden*, dem er sich so entzieht, war eine *Mortifikation* des Willens, welche diesen hätte zur Verneinung seiner selbst und dadurch zur *Erlösung* führen können: wir können in diesem Sinne den Selbstmörder vergleichen mit einem Kranken, der eine schmerzhafte Operation, die ihn von Grund aus heilen könnte, nachdem sie angefangen, nicht vollenden läßt, sondern lieber die Krankheit behält. Das Leiden tritt heran, und eröffnet als solches die Möglichkeit zur Verneinung des Willens: aber er weist es von sich, indem er die Erscheinung des Willens, den Leib, zerstört, damit der Wille ungebrochen bleibe. – Vom Gefühl des hier Ausgesprochenen geleitet verdammen beinahe alle Ethiker, sowohl religiose als philosophische, den Selbstmord: aber weil sie bisher den eigentlichen Grund dazu nicht zur Deutlichkeit der Erkenntniß bringen konnten, so suchen sie mühsam vielerlei, ganz verschiedne Gründe dazu auf, die zum Theil seltsam, alle aber sophistisch sind. – Sollte aber je ein Mensch aus rein ethischem Antriebe vom Selbstmord, zu dem er geneigt war, sich zurückgehalten haben, so war der innerste Sinn dieser Selbstüberwindung (in was für Begriffe ihn seine Vernunft auch kleidete) dieser: »ich will mich dem Leiden nicht entziehn, damit es beitragen könne den Willen zum Leben aufzuheben, dessen Erscheinung so jammervoll ist, indem es die mir schon jetzt aufgehende Erkenntniß vom eigentlichen Wesen der Welt dahin verstärke, daß sie zum *endlichen Quietiv* meines Willens werde und mich auf immer erlöse.« [Hier ein Zeichen mit Bleistift und die Notiz: kann wegfallen. (Vermutlich bis zur nächsten Überschrift)]

Ich muß hier einer ganz eigenthümlichen Art des Selbstmordes erwähnen, die von der gewöhnlichen gänzlich verschieden ist, auch nur sehr selten vorkommt, vielleicht auch noch nicht ganz hinreichend konstatirt ist. Es ist der aus dem höchsten Grade der Askesis freiwillig gewählte *Hungertod:* seine seltne Erscheinung ist dazu noch immer von sehr vieler religiöser Schwärmerei und sogar Superstition begleitet gewesen, wodurch sie sehr undeutlich gemacht wird. Es scheint jedoch, daß die gänzliche Verneinung des Willens den Grad erreichen könne, wo selbst der Wille welcher nöthig zur Erhaltung der Vegetation des Leibes durch Aufnahme von Nahrung, wegfällt. Diese Art des Selbstmords wäre weit davon entfernt aus dem Willen zum Leben zu entstehn; vielmehr hört ein solcher resignirter Asket bloß darum auf zu leben, weil er ganz und gar aufgehört hat zu wollen. Eine andere Todesart, als die durch Hunger, ist hiebei nicht wohl denkbar (es sei denn daß sie aus irgend einer besondern Superstition hervorgienge), weil die Absicht die Quaal zu verkürzen, wirklich schon ein Grad der Bejahung des Willens wäre. Die Dogmen, welche die Vernunft eines solchen Büßenden füllen, spiegeln ihm dabei den Wahn vor, es habe ein Wesen höherer Art ihm das Fasten anbefohlen; während eigentlich ein innrer Hang ihn dazu treibt. – Aeltere Beispiele. Breslauer Sammlung von Natur- und Medizin-Geschichten Septr. 1719, *pp 363 u. ff.* [Breslau 1721, Class. IV, Artic. 11] – *Bayle, nouvelles de la république des lettres, Févr. 1685* [Article VII], *p 189 seqq.* – Zimmermann, über die Einsamkeit Bd. 1 [Leipzig 1784], *p 182.* – Jedoch werden in diesen Nachrichten die Individuen als wahnsinnig dargestellt, und es läßt sich nicht mehr ausmitteln, in wiefern dies wahr gewesen seyn mag: – Eine neue Nachricht der Art steht im Nürnb. Korresp., 29. Juli 1813.

Zwischen diesem freiwilligen Tode aus Askesis, und dem gewöhnlichen aus Verzweiflung mag es mancherlei Zwischenstufen und Mischungen geben: zwar ist das schwer zu erklären: aber das menschliche Gemüth hat Tiefen, Dunkelheiten und Verwikkelungen, welche aufzuhellen und zu entfalten, von der äußersten Schwierigkeit ist.

Ueber das Verhältniß der Verneinung des Willens zur Nothwendigkeit der Motivation.

Es frägt sich nun noch, wie diese Darstellung von dem was ich die *Verneinung des Willens zum Leben* nenne, zu vereinigen ist mit meiner früheren Darstellung von der *Nothwendigkeit* welche der *Motivation* zukommt, sogut als jeder andern Gestaltung des Satzes vom Grund: Sie erinnern sich, daß wir fanden, die Motive seien, wie alle Ursachen, nur *Gelegenheitsursachen*: an ihnen entfalte der Karakter sein Wesen und offenbare es mit der Nothwendigkeit eines Naturgesetzes: deshalb leugneten wir schlechthin das *liberum arbitrium indifferentiae* [die freie, nach keiner Seite beeinflußte Willensentscheidung]. Hier aber sehn wir den Willen sich vom Einfluß der Motive gänzlich frei machen, indem nämlich aus der Erkenntniß des Lebens im Ganzen ihm ein *Quietiv* entsteht, wodurch er aufhört irgend etwas zu wollen, also die Motive ihre Wirksamkeit auf ihn gänzlich verlieren. – Weit entfernt, dieses hier aufzuheben, erinnre ich daran. In Wahrheit kommt die *eigentliche Freiheit*, d. h. Unabhängigkeit vom Satze des Grundes, nur dem Willen als Ding an sich zu, nicht aber der Erscheinung, deren wesentliche Form überall der Satz vom Grund, das Element der Nothwendigkeit, ist. Allein schon damals sagte ich: der *einzige Fall*, wo die Freiheit des Willens auch *unmittelbar in der Erscheinung* sichtbar werden kann, ist der, wo sie dem was erscheint ein Ende macht; weil aber dabei dennoch die bloße Erscheinung, sofern sie ein Glied in der Kette von Ursachen und Wirkungen ist, in der Zeit, welche nur Erscheinungen enthält, fortdauert; so steht alsdann der Wille der sich in solcher Erscheinung manifestirt mit dieser in Widerspruch; denn er verneint, was die Erscheinung ausspricht: daher man auch diesen Zustand des Willens *Selbstverleugnung* nennt. Z. B. [»Z. B.« bis »gewollt« mit Bleistift durchgestrichen] die Genitalien sind nichts weiter als der sichtbar gewordne Geschlechtstrieb, sie sind da und gesund: nun aber wird in solchem Fall dennoch, auch im Innersten, keine Geschlechtsbefriedigung gewollt. Eben so ist der ganze Leib nichts andres als nur der sichtbare Ausdruck des Willens zum Leben: und dennoch wirken die diesem Willen angemessenen Motive nicht mehr: ja sogar die Auflösung des Leibes, das Ende des Individuums und dadurch die größte Hemmung des natürlichen Willens ist willkommen und erwünscht. Dieses nun ist ein *realer* Widerspruch zwischen dem Willen und seiner Erscheinung; er ist entstanden aus dem Eingreifen der *Freiheit* die der Wille als Ding ansich hat, in *die Nothwendigkeit* der seine Erscheinung unterworfen ist: von diesem *realen* Widerspruch haben wir nun hier eine Wiederholung in der Reflexion der Philosophie an dem *verbalen* Widerspruch zwischen meiner Behauptung von der Nothwendigkeit mit der die Motive den Willen, nach Maasgabe des Karakters, bestimmen, einerseits, und meiner Behauptung der Möglichkeit einer gänzlichen Aufhebung des Willens, wodurch die Motive machtlos werden, andrerseits. Der Schlüssel zur Vereinigung dieser Wiedersprüche liegt aber darin, daß der Zustand, in welchem der Karakter der Macht der Motive entzogen ist, nicht ausgeht unmittelbar vom Willen; sondern von einer *veränderten Erkenntnißweise*. So lange nämlich die *Erkenntniß* keine andre ist, als die im *principio individuationis* befangene, dem Satz vom Grund schlechthin nachgehende; so lange ist auch die Gewalt der Motive unwiderstehlich. Hingegen wann das *principium individuationis* durchschaut wird, wann in aller Vielheit der einzelnen Dinge und aller Verschiedenheit der Erscheinungen das Wesen an sich aller Dinge unmittelbar erkannt wird als dasselbe in Allen, als der eine und gleiche Wille der in Allen erscheint, und nun zu dieser Erkenntniß sich die gesellt von dem leidenden Zustand als Lebenden; so geht aus dieser ganzen Erkenntniß ein allgemeines *Quietiv* alles Wollens hervor; dann werden die einzelnen *Motive* unwirksam, weil die ihnen entsprechende Erkenntnißweise zurückgetreten ist, verdunkelt durch eine ganz andre. Daher kann der Karakter sich zwar nimmermehr im Einzelnen und *theilweise ändern*, sondern muß, mit der Konsequenz eines Naturgesetzes im Einzelnen den Willen ausführen, dessen Erscheinung er im Ganzen ist: aber eben dieses Ganze, der Karakter selbst, kann völlig *aufgehoben* werden, durch die angegebene *Veränderung der Erkenntniß*.

Erläuterung dieser Lehren durch Dogmen der Christlichen Kirche.

Ich kann das Wesentliche von dieser ganzen Lehre erläutern durch Dogmen der Christlichen Kirche. Diese Aufhebung des Karakters ist eben dasjenige was in der Christlichen Kirche sehr treffend die *Wiedergeburt* genannt wurde; und die Erkenntniß aus der jene Aufhebung hervorgeht ist das, was die *Gnadenwirkung* heißt. – Eben weil nicht von einer *Veränderung* des Karakters die Rede ist, sondern von einer *gänzlichen Aufhebung* desselben; so kommt es, daß, so verschieden auch, vor jener Aufhebung, die Karaktere waren, welche sie getroffen, diese dennoch, nach derselben, eine große Gleichheit in der Handlungsweise zeigen: wiewohl noch Jeder, nach seinen Begriffen und Dogmen, sehr verschieden *redet*.

In diesem Sinne also ist *das alte stets bestrittene und stets behauptete Philosophem von der Freiheit des Willens* nicht grundlos; und auch das Dogma der Kirche von der *Gnadenwirkung* und *Wiedergeburt* ist nicht ohne Sinn und Bedeutung. Aber unerwartet sehn wir jetzt beide in Eins zusammenfallen: und von diesem Standpunkt aus können wir auch einen Ausspruch des vortrefflichen Mallebranche verstehn: *la liberté est un mystère* [Die Freiheit ist ein Mysterium.]; worin wir ihm beipflichten müssen. Denn eben das, was die Christlichen Mystiker die *Gnadenwirkung* und *Wiedergeburt* nennen, ist uns die einzige Aeußerung der *Freiheit des Willens* die unmittelbar in der Erscheinung sichtbar wird, wo sonst durchgängige Nothwendigkeit herrscht. Diese Aeußerung tritt erst ein, wann der Wille zur vollkommnen Erkenntniß seines Wesens an sich gelangt ist, aus dieser ein *Quietiv* erhält und eben dadurch der Wirkung der *Motive* entzogen wird: denn diese liegt im Gebiet einer andern Erkenntnißweise, deren Objekte nur Erscheinungen sind. – Die *Möglichkeit* der also sich äußernden *Freiheit*, ist der größte Vorzug des Menschen, der dem Thiere ewig abgeht: denn die erste Bedingung dazu ist die Besonnenheit der Vernunft, welche unabhängig vom Eindruck der Gegenwart das Ganze des Lebens übersehn läßt. Das Thier ist ohne alle Möglichkeit der Freiheit, wie es sogar ohne Möglichkeit der eigentlichen Wahlbestimmung ist, nach vorhergegangenem Konflikt der Motive, die hiezu abstrakte Vorstellungen seyn müßten. Mit eben der Nothwendigkeit daher, mit welcher ein Stein zur Erde fällt, wird ein Thier der unbarmherzige Vertilger des andern: weil hier der Wille noch nicht zur Erkenntniß seines Wesens im Ganzen gelangen kann: so schlägt der hungrige Wolf seine Zähne in das Fleisch des Wildes, ohne Möglichkeit der Erkenntniß, daß er selbst sowohl der Zerfleischte als der Zerfleischende ist. *Nothwendigkeit* ist das *Reich der Natur; Freiheit* ist das *Reich der Gnade*.

Wir haben gesehn, daß jene *Selbstaufhebung* des Willens ausgeht von der *Erkenntniß*: alle Erkenntniß und Einsicht aber ist als solche *unabhängig von der Willkühr:* daher ist auch jene Verneinung alles Wollens, jener Eintritt in die Freiheit, nicht durch *Vorsatz* zu erzwingen, sondern geht hervor aus dem innersten Verhältniß welches im Menschen seine Erkenntniß hat zu seinem Wollen: daher kommt jene Einsicht, aus der die Verneinung des Willens hervorgeht, ohne unser Zuthun, plötzlich und wie von Außen angeflogen. Deshalb hat die Kirche sie *Gnadenwirkung* genannt: grade so wie man in *intellektueller* Hinsicht die vollkommenste unmittelbare Erkenntniß *Genie* nennt, sie dadurch einem Genius zuschreibend der den Menschen in Besitz nimmt. Und weil nun in Folge dieser *Gnadenwirkung* das ganze Wesen des Menschen *von Grund aus geändert* und umgekehrt wird, und er nun nichts mehr will, von allem was er bisher so heftig gewollt hat, also wirklich gleichsam *ein neuer Mensch* an die Stelle des *alten* getreten ist; darum nannte die Kirche diese Folge der Gnadenwirkung die *Wiedergeburt*. (Der alte Mensch (Adam) stirbt, der neue (Jesus) wird geboren.) Die Christliche Glaubenslehre bleibt nicht stehn bei der Erkenntniß die dem Satz vom Grund folgt und daher nur Individuen kennt; sondern sie faßt die Idee des Menschen in ihrer Einheit auf: und nun symbolisirt sie die Natur, die Bejahung des Willens zum Leben im *Adam:* der Idee nach sind wir alle mit ihm *Eins* und daher seiner Sünde theilhaft, durch diese aber auch des Leidens und des ewigen Todes. Diese Einheit der Idee, die uns alle mit dem *Adam* identifizirt, stellt sich nun äußerlich, erfahrungsmäßig dar, durch das uns alle mit ihm verknüpfende Band der Zeugung. In diesem Sinne heißt dann jene Sünde die dem Menschen überhaupt zukommt *Erbsünde*. Die soll absterben; der Adam. – Derselben Erkenntnißweise folgend symbolisirt die Kirche die *Gnade*, oder *die Verneinung des Willens zum Leben*, die *die Erlösung* von Tod und Sünde, *im menschgewordnen Gotte*. Der soll wiedergeboren werden in uns. Weil dieser als solcher frei von aller Sündhaftigkeit d. h. von allem Lebenswillen seyn muß; so kann er auch nicht, wie wir, hervorgegangen seyn aus der *höchsten Bejahung des Willens zum Leben* [Daneben am Rand mit Bleistift: Zeugungsakt. S. M. (wohl *sine macula*)]; kann eigentlich auch nicht wie wir einen Leib haben, der durch und durch nur konkreter Wille, Erscheinung des Willens ist; sondern er ist von der reinen Jungfrau geboren und hat nur einen Scheinleib. Wenigstens war dies letztere das Dogma einiger hierin sehr konsequenten Kirchenväter, genannt Doceten, von δοκειν [scheinen]: δοκει μεν σωμα εχειν· ουκ εχει δε. [Er scheint zwar einen Leib zu haben; hat ihn aber in Wirklichkeit nicht.] Besonders lehrte es Appelles, gegen welchen und seine Nachfolger sich Tertullian erhob. Aber [»Aber« bis »qu. 66« mit Bleistift durchgestrichen] auch selbst Augustinus kommentirt die Stelle: Röm. 8,3: *»Deus filium suum misit in similitudinem carnis peccati«* [Gott sandte seinen Sohn in der Gestalt des sündlichen Fleisches.] – also: *non enim caro peccati erat, quae non de carnali delectatione nata erat: sed tamen inerat ei similitudo carnis peccati, quia mortalis caro erat* [Denn es war nicht ein sündliches Fleisch, da es nicht aus fleischlicher Lust geboren war; aber doch war die Gestalt des sündlichen Fleisches in ihm, weil es ein sterbliches Fleisch war. (Augustinus)]. *Lib. 832 quaest., qu 66* [Patrologia, Bd. XL].

Ferner ist es eine ursprüngliche und evangelische Lehre des Christenthums, welche von Irrthümern zu reinigen und wieder hervorzuheben *Luther* zum Hauptziel seines Strebens machte, wie er dies im Buche *de servo arbitrio* selbst ausdrücklich erklärt, die Lehre nämlich, *daß der Wille nicht frei ist*, sondern ursprünglich dem Hang zum Bösen unterthan; daher die Werke des Willens stets sündlich und mangelhaft sind und nie der Gerechtigkeit genug thun können: daß also keineswegs die Werke seelig machen, sondern der Glaube: dieser Glaube selbst aber *nicht aus Vorsatz und freiem Willen* entsteht; sondern durch *Gnadenwirkung*, ohne unser Zuthun, wie von Außen auf uns kommt. – Dieses Dogma stimmt mit dem Resultat unsrer Betrachtungen völlig überein. Auch wir haben nämlich gefunden, daß die ächte Tugend und die Heiligkeit der Gesinnung ihren ersten Ursprung nicht hat in der überlegten Willkühr (den Werken), sondern in der Erkenntniß (dem Glauben). Wenn die Werke, welche aus überlegtem Vorsatz und irgendwie *aus Motiven* entspringen zur Seeligkeit führten; so wäre die *Tugend* immer nur ein kluger, methodischer, weitsehender *Egoismus:* man mag es drehen, wie man will. Der *Glaube* aber, welchem die Christliche Kirche die Seeligkeit verspricht, ist dieser: daß wir durch den Sündenfall des ersten Menschen Alle der Sünde theilhaft und dem Tode und Verderben anheim gefallen sind; daß wir auch andrerseits Alle nur durch die Gnade und Uebernahme unsrer ungeheuren Schuld, durch den göttlichen Mittler, erlöst werden: und zwar dies ganz ohne unser, der Person, Verdienst: weil das, was aus dem absichtlichen (durch Motive bestimmten) Thun der Person hervorgehn kann, die *Werke*, uns nimmermehr rechtfertigen kann, durchaus und seiner Natur nach nicht, eben weil es *absichtliches* d. h. durch Motive herbeigeführtes Thun, *opus operatum*, ist. – In diesem Glauben liegt also zuvörderst: daß unser Zustand ein ursprünglich und wesentlich *heilloser* ist, der *Erlösung* aus welchem wir bedürfen: sodann, daß wir selbst wesentlich dem *Bösen* angehören und ihm so fest verbunden sind, daß unsre Werke nach dem Gesetz und der Vorschrift, d. h. nach Motiven, gar nie der Gerechtigkeit genug thun, noch uns erlösen können; sondern die Erlösung nur gewonnen wird, durch einen *Glauben*, welcher nicht aus Vorsatz entspringt, sondern nur durch die *Gnade*, also wie von Außen auf uns kommen kann, d. h. durch eine ganz *veränderte Erkenntnißweise aller Dinge:* dies heißt auch, daß das Heil ein *unsrer Person* ganz fremdes ist und deutet auf eine zum Heil nothwendige *Verneinung und Aufgebung* eben dieser *Person*, Absterben dem eigenen Willen und Wiedergeburt in Gott. Die *Werke*, die Befolgung des Gesetzes als solchen, können nie rechtfertigen, weil sie immer ein Handeln auf *Motive* sind. – *Luther* verlangt (im Buche *de libertate Christiana* [Von der Freiheit eines Christenmenschen, Wittenberg 1520]), daß, nachdem *der Glaube eingetreten*, die guten *Werke* ganz von selbst aus ihm hervorgehn, als Symptome, als Früchte des Glaubens: aber durchaus dürfen die Werke nicht an sich selbst Anspruch machen auf Verdienst, Rechtfertigung oder Lohn, sondern sie sollen ganz freiwillig und unentgeltlich geschehn. – Dies alles entspricht dem, daß aus einer ohne unser Zuthun eintretenden Aenderung der *Erkenntniß*, nämlich aus der immer klarer werdenden Durchschauung des *principii individuationis*, zuerst nur die freie Gerechtigkeit, dann die Liebe, bis zum völligen Aufheben des Egoismus, und zuletzt die Resignation oder Verneinung des Willens hervorgeht.

Diese *Dogmen der Christlichen Glaubenslehre* sind an sich der Philosophie fremd: auch habe ich sie bloß deshalb herbeigezogen, um zu zeigen, daß die vorgetragene *Ethik*, welche aus dem ganzen der Ihnen dargelegten Philosophie nothwendig hervorgeht und mit allen Theilen derselben genau übereinstimmt und zusammenhängt, zwar *im Ausdruck* neu ist, nicht aber dem Geiste und Wesen nach, sondern hierin völlig übereinstimmt mit den ganz eigentlich *Christlichen* Dogmen und sogar, dem Wesentlichen nach, in diesen selbst enthalten ist. Aus allen bisherigen philosophischen Ethiken ließ sich die asketische Tendenz des Christenthums durchaus nie ableiten (eigentlich weil alle Philosophen Optimisten waren): wenn nun das Christenthum nicht eine falsche Ansicht in sich trägt, sondern offenbar die vortrefflichste Ethik ist; so deutet dieses auf eine falsche Ansicht in allen bisherigen philosophischen Ethiken: und diese ist der Optimismus. Eben so genau stimmt auch unsre Ethik überein mit den ethischen Vorschriften der *heiligen Bücher der Hindu*, die wieder in ganz andern Formen vorgetragen sind. Die Erinnerung an die Dogmen der Christlichen Kirche hat zugleich gedient zur bessern Erklärung und Erläuterung des *scheinbaren Widerspruchs* zwischen der *Nothwendigkeit* aller Aeußerungen des Karakters bei vorgehaltnen Motiven einerseits, und andrerseits der *Freiheit des Willens an sich*, vermöge welcher er *sich selbst verneinen* und den *Karakter*, mit aller auf ihm gegründeten Nothwendigkeit der Motive aufheben kann: denn eben auch dieses drückt die Lehre der Kirche aus als *Reich der Natur und Reich der Gnade* die beide zugleich und in einander vorhanden sind, der Mensch aber durch Gnadenwirkung aus dem Reich der Natur übergehn kann in das Reich der Gnade, worin *die Wiedergeburt* besteht.

Vom Nichts, bei aufgehobner Welt.

Ich habe Ihnen nunmehr die Grundzüge der Ethik dargelegt und damit eigentlich die ganze Lehre vom Wesen der Welt und des menschlichen Geistes, die ich Ihnen vorzutragen hatte, beendigt. – Jedoch ist noch ein Vorwurf zu erwähnen den man dem letzten Theile meiner Darstellung machen kann, und den ich keineswegs verhehlen will, sondern vielmehr zeigen, wie er durch das Wesen der Sache selbst herbeigeführt wird. Es ist dieser: nachdem unsre Betrachtung zuletzt dahin gelangt ist, daß in der *vollkommenen Heiligkeit* sich uns darstellt das *Verneinen* und *Aufgeben* alles *Wollens* und eben dadurch die *Erlösung* von einer Welt, deren ganzes Daseyn wir als ein nothwendiges Leiden erkannt haben; so erscheint nun eben dieses als ein Uebergang in das leere *Nichts*. Denn, mit der Aufhebung des Willens ist auch die Welt aufgehoben, da sie die bloße Sichtbarkeit des Willens ist.

Hierüber [»Hierüber« bis »einzuführen« mit Bleistift durchgestrichen] ist nun zuvörderst zu bemerken, daß der Begriff *Nichts* wesentlich *relativ* ist: er bezieht sich nämlich immer auf *ein bestimmtes Etwas*, welches er *negirt*. Man hat zwar diese Eigenschaft nur dem *nihil privativum* zuschreiben wollen; hierunter versteht man das mit einem – Bezeichnete im Gegensatz eines +, welches – sodann, bei umgekehrtem Gesichtspunkte, zu einem + werden kann. Hierüber ist besonders Kant zu lesen Krit. d. r. Vernunft *p 348* [A 292, B 348], und »Ueber den Versuch die negativen Größen in die Philosophie einzuführen« [1763]. Im Gegensatz dieses *nihil privativum* stellt man dann auf ein *nihil negativum*, welches *in jeder Beziehung Nichts* wäre: als Beispiel hievon stellt man auf den *logischen Widerspruch*, der sich selbst aufhebt. Näher betrachtet aber, ist ein absolutes Nichts, ein *nihil negativum*, gar nicht einmal denkbar. Sondern jedes solches angebliches *nihil negativum*, ist, wenn man es aus einem höhern Standpunkt betrachtet, d. h. es einem weitern Begriff subsumirt, immer wieder nur ein *nihil privativum*. Nämlich jedes *Nichts* ist ein solches nur indem man es denkt *im Verhältniß* zu etwas anderm und setzt daher dieses Verhältniß, also auch jenes Andre, das *Etwas*, voraus. Sogar ein *logischer Widerspruch* ist nur ein relatives Nichts. Er ist kein Gedanke der Vernunft; aber er ist darum kein absolutes Nichts. Denn er ist eine Wortzusammensetzung, er ist ein Beispiel des Nicht-Denkbaren, dessen man in der Logik nothwendig bedarf, um die Gesetze des Denkens nachzuweisen. Daher, wenn man, zu diesem Zweck, auf ein solches Beispiel ausgeht, so wird man den Unsinn festhalten als das Positive, welches man eben sucht, und wird den Sinn, als das Negative, überspringen. Diesergestalt nun wird jedes *nihil negativum* oder absolute Nichts, wenn man es einem höhern Begriff unterordnet, erscheinen als ein bloßes *nihil privativum* oder relatives Nichts: ein solches kann auch allemal mit dem, was es negirt, die Zeichen vertauschen, so daß dann jenes als das Negative gedacht wird und dieses als das Positive. Es ist sehr der Mühe werth in Hinsicht auf diese Analyse des Begriffs *Nichts* die schwierige dialektische Untersuchung über das *Nichts* nachzulesen, die *Plato* anstellt im Sophista, hauptsächlich *p* 277–287 [254 d–259 d] daselbst (*Bip.* [Bipontiner Ausgabe 1781 ff.]). Sein Resultat trifft mit dem unsrigen zusammen: unsre Betrachtung kann viel beitragen zur Erleichterung des Verständnisses jener schwierigen Stelle des Plato.

Das allgemein als positiv Angenommene, welches wir das *Seiende* nennen und dessen Negation der Begriff *Nichts* in seiner allgemeinsten Bedeutung ausspricht, ist eben die Welt als Vorstellung, welche ich nachgewiesen habe als Objektität oder Sichtbarkeit des Willens. Dieser Wille und diese Welt sind eben auch wir selbst und zu ihr gehört die Vorstellung überhaupt, als ihre eine Seite, zu dieser auch der Begriff, das Material der Philosophie, endlich auch das Wort, das Zeichen des Begriffs. – Verneinung, Aufhebung, Wendung des Willens ist auch Aufhebung und Verschwinden der Welt, seiner Sichtbarkeit und Abbilds. Erblicken wir ihn nicht mehr in diesem Spiegel; so fragen wir vergeblich, wohin er sich gewendet hat, und klagen dann, er sei *ins Nichts* verloren gegangen.

Ein umgekehrter Standpunkt, wenn er für uns möglich wäre, würde die Zeichen vertauschen lassen, würde das für uns *Seiende* als das *Nichts* zeigen und jenes *Nichts* als das *Seiende. Dieses letztere* bleibt aber für uns das Negative und kann von uns nur negativ bezeichnet werden, so lange wir eben selbst der Wille zum Leben sind: denn was uns hier alle Erkenntniß benimmt, ist eben der alte und wahre *Satz der Pythagoreer*, daß Gleiches nur von Gleichem erkannt wird: umgekehrt beruht eben auf diesem Satz zuletzt die Möglichkeit aller unsrer wirklichen Erkenntniß, d. h. die Möglichkeit der Welt als Vorstellung oder die Objektivation des Willens. Denn die Welt ist eben der Wille der sich selbst erkennt. Weil wir also auf einem einseitigen Standpunkt stehn, ist uns die Bejahung des Willens und der Erscheinung das Seiende; die Verneinung des Willens das Nichts.

Würde nun aber dennoch schlechterdings darauf bestanden, von dem, was die Philosophie nur *negativ* als Verneinung des Willens *ausdrücken* kann, irgend eine *positive* Erkenntniß zu erlangen; so bliebe uns am Ende nichts übrig, als auf den Zustand zu verweisen, welchen alle die erfahren haben, die zur Verneinung des Willens gelangt sind, und welchen man bezeichnet hat mit den Namen Ekstase, Entzückung, Entrückung, Erleuchtung, Vereinigung mit Gott u. s. w.: dieser Zustand ist aber eigentlich nicht Erkenntniß zu nennen, weil er nicht mehr die Form von Subjekt und Objekt hat; ist auch übrigens nur der eigenen, nicht weiter mittheilbaren Erfahrung zugänglich.

Wir aber bleiben ganz und gar auf dem *Standpunkt der Philosophie* stehn und müssen daher uns hier mit der *negativen Erkenntniß* begnügen, zufrieden den letzten Gränzstein der positiven erreicht zu haben. Als das Wesen an sich der Welt haben wir den *Willen* gefunden: alle Erscheinungen sind nur seine *Objektität*, und diese haben wir verfolgt vom erkenntnißlosen Drange dunkler Naturkräfte an, bis zum bewußtvollen Handeln des Menschen: daher weichen wir auch jetzt der Konsequenz nicht aus, daß mit der freien Verneinung und dem Aufgeben des Willens dann auch alle jene Erscheinungen aufgehoben sind: also jenes beständige Treiben und Drängen ohne Ziel und ohne Rast, auf allen Stufen der Objektität, in welchem und durch welches die Welt besteht, ist dann aufgehoben; auch die Mannigfaltigkeit stufenweise folgender Formen; aufgehoben ist mit dem Willen seine ganze Erscheinung; endlich auch die allgemeinen Formen dieser, Zeit und Raum, und auch die letzte Grundform der Erscheinung, Subjekt und Objekt. Kein Wille; keine Vorstellung: keine Welt.

Vor uns bleibt allerdings nur das *Nichts*. Aber das, was sich gegen dieses Zerfließen ins Nichts sträubt, unsre Natur, ist ja eben nur der Wille zum Leben, der wir selbst sind, wie er unsre Welt ist. Daß wir so sehr das Nichts verabscheuen, ist nichts weiter, als ein andrer Ausdruck davon, daß wir so sehr das Leben wollen und nichts sind als dieser Wille und nichts kennen als eben ihn. – Diese unsre Finsterniß kann nur mittelbar erleuchtet werden, gleichsam durch einen Wiederschein aus einer ganz andern Welt. – Wir müssen nämlich von unsrer eigenen Befangenheit und Bedürftigkeit weg, den Blick richten auf diejenigen, welche die Welt überwunden haben, in denen der Wille zur vollen Selbsterkenntniß gelangte, und nun sich wiedererkannte in Allem, worauf er sich selbst frei verneinte: nur noch seine letzte Spur ist übrig als Belebung des Leibes und sie warten ab daß mit dem Ende des Leibes auch diese verschwinde. In diesen sehn wir, statt des rastlosen Dranges und Treibens, statt des steten Ueberganges von Wunsch zu Furcht und von Freude zu Leid, statt der nie befriedigten und nie ersterbenden Hoffnung, daraus der Lebenstraum des wollenden Menschen besteht; – statt alles dessen sehn wir jenen Frieden, der höher ist als alle Vernunft, jene gänzliche Meeresstille des Gemüthes, jene tiefe Ruhe, unerschütterliche Zuversicht und Heiterkeit, deren bloßer Abglanz im Antlitz, wie ihn Raphael und Korreggio dargestellt haben, ein ganzes und sicheres Evangelium ist. Nur die Erkenntniß ist geblieben; der Wille ist verschwunden. – Diese Betrachtung ist die einzige, welche uns dauernd trösten kann, wann wir einerseits erkannt haben, wie unheilbares Leiden und endloser Jammer der Erscheinung des Willens, der Welt wesentlich sind, und andrerseits, bei aufgehobnem Willen, die Welt zerfließen sehn und nur das *leere Nichts* vor uns behalten. Also, um den *finstern Eindruck* jenes *Nichts* zu verscheuchen, das als das letzte Ziel hinter aller Tugend und Heiligkeit schwebt, welche Finsterniß eigentlich aber nur die Unempfänglichkeit unsers Auges für das Licht einer andern Region ist, – um diesem Eindruck seine Schrecken zu nehmen ist nichts dienlicher als die Betrachtung des Lebens und Wandels der Heiligen, welchen in der eigenen Erfahrung zu begegnen freilich selten vergönnt ist, aber welche ihre aufgezeichnete Geschichte und mit dem Stempel innerer Wahrheit verbürgt die Kunst uns vor die Augen bringt. (Hier Raphael und Korreggio.) Wir verweisen also auf diesen mittelbaren Eindruck, auf diesen allein uns zugänglichen Wiederschein aus einer andern Region, die für unser ganzes *Erkenntnißvermögen* nichts als Negationen darbietet: das ist besser, als die völlige *Negativität* die hinsichtlich *auf uns* hier Statt hat zu umgehn, wie die Hindu thun, durch Mythen und bedeutungsleere Begriffe wie Resorbtion in den Urgeist, oder Nieban der Buddhaisten. Wir wollen vielmehr es frei bekennen, daß, was nach gänzlicher Aufhebung des Willens übrig bleibt, für alle die welche eben nichts andres sind als dieser Wille selbst, – allerdings *Nichts* ist. – Aber wenn der Standpunkt umgekehrt wird, da kehren sich auch die Zeichen des Positiven und Negativen um. Nämlich für die, in welchen der Wille sich gewendet und verneint hat, ist diese unsre ganze, so sehr reale Welt, mit allen ihren Sonnen und Milchstraßen – eigentlich Nichts, und [»und« bis »Handeln aus« mit Bleistift durchgestrichen] das spricht auch ihr Handeln aus. Das für sie Positive hingegen ist für unser Erkenntnißvermögen nicht da.

Eine letzte Frage.

Nun endlich zuletzt, nachdem die Philosophie das Wesen der Welt und unsres Selbst dargelegt, d.h. *in abstracto* wiederholt hat, könnte vielleicht Jemand noch so fragen: »Woher denn nun aber endlich dieser Wille, der Freiheit hat, sich entweder zu bejahen, wovon die Erscheinung die gegenwärtige Welt ist; oder auch sich zu verneinen und aufzuheben wodurch wir zwar begreifen daß diese erscheinende Welt für ihn wegfällt, aber, wie eben gezeigt, keine positive Erkenntniß haben können, von dem neuen Zustand, der dann für ihn eintreten mag; woher überhaupt zuletzt dieses ganze Wesen, das Wille seyn kann und auch nicht Wille? –«

Hierauf wäre nun die erste Antwort diese, daß alles Woher bloß auf dem Satz vom Grunde beruht, der aber nur Form der Erscheinung ist und sonach nur auf dem Gebiet der Erscheinung gilt, nicht darüber hinaus: folglich hier ganz fälschlich das Woher auf das Ding an sich übertragen wird.

Inzwischen wollen wir diese ganz richtige Antwort bei Seite setzen, und noch eine andre geben.

Wenn also Jemand so fragte: *(recapit.)*: so sagen wir:

»Davon ist nicht bloß *für uns* keine Erkenntniß möglich; sondern überhaupt schlechthin keine, nie und nirgend und unter keiner Bedingung: dies ist nicht etwa bloß *relativ* unerforschlich; sondern *absolut* nicht erkennbar. Es *weiß* es nicht nur Niemand; sondern es kann seiner Natur nach nie *gewußt werden*. Denn die Erkennbarkeit selbst und überhaupt genommen, mit ihrer ganz nothwendigen Form von Subjekt und Objekt, gehört bloß der Erscheinung an, dem Aeußerlichen, nicht dem Innerlichen, gar nicht dem Wesen an sich weder dieser Welt noch andrer möglichen Welten.

Ueberall wo Erkenntniß, also Vorstellung ist, da ist auch nur Erscheinung, da sind wir schon auf dem Gebiete der Erscheinung. Darum, was die Welt als Welt sei, haben wir erkannt: sie ist Erscheinung, und wir haben das innre Wesen dieser Erscheinung unmittelbar aus uns selbst erkannt: die Richtigkeit dieser Erkenntniß ist zuletzt noch bewährt worden dadurch daß der ganze Zusammenhang des Lebens und der Welt ihr entsprechend gefunden und uns dadurch deutlich ward. Das ist aber auch Alles was die Philosophie leisten kann.

Verlassen wir aber die Welt überhaupt, sowohl ihrer Erscheinung als ihrem Wesen ansich nach, um zu fragen woher dieses ganze Wesen selbst, oder was es seyn mag abgesehn davon daß es die Welt wollen und auch nicht wollen kann; dann haben wir den ganzen Boden verlassen, auf dem allein Erkenntniß irgend möglich seyn kann: wir haben den Boden der Vorstellung überhaupt ganz und gar verlassen. Denn das innerste Wesen der Welt ist kein erkennendes. Das Wesen an sich, dessen Aeußerung Wille und dadurch Welt seyn kann, oder auch nicht, nach freier Bestimmung; dieses Wesen an sich außerdem betrachtet, steht gar keiner möglichen Erkenntniß offen; weil eben die Erkenntniß überhaupt nur in der Welt ist, wie die Welt nur in der Erkenntniß ist.«

Das wäre die letzte Antwort. Hieraus ist einzusehn, daß auf eine Frage, wie folgende: »was wäre ich, wenn ich nicht der Wille zum Leben wäre?« es nie und nirgends eine Antwort geben kann.

Die *Dunkelheit* welche über unser Daseyn verbreitet ist, in deren Gefühl Lukrez ausruft:

> *Qualibus in tenebris vitae, quantisque periclis*
> *Degitur hocc' aevi quodcumque est!*
> [Ach in welchem Dunkel des Seins, in wie großen
> Gefahren,
> Wird jedes Stück des Lebens verbracht!
> *(Lucrez, De rerum natura*, II, 15)]

diese Dunkelheit, die eben das Bedürfniß der Philosophie herbeiführt und deren sich philosophische Geister in einzelnen Augenblicken mit einer solchen Lebhaftigkeit bewußt werden, daß sie den andern als beinahe wahnsinnig erscheinen können: diese

Dunkelheit des Lebens also muß man sich nicht daraus zu erklären suchen daß wir von irgend einem ursprünglichen Licht abgeschnitten wären, oder unser Gesichtskreis durch irgend ein äußeres Hinderniß beschränkt wäre, oder die Kraft unsers Geistes der Größe des Objekts nicht angemessen wäre; durch welche Erklärung alle jene Dunkelheit nur *relativ* wäre, nur in Beziehung auf uns und *unsre* Erkenntnißweise vorhanden. Nein, sie ist absolut und ursprünglich: sie ist daraus erklärlich daß das innre und ursprüngliche Wesen der Welt nicht *Erkenntniß* ist, sondern allein *Wille*, ein erkenntnißloses. Die Erkenntniß überhaupt ist sekundären Ursprungs, ist ein Accidentelles und Aeußeres: darum ist nicht jene Finsterniß ein zufällig beschatteter Fleck mitten in der Region des Lichtes; sondern die Erkenntniß ist ein Licht mitten in der grenzenlosen ursprünglichen Finsterniß, in welche sie sich verliert. Daher wird diese Finsterniß desto fühlbarer je größer das Licht ist, weil es an desto mehr Punkten die Gränze der Finsterniß berührt: ich will sagen, je intelligenter ein Mensch ist desto mehr empfindet er welche Dunkelheit ihn umfängt, und wird eben dadurch philosophisch angeregt. Hingegen der Stumpfe und ganz gewöhnliche weiß gar nicht von welcher Dunkelheit eigentlich die Rede ist: er findet alles ganz natürlich: daher ist sein Bedürfniß nicht Philosophie sondern nur historische Notiz davon, Geschichte der Philosophie. –

Literatur

(Verzeichnis der Siglen s. o., S. 47 f.)

Zu den Vorlesungen

Deussen, Paul und Mockrauer, Franz: Vorrede der Herausgeber, Vorl I, S. V–XXXII.
Hasse, Heinrich: Rezension. In: Kant-Studien 19 (1914), S. 270–272.
Hübscher, Arthur: Schopenhauers Declamatio in laudem philosophiae, 32. Jb. 1945–1948, S. 3–14.
Hübscher, Arthur: Schopenhauer als Hochschullehrer, 39. Jb. 1958, S. 172–175.
Levi, Salomon: Das Verhältnis der »Vorlesungen« Schopenhauers zu der »Welt als Wille und Vorstellung« (1. Auflage). Gießen bzw. Ladenburg 1922 (von dieser Dissertation gibt es zwei Fassungen: das mit der Maschine geschriebene Original und die 15seitige gedruckte Kurzfassung).
Mockrauer, Franz: Nachtrag zur Vorrede, Vorl II, S. 621–646.
Spierling, Volker: Zur Neuausgabe. In: VN II, S. 11–17.

Weiterführende Literatur

Hübscher, Arthur: Schopenhauer-Bibliographie. Stuttgart-Bad Cannstatt 1981.
Spierling, Volker (Hrsg.): Materialien zu Schopenhauers »Die Welt als Wille und Vorstellung«. Frankfurt am Main 1984.

SERIE PIPER

Rolf Ackermann 8mal Sardinien. SP 5109
Wassilij Aksjonow Defizitposten Faßleergut. SP 115
Michel Albert Herausforderung Europa. SP 384
Fritz René Allemann 26mal die Schweiz. SP 5106
Klaus Allerbeck/Wendy Hoag Jugend ohne Zukunft? SP 433
Franz Alt Frieden ist möglich. SP 284
Franz Alt Liebe ist möglich. SP 429
Altes Testament Hrsg. von Hanns-Martin Lutz/Hermann Timm/
Eike Christian Hirsch. SP 347
Jorge Amado Nächte in Bahia. SP 411
Jorge Amado Viva Teresa. SP 454
Jürg Amann Ach, diese Wege sind sehr dunkel. SP 398
Jürg Amann Die Baumschule. SP 342
Jürg Amann Franz Kafka. SP 260
Jürg Amann Robert Walser. SP 5212
Stefan Andres Der Knabe im Brunnen. SP 459
Stefan Andres Positano. SP 315
Stefan Andres Wir sind Utopia. SP 95
Ernest Ansermet Die Grundlagen der Musik. SP 388
Ernest Ansermet/J.-Claude Piguet Gespräche über Musik. SP 74
Hannah Arendt Macht und Gewalt. SP 1
Hannah Arendt Rahel Varnhagen. SP 230
Hannah Arendt Über die Revolution. SP 76
Hannah Arendt Vita activa oder Vom tätigen Leben. SP 217
Hannah Arendt Walter Benjamin/Bertolt Brecht. SP 12
Birgitta Arens Katzengold. SP 276
Atomkraft – ein Weg der Vernunft? Hrsg. v. Philipp Kreuzer/
Peter Koslowski/Reinhard Löw. SP 238
Aurelius Augustinus Aufstieg zu Gott. SP 521
Anton Austermann Kurt Tucholsky. SP 5214
Ingeborg Bachmann Anrufung des Großen Bären. SP 307
Ingeborg Bachmann Frankfurter Vorlesungen:
Probleme zeitgenössischer Dichtung. SP 205
Ingeborg Bachmann Die gestundete Zeit. SP 306
Ingeborg Bachmann Die Hörspiele. SP 139
Ingeborg Bachmann Das Honditschkreuz. SP 295
Ingeborg Bachmann Liebe: Dunkler Erdteil. SP 330
Ingeborg Bachmann Die Wahrheit ist dem Menschen zumutbar. SP 218
Ernst Barlach Drei Dramen. SP 163
Giorgio Bassani Die Brille mit dem Goldrand. SP 417
Giorgio Bassani Ferrareser Geschichten. SP 430
Giorgio Bassani Die Gärten der Finzi-Contini. SP 314
Michael Bauer Christian Morgensterns Leben und Werk. SP 421
Bayerisches Lesebuch Hrsg. von Günther Lutz. SP 431
Werner Becker Der Streit um den Frieden. SP 354
Mathilde Q. Beckmann Mein Leben mit Max Beckmann. SP 436

Serie Piper

Max Beckmann Briefe im Kriege. SP 286
Max Beckmann Leben in Berlin. SP 325
Hans Bender Telepathie, Hellsehen und Psychokinese. SP 31
Hans Bender Verborgene Wirklichkeit. SP 177
Hans Bender Zukunftsvisionen, Kriegsprophezeiungen, Sterbeerlebnisse. SP 246
Lore Berger Der barmherzige Hügel. SP 396
Bruno Bettelheim Gespräche mit Müttern. SP 155
Bruno Bettelheim/Daniel Karlin Liebe als Therapie. SP 257
Klaus von Beyme Interessengruppen in der Demokratie. SP 202
Klaus von Beyme Parteien in westlichen Demokratien. SP 245
Klaus von Beyme Das politische System der Bundesrepublik Deutschland. SP 186
Klaus von Beyme Die politischen Theorien der Gegenwart. SP 211
Klaus von Beyme Die Sowjetunion in der Weltpolitik. SP 455
Harald Bilger 111mal Südafrika. SP 5102
Hildegard von Bingen Gott sehen. SP 522
Klaus von Bismarck/Günter Gaus/Alexander Kluge
Industrialisierung des Bewußtseins. SP 473
Der Blaue Reiter Hrsg. von Wassily Kandinsky und Franz Marc. SP 300
Norbert Blüm Die Arbeit geht weiter. SP 327
Jurij Bondarew Die Zwei. SP 334
Tadeusz Borowski Bei uns in Auschwitz. SP 258
Margret Boveri Tage des Überlebens. SP 395
John Bowle Geschichte Europas. SP 424
Karl Dietrich Bracher Zeitgeschichtliche Kontroversen. SP 353
Lily Braun Memoiren einer Sozialistin. SP 444
Alfred Brendel Nachdenken über Musik. SP 265
Raymond Cartier 50mal Amerika. SP 5101
Raymond Cartier Der Zweite Weltkrieg. Band I SP 281,
Band II SP 282, Band III SP 283
Wolfgang Clemen Shakespeares Monologe. SP 399
Horst Cotta Der Mensch ist so jung wie seine Gelenke. SP 275
Carl Dahlhaus Musikalischer Realismus. SP 239
Gerhard Dambmann 25mal Japan. SP 5104
Dante Alighieri Die Göttliche Komödie. SP 500
Denkanstöße '85. SP 371
Denkanstöße '86. SP 439
Georg Denzler Widerstand oder Anpassung? SP 294
Dhammapadam – Der Wahrheitpfad. SP 317
Ulrich Dibelius Moderne Musik I 1945–1965. SP 363
Hilde Domin Von der Natur nicht vorgesehen. SP 90
Hilde Domin Wozu Lyrik heute. SP 65
Fjodor M. Dostojewski Die Brüder Karamasoff. SP 402
Fjodor M. Dostojewski Gesammelte Briefe. SP 461
Fjodor M. Dostojewski Die Dämonen. SP 403
Fjodor M. Dostojewski Der Idiot. SP 400
Fjodor M. Dostojewski Rodion Raskolnikoff. SP 401

Fjodor M. Dostojewski Sämtliche Erzählungen. SP 338
Hans Heinrich Eggebrecht Bachs Kunst der Fuge. SP 367
Hans Jürgen Eggers Deutsche Sprache im 20. Jahrhundert. SP 61
Hans Jürgen Eggers Einführung in die Vorgeschichte. SP 93
Irenäus Eibl-Eibesfeldt Liebe und Haß. SP 113
Irenäus Eibl-Eibesfeldt Krieg und Frieden. SP 329
Manfred Eigen/Ruthild Winkler Das Spiel. SP 410
Einführung in pädagogisches Sehen und Denken Hrsg. von Andreas Flitner/Hans Scheuerl. SP 222
Paul Eipper Ateliergespräche mit Liebermann und Corinth. SP 438
Erasmus von Rotterdam Die Klage des Friedens. SP 380
Die erfundene Wirklichkeit Hrsg. von Paul Watzlawick. SP 373
Erziehung in früher Kindheit Hrsg. von Günther Bittner/Edda Harms. SP 426
Theodor Eschenburg Die Republik von Weimar. SP 356
Jürg Federspiel Museum des Hasses. SP 220
Joachim C. Fest Das Gesicht des Dritten Reiches. SP 199
Iring Fetscher Karl Marx und der Marxismus. SP 374
Iring Fetscher Der Marxismus. SP 296
Iring Fetscher Überlebensbedingungen der Menschheit. SP 204
Andreas Flitner Konrad, sprach die Frau Mama ... SP 357
Andreas Flitner Spielen – Lernen. SP 22
Fortschritt ohne Maß? Hrsg. von Reinhard Löw/Peter Koslowski/ Philipp Kreuzer. SP 235
Viktor E. Frankl Der Mensch vor der Frage nach dem Sinn. SP 289
Viktor E. Frankl Die Sinnfrage in der Psychotherapie. SP 214
Richard Friedenthal Diderot. SP 316
Richard Friedenthal Das Erbe des Kolumbus. SP 355
Richard Friedenthal Goethe. SP 248
Richard Friedenthal Jan Hus. SP 331
Richard Friedenthal Leonardo. SP 299
Richard Friedenthal Luther. SP 259
Friedrich Georg Friedmann Hannah Arendt. SP 5201
Harald Fritzsch Quarks. SP 332
Carlo Emilio Gadda Die Erkenntnis des Schmerzes. SP 376
Carlo Emilio Gadda Die gräßliche Bescherung in der Via Merulana. SP 466
Romain Gary Die Wurzeln des Himmels. SP 412
Imanuel Geiss Das Deutsche Reich und die Vorgeschichte des Ersten Weltkriegs. SP 442
Imanuel Geiss Das Deutsche Reich und der Erste Weltkrieg. SP 443
Stefan M. Gergely Mikroelektronik. SP 449
Walther Gerlach/Martha List Johannes Kepler. SP 201
Jewgenia Ginsburg Gratwanderung. SP 293
Jewgenia Ginsburg Marschroute eines Lebens. SP 462
Albert Görres Kennt die Religion den Menschen? SP 318
Goethe – ein Denkmal wird lebendig Hrsg. von Harald Eggebrecht. SP 247
Erving Goffman Wir alle spielen Theater. SP 312
Helmut Gollwitzer Was ist Religion? SP 197

Serie Piper

Tony Gray 5mal Irland. SP 5105
Norbert Greinacher Die Kirche der Armen. SP 196
Heinz Griesinger Überrollt uns die Technik? SP 413
Albert Paris Gütersloh Die Fabel von der Freundschaft. SP 460
Albert Paris Gütersloh Der Lügner unter Bürgern. SP 335
Albert Paris Gütersloh Reden und Schriften zur bildenden Kunst. SP 427
Albert Paris Gütersloh Eine sagenhafte Figur. SP 372
Albert Paris Gütersloh Sonne und Mond. SP 305
Willy Guggenheim 30mal Israel. SP 5108
Olaf Gulbransson Es war einmal. SP 266
Olaf Gulbransson Und so weiter. SP 267
Hildegard Hamm-Brücher Gerechtigkeit erhöht ein Volk. SP 346
Hildegard Hamm-Brücher Der Politiker und sein Gewissen. SP 269
Lukas Hartmann Gebrochenes Eis. SP 397
Harald Hartung Deutsche Lyrik seit 1965. SP 447
Bernhard Hassenstein Instinkt Lernen Spielen Einsicht. SP 193
Bernhard und Helma Hassenstein Was Kindern zusteht. SP 169
Elisabeth Heisenberg Das politische Leben eines Unpolitischen. SP 279
Werner Heisenberg Schritte über Grenzen. SP 336
Jeanne Hersch Karl Jaspers. SP 195
Werner Hilgemann Atlas zur deutschen Zeitgeschichte. SP 328
Elfriede Höhn Der schlechte Schüler. SP 206
Peter Hoffmann Widerstand gegen Hitler. SP 190
Peter Hoffmann Widerstand – Staatsstreich – Attentat. SP 418
Peter Huchel Die Sternenreuse. SP 221
Aldous Huxley Affe und Wesen. SP 337
Aldous Huxley Eiland. SP 358
Aldous Huxley Glücklich bis ans Ende ihrer Tage. SP 423
Aldous Huxley Der kleine Mexikaner. SP 456
Aldous Huxley Die Kunst des Sehens. SP 216
Aldous Huxley Moksha. SP 287
Aldous Huxley Narrenreigen. SP 310
Aldous Huxley Die Pforten der Wahrnehmung/Himmel und Hölle. SP 6
François Jacob Das Spiel der Möglichkeiten. SP 249
Marielouise Janssen-Jureit (Hrsg.) Lieben Sie Deutschland? SP 368
Karl Jaspers Die Atombombe und die Zukunft des Menschen. SP 237
Karl Jaspers Augustin. SP 143
Karl Jaspers Chiffren der Transzendenz. SP 7
Karl Jaspers Einführung in die Philosophie. SP 13
Karl Jaspers Kant. SP 124
Karl Jaspers Kleine Schule des philosophischen Denkens. SP 54
Karl Jaspers Die maßgebenden Menschen. SP 126
Karl Jaspers Nietzsche und das Christentum. SP 378
Karl Jaspers Philosophische Autobiographie. SP 150
Karl Jaspers Der philosophische Glaube. SP 69
Karl Jaspers Plato. SP 147

Serie Piper

Karl Jaspers Psychologie der Weltanschauungen. SP 393
Karl Jaspers Schelling. SP 341
Karl Jaspers Die Schuldfrage / Für Völkermord gibt es keine Verjährung. SP 191
Karl Jaspers Spinoza. SP 172
Karl Jaspers Vernunft und Existenz. SP 57
Karl Jaspers Vom Ursprung und Ziel der Geschichte. SP 298
Karl Jaspers Wahrheit und Bewährung. SP 268
Karl Jaspers / Rudolf Bultmann Die Frage der Entmythologisierung. SP 207
Tilman Jens Mark Twain. SP 5223
Tilman Jens Unterwegs an den Ort wo die Toten sind. SP 390
Walter Jens Fernsehen – Themen und Tabus. SP 51
Walter Jens Momos am Bildschirm 1973–1983. SP 304
Walter Jens Die Verschwörung / Der tödliche Schlag. SP 111
Walter Jens Von deutscher Rede. SP 277
Louise J. Kaplan Die zweite Geburt. SP 324
Friedrich Kassebeer Die Tränen der Hoffnung. SP 392
Wilhelm Kempff Unter dem Zimbelstern. SP 446
Wilhelm Kempff Was ich hörte, was ich sah. SP 391
Toni Kienlechner 12mal Italien. SP 5110
Rudolf Kippenhahn Hundert Milliarden Sonnen. SP 343
Michael Köhlmeier Der Peverl Toni. SP 381
Leszek Kolakowski Henri Bergson. SP 5204
Leszek Kolakowski Die Gegenwärtigkeit des Mythos. SP 149
Leszek Kolakowski Der Himmelsschlüssel. SP 232
Leszek Kolakowski Der Mensch ohne Alternative. SP 140
Wilhelm Korff Wie kann der Mensch glücken? SP 394
Christian Graf von Krockow Gewalt für den Frieden? SP 323
Hans Küng Ewiges Leben? SP 364
Hans Küng Die Kirche. SP 161
Hans Küng 20 Thesen zum Christsein. SP 100
Hans Küng 24 Thesen zur Gottesfrage. SP 171
Karl-Josef Kuschel Weil wir uns auf dieser Erde nicht ganz zu Hause fühlen. SP 414
Rudolf Walter Leonhardt Auf gut deutsch gesagt. SP 481
Klaus Liebe 6mal Jugoslawien. SP 5107
Anne Morrow Lindbergh Muscheln in meiner Hand. SP 425
Konrad Lorenz Die acht Todsünden der zivilisierten Menschheit. SP 50
Konrad Lorenz Über tierisches und menschliches Verhalten. Bd. I SP 360
Konrad Lorenz Über tierisches und menschliches Verhalten. Bd. II SP 361
Konrad Lorenz Das Wirkungsgefüge der Natur und das Schicksal des Menschen. SP 309
Konrad Lorenz / Franz Kreuzer Leben ist Lernen. SP 223
Lust am Denken Hrsg. von Klaus Piper. SP 250
Lust am Lesen Hrsg. von Ernst Reinhard Piper. SP 450
Lust an der Musik Hrsg. von Klaus Stadler. SP 350
Lust und Liebe Hrsg. von Christoph Wulf. SP 383
Heinz Maier-Leibnitz Kochbuch für Füchse. SP 468
Franz Marc Briefe aus dem Feld. Neu hrsg. von Klaus Lankheit/Uwe Steffen. SP 233

Serie Piper

Yehudi Menuhin Ich bin fasziniert von allem Menschlichen. SP 263
Yehudi Menuhin Variationen. SP 369
Christa Meves Verhaltensstörungen bei Kindern. SP 20
Alexander Mitscherlich Auf dem Weg zur vaterlosen Gesellschaft. SP 45
Alexander Mitscherlich Der Kampf um die Erinnerung. SP 303
Alexander und Margarete Mitscherlich Eine deutsche Art zu lieben. SP 2
Alexander und Margarete Mitscherlich Die Unfähigkeit zu trauern. SP 168
Margarete Mitscherlich Das Ende der Vorbilder. SP 183
Eugenio Montale Die Straußenfeder. SP 145
Das Morgenstern Buch Hrsg. von Michael Schulte. SP 452
Christian Morgenstern Galgenlieder. SP 291
Christian Morgenstern Palmström. SP 375
Christian Morgenstern Werke in vier Bänden. Band I SP 271, Band IV SP 274
Neues Testament Hrsg. von Gerhard Iber. SP 348
Robert Neumann Die Kinder von Wien. SP 382
Ernst Nolte Der Faschismus in seiner Epoche. SP 365
Ernst Nolte Der Weltkonflikt in Deutschland. SP 222
Willard G. Oxtoby Offenes Christentum. SP 435
Pier Paolo Pasolini Accattone. SP 344
Pier Paolo Pasolini Gramsci's Asche. SP 313
Pier Paolo Pasolini Mamma Roma. SP 302
Pier Paolo Pasolini Teorema oder Die nackten Füße. SP 200
Pier Paolo Pasolini Vita Violenta. SP 240
P.E.N.-Schriftstellerlexikon Hrsg. von Martin Gregor-Dellin / Elisabeth Endres. SP 243
Karl R. Popper/Konrad Lorenz Die Zukunft ist offen. SP 340
Ludwig Rausch Strahlenrisiko!? SP 194
Fritz Redl/David Wineman Kinder, die hassen. SP 333
Fritz Redl/David Wineman Steuerung des aggressiven Verhaltens beim Kind. SP 129
Willi Reich Alban Berg. SP 288
Rupert Riedl Evolution und Erkenntnis. SP 378
Rupert Riedl Die Strategie der Genesis. SP 290
Roland Röhl Natur als Waffe. SP 445
Romain Rolland Georg Friedrich Händel. SP 359
Jörg Kaspar Roth Hilfe für Helfer: Balint-Gruppen. SP 389
Ivan D. Rožanskij Geschichte der antiken Wissenschaft. SP 292
Maurice Sachs Der Sabbat. SP 255
Hans Schaefer Plädoyer für eine neue Medizin. SP 225
Oda Schaefer Wiederkehr. SP 465
Robert F. Schmidt/Albrecht Struppler Der Schmerz. SP 241
Christian Schmidt-Häuer Michail Gorbatschow. SP 467
Arthur Schopenhauer Metaphysik der Natur. SP 362
Arthur Schopenhauer Methaphysik des Schönen. SP 415
Arthur Schopenhauer Metaphysik der Sitten. SP 463
Renate Schostack Zwei Arten zu lieben. SP 301
Schwabing Hrsg. von Oda Schaefer. SP 366
Hannes Schwenger Im Jahr des Großen Bruders. SP 326